国家社会科学基金项目资助（《社会化媒体语境中的传媒伦理问题研究》，立项批准号：13CXW053）

杭州市哲学社会科学规划项目资助（《媒介融合背景下的新闻伦理研究》，立项批准号：D12XW06）

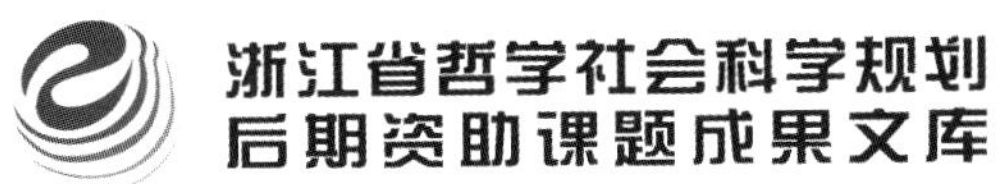

媒介交换网络中的新闻伦理

Meijie Jiaohuan Wangluozhong De Xinwen Lunli

闻 娱 著

中国社会科学出版社

图书在版编目(CIP)数据

媒介交换网络中的新闻伦理/闻娱著.—北京：中国社会科学出版社，2014.5

ISBN 978-7-5161-4300-1

Ⅰ.①媒… Ⅱ.①闻… Ⅲ.①新闻学-伦理学-研究 Ⅳ.①G210-05

中国版本图书馆CIP数据核字(2014)第106508号

出 版 人 赵剑英
责任编辑 宫京蕾
责任校对 季 静
责任印制 何 艳

出 版 中国社会科学出版社
社 址 北京鼓楼西大街甲158号（邮编100720）
网 址 http：//www.csspw.cn
中文域名：中国社科网 010-64070619
发 行 部 010-84083685
门 市 部 010-84029450
经 销 新华书店及其他书店

印刷装订 北京市兴怀印刷厂
版 次 2014年5月第1版
印 次 2014年5月第1次印刷

开 本 710×1000 1/16
印 张 16.75
插 页 2
字 数 275千字
定 价 49.00元

用新视角进行的研究和探索

——序《媒介交换网络中的新闻伦理》

闻娱的专著《媒介交换网络中的新闻伦理》即将由中国社会科学出版社出版。作为导师，我深感欣慰。该著的基础是闻娱当年的博士学位论文。作者旨在进行新闻学、传播学、社会学和伦理学等多学科交叉研究，用新的视角研究新闻伦理，提出了不少新的见解，颇能给人以启发。闻娱在传媒伦理研究领域中，孜孜不倦地进行了新的理论探索，并取得了令人欣喜的成果。

在新闻伦理研究领域，此前已有不少辛勤的耕耘者，且其中的不少人，都程度不等地取得了相应成就。研究者中，既有系统涉猎者（以全面、系统取胜），又有就某些专题切入进行探索者（以力度，深度见长）；既有研究新闻伦理中的基本理论和基本命题者，又有与时俱进探讨在新的社会历史条件下新闻伦理领域面临的新的课题者。随着社会的发展，与新闻伦理直接相关或间接相关的因素发生了诸多变化：在改革实践层面，改革的全面深化，既解决了社会生活中存在的一部分深层次的矛盾，又难免带来一些新的矛盾；在经济体制层面，市场经济成为我国经济的基本体制，与此相伴而来的是，同行之间竞争成为常态且时不时呈异常激烈之态，在新闻业界同样也是如此；在社会观念层面，人们对利与义的关系有着新的理解和诠释，其中有些是正确的，有些则并不正确，正误认识夹陈；在传播技术层面，互联网迅猛发展且已进入移动互联网和自媒体时代，极大地改变了社会舆论格局和舆情存在方式；在对外开放层面，中国对外开放的力度进一步加大，中国与世界更紧密地联系在一起，中国问题中的国际化因子不断有所增加，整个世界成了个“地球村”。

以上就是闻著问世的大背景。有关情况说明：在研究者众多的领域，要想找一个能说出自己的见解和新意的课题并进行有深度的探索，并不是一件很容易的事情，但闻娱经过努力还是做到了。

概括而言，其著具有以下三个较为鲜明的特色：

其一，面向现实，实践价值显明。

就选题而言，这是一个十分有现实意义的研究选题。这部著作关注的是新闻传播界常议常新的永恒话题——新闻伦理。从新闻传播业界的实践来看，新闻伦理失范问题时有发生，新闻传播从业者及其所属的传媒组织也时常面临着左右为难的伦理困境。由于改革开放以来的市场化影响，我国媒体的伦理问题越发突出，但无良策。症结何在，药方何在，相关研究成果不断问世，其中不乏一些能击中要害、鞭辟入里的理论研究，当然，也难免有流于表面、罗列现象、泛泛而论这类现象的存在。在新媒体迅猛发展、人人都可能拥有自媒体的当下，探求媒介伦理现实问题生成的根源，思考如何解决媒介实践中的伦理困境，不仅回应了新闻传播业者十分迫切的现实需要，而且对于生存在新媒体时代的普通公众而言，亦有益于其提升媒介与信息素养、增强对媒介社会的反思力与批判力。

其二，视野开阔，研究颇具新意。

在闻娱写作这本书之前，关于新闻伦理方面的研究成果已不在少数，但像该著这样从媒介交换网络的角度进行新闻伦理研究的著述尚不多见。作者将研究的视阈转向了新闻学、传播学、社会学、伦理学等多学科交融会合的广袤地带，试图从社会交换理论对新闻伦理问题予以解释，角度较新。这种体现出创新性追求的探索值得称道。

这项研究尝试着突破传统的新闻伦理学的分析框架，作者将媒介系统视作社会大系统的一个有机组成部分，用有机整体论的社会学理论进行观照，着力探究新闻伦理现实问题的生成与衍变，着重探析了新闻从业人员职业行为方式背后所蕴含的社会因素。闻娱引入了媒介交换网络的概念，通过逐一分析四对交换关系，以权力、经济、信息、媒介渠道、注意力五种交换资源为内容，揭示了交换过程中产生的新闻伦理问题，从学理的高度进行了系统而深入的思考，这使本著对新闻伦理现实问题的解释具有了较为广阔的视野，体现了较为深入的思考，显得颇具新意。

其三，案例丰富，访谈细致入微。

为了写作这部著作，闻娱面向一线的媒体从业人员，展开了大量的深度访谈与调研工作，为这项研究积累了丰富的一手文本。著作中不时呈现出一段段鲜活而真实的访谈资料，体现了作者访谈过程中的细致入微。尤其是有些记者在访谈中十分坦率地承认日常新闻生产过程中存在的一些伦理问题。假若没有真诚的沟通，没有相互的信任，这些宝贵的一手资料是不可能获得并展现在读者面前的。这正是深度访谈研究方法所具有的独特魅力。

综观全书，闻娱的专著颇有见地，但也还存在着继续向深处开掘的可能性。比如可以多一些学理的论析，少一些现象的描述，进一步强化交换理论在新闻传播领域中的作用等。如果在资料的收集上更具系统性，在伦理问题上能有更多地深入讨论，则著作就更显完善了。总体而言，可以说，闻娱的著作《媒介交换网络中的新闻伦理》不失为一部对新闻伦理现实问题勇于探索、颇有创见的研究新作。

去岁初夏，得知闻娱获得了国家社科基金项目《社会化媒体语境中的新闻伦理研究》，我很是为她感到高兴。对于一个年轻学者而言，主持一个重要的项目，意味着一段新的学术之旅的开始。在这段旅程中，无疑需要艰苦的付出，需要探索的勇气，更需要耐得住“板凳甘坐十年冷”的寂寞。只有经受得起这些考验，这段艰苦的旅程，方才可能一路伴随着思想之花的绽放，学术之果的收获，直至走向更为广阔的学术天地。朱光潜先生曾提到，阿尔卑斯山路两旁常会竖立着游客指示牌，上面写着：“慢慢走，欣赏吧！”我愿意将这句话送给闻娱，祝福她的学术之旅充实而精彩。

是为序。

南京大学新闻传播学院教授、博导　丁柏铨

二〇一四年五月十八日

目　　录

导　　论

康德曾在其《实践理性批判》中如此感慨："有两样东西，我们愈经常愈持久地加以思索，它们就愈使心灵充满日新又新、有加无已的景仰和敬畏：在我之上的星空和居我心中的道德法则。"① 今天读起这段话，依然令我们感受到社会科学的话题亘古常新的力量。

伦理道德是人类文明永恒的主题，它充分地揭示出人的社会性本质，也深刻地标记着社会的人文精神。

一　问题的缘起

2011 年 7 月 4 日，英国《卫报》披露新闻集团旗下《世界新闻报》非法窃听失踪少女米莉及其家人的电话，干扰警方破案。这篇报道如同一枚重磅炸弹，在英国媒体、政界、警方引起巨大反响，继而带出越来越多的窃听丑闻。英国王室、社会名流、政坛要员、谋杀案受害者家属等都成为新闻报的窃听对象。事件发生后，已有 168 年历史的《世界新闻报》于 2011 年 7 月 10 日被迫关停。

相类似的案例还有 2003 年 6 月 5 日，美国《纽约时报》执行总编辑豪威尔·莱尼斯与总编辑杰拉尔德·博伊德双双宣布辞职。辞职的两人均因为该报记者布莱尔大肆编造独家新闻而受到批评。布莱尔在半年间所写的 76 篇报道中有 36 篇错误百出，并且杜撰、剽窃他人作品。5 月 1 日布莱尔被迫辞职，"布莱尔事件"几乎已经成为《纽约时报》创刊 152 周年以来爆出的重大丑闻。然而一波未平一波又起，不久《纽约时报》另一名著名记者里克·布拉格因将一名自由撰稿人的作品署上自己的名字发表

① ［德］康德：《实践理性批判》，商务印书馆 1999 年版，第 177 页。

而被揭露，5 月 28 日，曾获得普利策新闻奖的布拉格递交了辞呈。①

与上述西方新闻传播界的丑闻构成呼应的是，近年来，中国新闻传播界同样问题频出。《新闻记者》杂志于每年第一期评选上一年度十大假新闻，连续十几年坚持新闻打假活动，却发现新闻打假如同割春韭，割了一茬又冒一茬；而最令新闻界蒙羞的莫过于 2008 年爆出的记者排队领取封口费的丑闻。

从实践层面来看，一方面，改革开放后，伴随着中国社会的结构转型与市场经济体制的逐步确立，中国新闻媒介的性质、功能、任务发生了深刻的变化，在此基础上，我们看到了中国新闻传播业的巨大发展，尤其是在 2008 年的汶川大地震报道与奥运报道中，我们看到了主流媒体的出色表现。

但与此同时，我们也时时能感受到，中国的某些传媒及其从业者的新闻传播活动中存在的新闻伦理问题仍然较为突出，对一些新闻伦理问题的认识也十分模糊。

在媒介组织方面，因权力垄断导致的新闻信息失真与失衡的现象时有发生；经济利益驱动下的违规运作现象并不鲜见；片面追求收视率、收听率与发行量导致媒介的媚俗化、小报化与煽情化普遍存在。

在新闻从业者个人方面，有为了“成名的想象”不惜炮制“纸箱馅包子”的眼球新闻；有以舆论监督相威胁，以正面宣传作交易，以新闻交换金钱，以至于“到北京抓记者”甚至成为记者们之间的自嘲式笑话；有无视当事人权益，恶炒隐私家底；有与消息来源相互“搔痒”，合谋共生；如此种种，不一而足。这些都需要对新闻传媒自身以及新闻从业者进行适当的批评和反思。

从理论层面来看，新闻业界和学界对新闻伦理问题已经展开了颇有成效的探讨。尤其是近年来，针对媒介的各种新闻职业道德批判的文章层出不穷，相关的著作也蔚为大观。但不可否认，已有的研究还存在着一些缺憾，如道德层面的感性批评较多，而真正立足于现实的、系统的、理性的思考尚不多见。

笔者由此萌生研究新闻伦理问题之意。

本书试图将新闻伦理问题设置于一个宽泛的传播社会学框架之中，从

---

① 杨仕智：《〈纽约时报〉造假与人咬狗新闻》，人民网 2003 年 6 月 11 日。

媒介与社会的互动关系出发，考察在社会转型的大背景下传媒的转型与新闻伦理问题的变化，并尝试以社会交换理论与新闻生产社会学的相关理论作为理论资源，揭示当前新闻传媒及新闻从业者违背新闻伦理的深层动因，并力求从交换资源的再分配与交换规则的再调整的角度探寻规避新闻伦理问题的可行途径。

自1978年改革开放以来，中国社会正在经历着一场历史性的转型。尤其是随着市场经济体制的建立与发展，中国的改革表现为多层次、多角度的“社会转型”，中国社会生活的各个方面都发生了相当显著的变化。“社会转型”作为一个重要的解释性概念，从20世纪90年代开始进入中国的学术语境，逐渐地为社会学、经济学、文学、史学、哲学、新闻传播学等学科所接受，并被用来描述与解释在这场变革的过程中各个社会子系统所发生的变化。

在这样一个复杂多变的社会转型期，中国的新闻传媒系统也正在发生着一场深刻的转型。中国社会已经不可能脱离大众传播媒介而独立存在，就像媒介不可能脱离宏观的社会大系统而独立存在一样。社会环境的变革必然带来新闻传媒的相应变化，新闻传媒作为社会子系统的一部分，也必然主动或被迫地适应着社会大环境的发展。

大众传媒的迅猛发展引发了一系列伦理道德方面的问题。传媒在传统的社会道德解构过程中扮演了何种角色已越来越引发人们的思考，新闻法的缺席使新闻传播过程中的诸多问题得不到法律及时、有效的解决，从而更加彰显了新闻伦理的调控意义。新闻人理想与现实的冲突、媒介经济利益与新闻伦理的冲突、媒介组织自身利益与受众需求的冲突等，这些问题正在成为新闻从业人员及其所属媒介组织在日常实践中无法回避的典型困境，大众传媒面对新闻传播中出现的一系列伦理问题常常显得无所适从。

在这样的背景之下，思考社会转型和传媒转型给新闻伦理问题带来了哪些变化，以及促成这些变化的深层动因，应当具有一定的意义。“社会愈文明，新闻传播愈发达，对新闻道德的要求便愈高。”① 在社会转型的宏观背景下，分析研究大众传播媒介的新闻伦理问题，发现其中的规律性，是新闻伦理学与传播伦理学学科发展的内在需要，也是当前我国新闻

① 徐培汀：《中国新闻传播学说史：1949—2005》，重庆出版社2006年版，第340页。

传播媒介发展的现实要求。

影响新闻伦理的因素既有政治、经济、文化等宏观的社会大系统，也有传媒系统等相对微观的社会子系统。社会大系统中的政治、经济、文化等决定与影响着传媒系统的体制、形态与发展走向，进而影响着具体的新闻传播行为。新闻伦理问题的形成与变迁离不开其赖以生存的传媒系统，而传媒系统的生存与发展又离不开宏观的社会大系统。

媒介组织在日常的内容生产流程中，每天都在面临着如何进行自我决定以及如何行动的问题。作为内容提供商，媒介组织的内容生产时常面临一系列伦理选择。如果从媒介内容生产的角度对当前我国媒介实践中存在的新闻伦理问题作一次传播社会学的分析，我们会发现，在媒介组织的日常运作中，一个媒介交换网络正在作为媒介内容生产的基本框架。这种媒介交换网络如何运作，如何影响到媒介新闻传播活动的伦理表现，正是本书所要讨论的主题。

当前我国正在进行的社会转型过程使各类型的社会资源在媒介生产制作过程中的分配形态发生了变化，反映社会现实的媒介内容也在发生变化。本书试图概括当前我国媒介运行于其中的交换网络的基本特征，并运用传播社会学相关理论对媒介交换网络的基本结构进行考察，从分析管理者、投资者、消息来源、受众与媒介之间的关系构成探讨当前我国媒介交换网络的深层社会学意义，并从资源交换的角度尝试理解这一网络中发生的新闻伦理问题。

我们所关注的众多显性或隐性的新闻伦理问题都可以在这个框架中找到诠释的路径。思考新闻媒介组织与新闻从业者如何进行自我决定与行动，有助于我们深入了解新闻伦理问题产生的根本动因。

总体来说，笔者力图从逻辑推导的角度，阐明媒介新闻生产的基本框架，分析使媒介有效运作于其中的媒介交换网络的结构，继而分析在此框架下出现的新闻伦理问题，为理解各种显性或隐性的新闻伦理问题的生成动因作一些粗浅的尝试。

从理论意义上来说，本书力图突破传统的新闻伦理学的分析框架，尽力充实新闻伦理学中关于新闻伦理与社会的关系的内容，突出新闻从业人员职业行为方式的社会因素。尝试引入社会学的分析范式，以期丰富新闻伦理研究的视角与理论。

从现实意义上来说，通过揭示当前我国媒介组织及新闻从业者新闻伦理问题的现实表现与成因，对为什么新闻职业道德规范早已存在而媒介实践总是“知易行难”作出理论解释，应当有助于解决媒介实践中的新闻伦理困境。本书并不奢求探索走出新闻伦理困境的标准答案，但希望能有助于在宏观的社会结构大系统中恰当地把握与理解媒介行为。

二　核心概念

首先需要界定的是伦理和道德这对常被相提并论的概念。

伦理学的研究在西方始于亚里士多德，是一门研究道德的现象、本质、功能及规律的科学，也称为道德科学。在中国，《礼记·乐记》最早出现伦理一词：“乐者，通伦理者也。”① 此处伦理是指分类条理，后演变为“伦常之理”。儒家在提及伦理时常常只用“伦”字来表示。日本学者在翻译西方伦理学时，借用了汉语中的伦理一词，而后传入中国。

伦理学家罗国杰认为，伦理和道德，可以视为同义异词，指的是社会道德现象。但道德更多是指人与人之间的实际道德关系，伦理则更多是指有关这种关系的道理。所以，“伦理”或“伦理学”一般用以表示道德伦理，而“道德”则用以表示实际生活中的道德现象。这就多少反映出，“伦理学是以道德为研究客体的一门科学”②。

王海明认为，在西方，伦理与道德同意，中国的伦理和道德是整体与部分的关系，伦理是整体，指人际行为事实如何的规律及其应该如何的规范；道德是部分，指人际行为应该如何的规范③。

美国传播学者克里斯蒂安认为，道德观指的是实践，而伦理观指的是基本原则。④ 中国台湾学者李瞻认为，英美通称伦理学为道德哲学、道德原则或道德规范。通常将“伦理”与“道德”并称，是没有区别。如果一定要区分，则认“道德”系着重研究人类行为的“对”与“错”，而“伦理”则着重研究人类行为的“善”与“恶”。都是研究对人类行为的

---

① 罗国杰等：《伦理学教程》，中国人民大学出版社 1992 年版，第 4 页。

② 同上。

③ 王海明：《新伦理学》，商务印书馆 2001 年版，第 105 页。

④ ［美］克利福德·G. 克里斯蒂安等：《媒介公正：道德伦理问题真的不证自明吗?》（第五版），蔡文美等译，华夏出版社 2000 年版，序第 4 页。

一种评价[①]。中国台湾学者马骥伸也认为，伦理与道德两词，原有相当程度的互通之义，国人常把伦理道德并合引用。英文 ethics 和 moral 译成伦理或道德均可，两词可互为注释，但通行的译法还是习惯将 ethics 译为伦理，将 moral 译作道德[②]。

综上所述，在本书中，除引用文献的原句使用“新闻道德”外，如无特别说明，“伦理”和“道德”将被视为基本等同的概念，统一用“伦理”一词来表述。

近年来，国内学者对新闻伦理问题进行了大量研究，最为常见的核心概念主要有新闻伦理、传播伦理、传媒伦理和媒介伦理，以及基于某种媒介传播形态而展开的具体伦理问题研究，如：电视伦理、网络伦理等。此外，新闻道德、传播道德、广告道德、网络道德等概念也常被使用。

在这一系列相关联的概念中，“新闻伦理”一词内涵较小，通常指新闻界的伦理规范与准则。中国台湾学者马骥伸认为：“新闻伦理是新闻工作者在其专业领域中对是非或适当与否下判断的良心尺度。”[③] 台湾政治大学潘家庆教授则认为，不需要特别强调新闻道德，新闻工作者的道德标准与常人无异，比如诚实是人人都应具有的美德，新闻界坚守真实原则，也不过是诚实而已[④]。南京大学丁柏铨教授认为，新闻伦理是业内适应新闻活动特点而形成的要求自己“应当如何”的自律规范，以及公众认为该业在新闻活动中“应当如何”的观念和舆论约束。[⑤] 这一定义将新闻伦理区分为业内的自律规范与公众的舆论约束，对新闻伦理作了较为清晰和全面的界定。

“传播伦理”一词范围较广，它既包括通常的大众传播伦理，也包括组织传播伦理、人际传播伦理。陈汝东认为，“所谓传播伦理，就是传播过程或传播行为所涉及的道德关系，传播道德是人类传播行为的道德以及与传播行为有关的道德，是人类传播活动中处理各种利益关系时所遵循的行为准则。它不仅包括传播主体的道德品质和道德修养，同时还包括传播

---

① 马骥伸：《新闻伦理》，李瞻序言，三民书局 1997 年版，第 3 页。

② 马骥伸：《新闻伦理》，三民书局 1997 年版，第 12 页。

③ 同上书，第 3 页。

④ 转引自马骥伸《新闻伦理》，三民书局 1997 年版，第 3 页。

⑤ 丁柏铨：《论新闻伦理对新闻活动的制约》，《江苏社会科学》2007 年第 5 期。

的道德观念、道德准则、道德行为、道德评价等等”[①]。这一范围相对于本论题将要关注的“新闻伦理”而言显得过大。

“传媒伦理”一词使用者甚众，从通常使用的情况来看，“传媒伦理”大多是对“传播媒介伦理”的简称，主要指大众传播媒体在传播过程中所表现出的伦理观念与伦理行为。有学者认为，传媒伦理可包括两个方面，一是传媒制度伦理，二是传媒从业人的伦理。即作为一种规范的传媒伦理具有两个向度，一个是源自人们内心的道德法则，即自律的个人德性的向度；一个是受制于公共生活的行业规范，即他律的传媒制度伦理的向度。目前传媒伦理的理论指向问题就是，传媒伦理究竟是个人德性的，因而是私人道德，还是公共的德性，因而是行业制度的道德。[②]

但也有学者认为，传媒伦理是指在传媒生活共同体中所蕴涵和活跃着的社会成员的道德意识、道德活动、道德品格及其所遵循的道德准则的总和，是一种公共性伦理、导向性伦理和综合性伦理。[③] 这种认识突破了将传媒伦理仅仅理解为大众传媒单方面伦理问题的局限，从而拓宽与延伸了媒介伦理的范畴。

美国学者路易斯·阿尔文·戴认为，媒介传播伦理就是媒介传播过程中涉及的道德关系，包括道德观念、道德行为、道德责任、道德评价等方面。媒介传播伦理既有职业道德属性，同时也具有社会道德属性。它不仅涉及媒介从业人员的道德部分，即职业伦理；也涉及受众的道德部分，即非职业伦理。媒介传播伦理既是新闻伦理学的研究对象，也是传播伦理学的研究对象[④]。

本书拟采用“新闻伦理”这一概念，并将研究的主要范围限定在新闻伦理的范畴。但按照英美惯例，在本论题中有时将新闻伦理与媒介伦理视为可通用的概念。所要关注的不仅是新闻记者、新闻编辑在日常采编业务中的新闻伦理表现，还包括媒介组织在新闻生产运行过程中的新闻伦理

① 陈汝东：《传播伦理学》，北京大学出版社 2006 年版，第 8 页。

② 陈寿灿、秦越存：《传媒自由的伦理向度》，《人文杂志》2006 年第 4 期。

③ 李健：《传媒伦理论纲》，《西安政治学院学报》2007 年第 2 期。

④ ［美］路易斯·阿尔文·戴（Louis Alvin Day）：《媒介传播伦理：案例与争论》（*Ethics in Media Communications: Cases and Controversies*）（第四版），北京大学出版社 2004 年英文影印版，第 5 页。

选择与实践。

除新闻伦理外，本书中另一个核心概念便是“媒介交换网络”。为了更好地理解新闻传媒组织与新闻从业者的新闻伦理问题产生的深层原因，本书中使用“媒介交换网络”这一概念，用来指称媒介与管理者、投资者、消息来源以及受众之间所形成的网状的互动结构。这一概念受到社会交换理论与新闻生产社会学的相关理论的启发，将“交换”、“网络”等概念引入媒介系统中。我们把媒介交换网络中的行动者当作彼此相互联系的各个节点，希望能借此来描述发生在行动者之间的交换行为。在网络的每一个节点上，行动者根据自己的目标、受支配的价值观、可供选择的交换资源以及面临的社会情境，直接参与作出决定，他们决定交换的对象与方式，也决定用以交换的资源与报酬。

正是发生在他们之间的互动形成了媒介交换网络，反过来，这一已形成的网络又会影响身处其中的他们所作出的每一个选择与决定，当然，也包括新闻传媒组织与新闻从业者所作出的新闻伦理抉择。

有关媒介交换网络的基本结构将在第二章中详细分析。

三　研究综述

美国传播学者梅里森（Gohm C. Messill）认为，伦理学是哲学中的一支，它促使新闻从业人员在他们的新闻工作中，决定什么是应该做的行为；它是一门有着浓厚色彩的规范性行为科学；它主要思考的是如何进行自我决定以及行动。①

道德追问是理解新闻职业的实践和问题的一个重要路径②。新闻职业道德问题历来为社会各界人士所关注，西方对此问题的探讨最早可追溯到1847年。那一年，美国的霍勒斯·格里利在《纽约论坛报》的创刊广告中宣称：“它将摒弃许多著名便士报上的不道德的、下流的警察局新闻、广告和一些其他材料。我们将尽心尽力地把报纸办成赢得善良的、有教养的人们嘉许的受欢迎的家庭常客。”此后，西方的许多资本主义国家相继

---

① 郑贞铭：《传媒的他律与自律》，见方汉奇主编《世界新闻传播100年》，中国人民大学出版社2004年版，第201页。

② 商娜红：《制度视野中的媒介伦理》，山东人民出版社2006年版，第2页。

制定了新闻工作者职业道德规范①。

美国新闻学学者克利福德·G. 克里斯琴斯（也有译本译作克里斯蒂安）认为，新闻伦理学在美国的研究可以分为三个重要时期：（1）19世纪90年代的发端期；（2）20世纪20年代到30年代的学术繁荣期；（3）20世纪80年代至今实用哲学的兴起和大众传播伦理学的发展。根据克里斯琴斯的观点，新闻伦理学研究的前两个阶段之所以衰落，主要是由于哲学的失败，而近20年来的复兴则与实用哲学的发展息息相关②。

西方新闻学教育在19世纪末进入大学，由于早期新闻学教育创办的主要原因是面对日益强烈的公众批评，新闻事业需要加强其可尊敬性，所以这个阶段开始出现伦理讨论，并制定了一些伦理规约。可惜，由于缺乏理论工具，建构新闻伦理学的初次尝试只是浅尝辄止③。

20世纪20年代，新闻学教育在大学文科教育中站稳了脚跟，而报界因其日益垄断的性质、不能正确反映公众舆论的现实而受到美国公众的严厉批评，同时，电影和广播的兴起对报界构成了严重威胁，所以伦理问题成为新闻业界人士共同关心的主题，从而导致了这一时期新闻伦理学研究的繁荣。1924年，美国第一本关于报纸的《新闻业的伦理学》教科书出版，著作者尼尔森·克劳福德（Nelson Crawford）主张，报纸是一种为公众服务和承担公共责任的工具。他试图在大学新闻教育中促进道德的养成，以期刺激专业伦理规范的内化④。

从1925—1932年，又先后出版了弗林特（Leon Nelson Flint）的《报纸的良心》、威廉·吉本斯（William Gibbons）的《报纸伦理学》、保罗·道格拉斯（Paul Douglas）的《报纸与责任》和亨宁（Albert F. Henning）的《新闻业的伦理与实践》，其中1926年出版的《报纸伦理学》（*Newspaper Ethics*）一书阐述了报界的社会责任理论，其主要观点和20年后哈钦斯委员会提出的观点一致。但是，在这一时期，科学的自然主义（sci-

---

① 转引自［美］罗恩·史密斯《新闻道德评价》，李青藜译，新华出版社2001年版，第459页。

② 转引自［美］菲利普·帕特森、李·威尔金斯《媒介伦理学问题与案例》（第四版），李青藜译，中国人民大学出版社2006年版，第2页。

③ 同上书，第3页。

④ 商娜红：《制度视野中的媒介伦理》，山东人民出版社2006年版，第5页。

entific naturalism）成为盛行的世界观，在这种世界观的指引下，新闻道德成为不偏不倚地报道中立的资料的同义词。客观性报道不仅是一种技巧，而且是一种道德律令。于是，新闻伦理学的探讨消解在伦理规约和客观性法则之中，1932 年之后，“伦理学”及其同源词在新闻学书籍的书名中消失了近 40 年。20 世纪 80 年代以来，随着实用哲学在美国的兴起，新闻伦理学的研究重新繁荣起来。到 1996 年，已经出版的书名中有“传播伦理学”一词的书籍达到了 100 多本。在此期间，虽然对职业道德实践的细节描述仍然必不可少，但是今天，伦理学的教授、研究和出版侧重于原则和基础。这表现在较早的教科书都是纯粹描述性的，而自 1990 年以来，大众媒介伦理学教科书都至少包括一个理论介绍部分①。

无论是新闻伦理学还是传播伦理学，目前国外的研究都已相当成熟，这方面的研究成果比较多。影响较大的主要有美国学者利昂·纳尔逊·弗林特的《报纸的良知——新闻事业的原则和问题案例讲义》、约翰·赫尔顿的《美国新闻道德问题种种》、克利福德·G. 克里斯蒂安等的《媒体伦理学：案例与道德论据》、菲利普·帕特森和李·威尔金斯的《媒介伦理学问题与案例》、罗恩·史密斯的《新闻道德评价》、杰克·富勒的《信息时代的新闻价值观》、约翰·莫瑞尔的《新闻伦理——存在主义的观点》以及路易斯·阿尔文·戴的《媒介传播伦理：案例与争论》，等等。

此外，法国学者克劳德·让·贝特朗的《媒体职业道德规范与责任体系》和英国学者尼克·史蒂文森的《媒介的转型：全球化、道德和伦理》、卡伦·桑德斯的《道德与新闻》也向我们展示了欧洲学者在新闻伦理研究上的成就。

即便如此，西方新闻伦理学的研究也仍然存在着问题。正如克里斯蒂安所说：“媒体伦理学在理论与实践的联结点处走了一条不平坦的路。教科书中偶然会选一章伦理学，但不会将其与日常工作遇到的问题联系起来。理论与实践在这样的尝试中不会很好地结合，在日常行动中也是如此。一大堆事情发生了，我们被迫做出合乎职业道德的决定，与其说通过思考，不如说是用习惯性的思维……一些有关新闻伦理学的书谈的全是案

---

① ［美］菲利普·帕特森、李·威尔金斯：《媒介伦理学问题与案例》（第四版），李青藜译，中国人民大学出版社 2006 年版，第 3 页。

例，缺乏理论分析。”① 理论与实践发生明显的脱节，这似乎是中西方新闻伦理研究的共同弊病。“传播伦理常常遵循这样的模式——最后退到以法律作为唯一可靠的指导。”② 正因为此，克里斯蒂安指出，媒介伦理学要想得到认可，媒体的日常运作与伦理学严肃的思考之间的鸿沟必须很好地弥合③。

国内有关新闻伦理的研究虽不发达，但起步并不太晚。早在 1859 年，太平天国洪仁玕的《资政新篇》中就曾提及新闻伦理道德。此后，王韬、郑观应、梁启超、黄远生等人均论述过新闻伦理思想。徐宝璜、邵飘萍、任白涛等也曾在著作中专门探讨新闻伦理问题。其中，任白涛的《综合新闻学》第二章以“新闻事业道德”为题，较为详尽地探讨了报纸势力、新闻价值、正确第一、新闻记者失节、提高记者报酬、制裁失节记者等问题。

中国共产党建党初期对于新闻伦理的认识与研究，主要从党的政治思想道德的角度进行考察，将政治道德注入新闻职业道德的内涵之中。1942 年延安整风与《解放日报》改版，将坚持报纸的党性、新闻的真实性、做人民公仆、不当“无冕之王”作为无产阶级新闻工作者的新闻伦理准则。新中国成立后，学习苏联办报经验，党的政治思想道德要求取代了新闻职业道德要求；新闻职业道德从理念到实践，被当作资产阶级新闻观的糟粕而遭抛弃乃至忘却④。

1978 年改革开放后，系统的新闻伦理研究才开始出现。在 20 世纪 80 年代，新闻伦理研究多围绕新闻工作者的职业道德展开。80 年代初期，新闻真实性问题是学界研究新闻伦理学的重点，对客里空现象的批判时常见诸报刊。80 年代中期以后，“有偿新闻”现象逐渐进入研究者的视野。随着传媒业的不断发展，网络伦理、广告伦理、公关伦理等媒介伦理的子方向也逐渐得到重视。

从学科建设的角度看，1982 年中国社会科学院王晨的硕士学位论文《社会主义新闻道德初探》是我国最早呼吁建立新闻伦理学的论文。1995

---

① ［美］克利福德·G. 克里斯蒂安等：《媒介公正：道德伦理问题真的不证自明吗?》（第五版），蔡文美等译，华夏出版社 2000 年版，第 1 页。

② 同上书，第 2 页。

③ 同上书，第 1 页。

④ 徐培汀：《中国新闻传播学说史：1949—2005》，重庆出版社 2006 年版，第 340 页。

年周鸿书的《新闻伦理学论纲》是新中国第一本以新闻伦理学命名的专著。作者在后记中写道："本书着重于新闻道德现象的研究，用马克思主义伦理学和无产阶级新闻学的理论、原则，阐释新闻道德的种种现象，并建立起新闻伦理学自身的体系和结构。"① 全书较为全面地探讨了新闻伦理学的对象、任务、研究方法和理论特征，新闻伦理思想的历史演化和发展，新闻道德的基本范畴和功能，社会主义新闻事业内部与外部的道德关系、新闻立法和自律以及新闻工作者的道德修养等。作为填补空白的开山之作，这本著作的内容虽然略显单薄，但理论阐释的严谨性与独创精神颇值得后人学习。

近十余年来，吴海民的《金元新闻》、陈桂兰的《新闻职业道德教程》、徐新平的《新闻伦理学新论》、蓝鸿文的《新闻伦理学简明教程》、陈超南的《彩色的天平：传媒伦理新探》、黄瑚的《新闻伦理学》、郎劲松、初广志的《传媒伦理学导论》等教材与著作相继问世。

其中，黄瑚的《新闻伦理学》首先探讨了新闻职业道德基础理论，包括新闻伦理学的研究对象、理论框架与学科价值、新闻伦理学的研究方法、新闻职业道德的基本含义、特征和社会作用、新闻工作的职业特征及与新闻职业道德的关系、中外新闻伦理思想与新闻职业道德的起源和历史发展；其次阐述了新闻职业道德规范理论，包括新闻职业道德的基本原则，各项规范的基本内容、特点、结构以及产生发展的历史过程；最后探讨了新闻职业道德的实践理论，包括新闻职业道德的评价、教育等。这种理论框架将新闻伦理学分为新闻职业道德基础理论、规范理论和活动理论三个方面，有其内在的合理性。

蓝鸿文的《新闻伦理学简明教程》则梳理了新闻伦理学在中国形成和创立的历史脉络，对新闻道德自律信条作了世界性的扫描，论述了新闻职业道德的三种失范：虚假新闻、有偿新闻、虚假广告与误导广告；从德与法两个方面论述了保密问题、保护著作权问题、隐私权和名誉权、新闻传播业的竞争等问题。还对网络新闻道德进行了专章论述。该书收集了国内外诸多新闻团体和新闻媒体制定的职业道德信条，是已出版著作中搜集新闻职业道德自律信条最多的一本。

此外，吴海民的《金元新闻》揭露分析了"有偿新闻"等新闻腐败

① 周鸿书：《新闻伦理学论纲》，新华出版社 1995 年版，第 275 页。

问题；陈桂兰主编的《新闻职业道德教程》分别设专章介绍了中外名记者的道德风范和我国台港澳地区的新闻职业道德概观，全书的视野较为开阔；徐新平的《新闻伦理学新论》分析了中外新闻伦理思想的发展脉络，具有以史拓论的特点；陈超南的《彩色的天平：传媒伦理新探》作为跨世纪伦理新视野丛书之一，在全球化的背景下，讨论传媒伦理与社会环境以及传媒伦理与传媒文化，体现了更强的文化思辨色彩。初广志与郎劲松的《传媒伦理学导论》围绕传媒伦理的四大方面，涉及新闻伦理、广告伦理，也囊括了组织伦理和社会伦理与传媒伦理的互动研究。而初广志、郎劲松、张殿元合作完成的《转型期大众传播媒介的伦理道德研究》则将社会转型界定为1992年至今，以此作为全书研究的主要时间节点。

由于国家教育部门把新闻法制与道德列为大学新闻传播专业必修的课程，因此出现了一些同时探讨新闻职业道德与新闻法规的教材与专著，如黄瑚的《新闻法规与新闻职业道德》、陈绚的《新闻道德与法规——对媒介行为规范的思考》等。这类著述充分体现了法律与道德的紧密联系。

戴元光的《传播道德论》和陈汝东的《传播伦理学》将新闻伦理学的范畴拓展到传播伦理学。其中戴元光的《传播道德论》从宏观上考察了传播道德问题。全书除总论外，分别讨论了资产阶级的道德观、马克思主义的自由观、传播侵权、传播的社会批评、客观性报道、文化媒体化和大众化及媒体的反文化反伦理倾向、传播与青少年教育、我国社会主义传播道德建设的思路等问题。该研究的与众不同之处在于，作者认为传播行为是什么、传播的基本准则、传播自由、权利和义务、诚实与客观性等，也属于传播道德问题；职业道德仅是具体问题，如传播侵权等；传播与其他社会现象交叉的某些问题，诸如网络文化、通俗文化与主流文化的冲突，也是一种传播道德问题；传播道德反映了传播活动中所涉及的自然人和法人的共同利益，因此必须相互沟通，彼此肯定，不断完善传播道德关系。

陈汝东的《传播伦理学》涉及了政治传播伦理、人际传播伦理、新闻传播伦理、科学传播伦理、文艺传播伦理等各类型的传播伦理属性与规范。

三部研究西方传媒自律与伦理的著作颇有价值，分别是魏永征、张咏华、林琳的《西方传媒的法制、管理和自律》，陈力丹的《自由与责任：国际社会新闻自律研究》和商娜红的《制度视野中的媒介伦理——职业主义与英美新闻自律》。

此外，专门研究网络伦理的著作也随着网络媒介的兴盛而开始出现。如严耕、陆俊、孙伟平的《网络伦理》，钟瑛、牛静的《网络传播法制与伦理》，张久珍的《网络信息传播的自律机制研究》等。

刘建明的《媒介批评通论》和王君超的《媒介批评——起源·标准·方法》等一批媒介批评研究的著作从媒介批评的角度涉及了新闻伦理的若干问题。

国内近年来发表了大量有关新闻伦理研究的论文，相关论文大体可分为三个层面：一是从宏观上探讨新闻传播业的角色与社会功能；二是从中观上研究新闻自律的规范与原则；三是从微观上分析新闻传播实践中的道德案例。其中，新闻自律是近年来相关研究最为核心的命题。

这三个层面又具体表现为围绕以下内容：新闻伦理的产生与发展、新闻伦理与社会的关系、传媒自由与社会责任、新闻伦理的特征、作用、功能、原则与规范、传媒自身原则与社会普遍原则的冲突、新闻传播行为的伦理选择与评价、新闻伦理的失衡与错位现象解读、媒介自律与法治、市场经济与新闻伦理、传媒与隐私权的关系、传媒庸俗化、有偿新闻和新闻广告、提高新闻伦理建设水平的措施、新闻伦理与和谐社会建构、新闻伦理教育等。总的来说，已有的丰富论文将我国新闻伦理研究推向了一个相对繁荣的阶段，其中不少研究具有相当的理论价值与实践意义。

从新闻伦理主体的研究来看，对传媒从业者的传播伦理研究较多，也有不少论文探讨传媒组织的传播伦理，如有研究者从组织社会学的角度对传媒组织的伦理道德进行了探讨①。针对受众的新闻伦理问题研究相对较少。代表性研究有陈汝东的《受众伦理规范研究：历史、现状与趋势》一文②。这方面的研究多集中于如何对受众进行媒介伦理教育的探讨上。正如德弗勒和丹尼斯所言："新闻伦理实际上影响着这个复杂而多元的行业的各个方面。不仅影响着新闻职业传播者，同时也影响着公共生活的每一个人。"③ 因而从长远的发展来看，受众伦理也应当被纳入新闻伦理讨

① 初广志：《组织因素与传媒伦理道德建设》，《现代传播》2006 年第 3 期。

② 陈汝东：《受众伦理规范研究：历史、现状与趋势》，《新闻与传播研究》2006 年第 3 期。

③ 转引自商娜红《制度视野中的媒介伦理》，山东人民出版社 2006 年版，第 1 页。

论的范畴之内。

在已有的研究中，存在的问题主要表现为：

其一，研究对象的范围过窄。如有学者认为，鉴于中西方不同的传媒政治经济背景，西方的传媒伦理规范应主要是行业规范，因为西方传媒作为“第四种权力”立身，传媒从业人员只是对传媒业主负责，传媒的道德失衡往往表现在媒介行为、组织行为，传媒伦理道德规范也主要是针对新闻业而言的。而中国的媒体，尤其是新闻媒体，长期以来一直是党和政府的宣传工具，道德失衡现象只是传媒从业人员的个人行为，因而我国的传媒伦理规范应主要是从业人员个人行为操守。[①] 这一观点未能将新闻伦理问题的主体区分为新闻传媒组织与新闻工作者两大部分。从实践层面来看，有些新闻伦理问题是新闻从业者的个人职业操守问题，有些则是迫于传媒组织压力而出现的伦理失范。

其二，研究的整体深度有待挖掘。很多论文停留于对某一具体新闻伦理事件进行一番表象解读，然后匆忙得出加强新闻自律、提高新闻工作者道德修养的结论。

其三，研究方法相对单一。虽然有部分研究采用了问卷调查与定量分析的研究方法，如陆晔等进行的新闻工作者职业道德调查，但也有不少研究表现出的是随感式的思考与零星的感悟，缺乏成熟的理论支撑，也缺乏经验的材料支撑。

无论是较之其他应用伦理学的研究还是新闻传播学领域的研究，新闻伦理研究均处于起步阶段，还有较大的进一步开掘的研究空间。

与以上主要从伦理学的角度研究新闻伦理问题的视角不同，新闻生产社会学的研究者为我们提供了一种新的思路。他们将新闻从业者个体和组织、制度等结合起来观察。如布里德（Breed）揭示了新闻编辑部中所存在的新闻控制；吉伯（Gieber）发现编辑实际上是被“包裹在一件由机械零件制就的紧身夹克中”，个人的主观与媒介组织和其他压力相比微不足道。韦斯特里（Westley）和麦克莱恩（Maclean）把信源的压力引进了新闻选择之中，吉伯纳（Gerbner）明确提出，信源是施加于大众传播者身上的一种社会机构（institution）的压力。赖利夫妇率先把大众传播置于社会的大系统中进行考察，德弗勒（DeFleur）以为，媒介的选择本来就是

---

① 潘青山：《中西新闻伦理道德比较》，《声屏世界》2003年第10期。

在各种社会系统的制约中所进行的。[①] 这类研究由于探索了媒介组织（大众传播者）与社会之间的控制与被控制的复杂关系，从而触及了新闻伦理问题产生的更深层次的渊源。

在布里德（Breed）和甘斯（Gans）的媒介社会学研究中，新闻生产被视为包含了特殊权力实践的一种社会过程，这个社会过程通过新闻传播的参与者和新闻机构组织内部实现。塔奇曼（Tuchman）通过《做新闻》的研究指出，媒介组织的新闻生产依赖于将新闻专业理念内化为编辑部内部日常运作的常规行为，而外部的媒介控制力量则往往来自政府、大企业等相关组织。也有一些学者研究媒介的意识形态控制以及记者与消息来源之间的权力关系等。20 世纪 90 年代末，英国相关的媒介与文化学者曾研究过东欧社会转型中媒介的制约力量，认为政治家、商人、媒介组织的所有者和他们的雇员均在新闻生产过程中起到不同程度的制约与影响作用，这些制约和影响因其与新闻机构内部的专业社区控制大不相同而呈现出转型社会的特征。[②]

在国内，以这样的新闻生产社会学的理论框架进行的新闻伦理的相关研究并不多见。其中，由陆晔主持的一项针对上海新闻从业者的调查报告具有十分重要的研究价值。研究者把新闻生产这一社会过程和其中的权力实践形态具体化为新闻编辑部内部的专业社区控制因素、新闻机构外部和内部对新闻生产各个环节的影响因素、新闻从业者对新闻价值的看法，等等，从而从中寻找到了中国社会转型过程中新闻业当下的现实状况。[③]

四 理论框架与研究方法

笔者试图运用传播社会学的一些方法、理论、概念来理解与解释传媒转型过程中出现的新闻伦理问题。

这种理解一般有两条路径：一是由宏观至微观，先观察宏观的新闻体制与新闻政策，再分析媒介从业人员与媒介组织如何在现有的体制框架与

---

① 黄旦：《新闻专业主义的建构与消解——对西方大众传播者研究历史的解读》，《新闻与传播研究》2002 年第 3 期。

② 陆晔、俞卫东：《社会转型过程中新闻生产的影响因素——2002 上海新闻从业者调查报告之三》，《新闻记者》2003 年第 3 期。

③ 同上。

游戏规则内进行新闻伦理实践活动；二是由微观至宏观，先观察媒介从业人员的伦理表现及其所在的媒介组织的伦理表现，既而分析这种伦理表现背后的宏观制度的设计及约束力。本书将采取两条路径并举的方式，希望在微观与宏观互动的分析中，寻找出当前新闻伦理问题产生的现实动因与规避新闻伦理问题的可能路径。

在分析新闻伦理问题时，本书将不囿于某一种理论取向，而是采集多个不同理论取向的一些概念，构筑自己的解释框架。以下为本书一些主要的相关理论。

（一）社会交换理论

在社会交换理论中，权力是中心概念之一。资源的不平等导致行动者之间的权力差异，不同权力拥有者之间的交易构成了社会系统的动力。霍曼斯认为交换是社会的基础，布劳的结构交换观点则提出不平衡交换产生权力与分化。个人的资源都是有限的，都不能完全“自给自足”，为了有所获取当然需要有所付出，人们正是通过“支付—回报—再支付—再回报”的连续行动，结成了一定的社会关系和结构。以这种观点为核心的社会交换理论，有两种基本取向，第一种取向是个人的心理的，认为是个人的功利计算与内在动机导致社会交换；第二种取向是结构的集体的，即把社会交换归之于社会结构的制约与社会规范的引导。

相对于霍曼斯的微观化约的交换理论，理查德·艾默生的交换理论更具整合性。在艾默生提出的宏观层次的交换理论中，行动者可以是个人，也可以是集体。他提出的“交换网络”包含一些个人或集体行动者的社会关系，各行动者拥有不同的重要资源，并且互有交换机会和交换关系。一些此类的交换关系将存在并且产生相互关联，进而形成一个单一的网络结构。①

这一理论框架既可用来解释新闻从业者个人的交换行为，也可解释媒介组织以媒介渠道资源与信息资源交换权力资源、经济资源与注意力资源的行为。

---

① ［美］乔治·瑞泽尔：《当代社会学理论及其古典根源》，杨淑娇译，北京大学出版社2005年版，第155页。

（二）新闻生产社会学相关理论

除了交换理论以外，新闻生产社会学的相关理论也构成了本书分析新闻伦理现实问题的重要工具。其中最为关键的三个概念分别是“事实性网络”、“信息补贴”和“补偿网络”。

美国社会学家盖伊·塔奇曼（Gaye Tuchman）用“解释社会学”的观点，说明新闻是社会建构的产品，是新闻专业人员按照日常工作惯例完成的产品。新闻工作者按照社会体制的各种标记，确认消息源的权威性和可靠性。这些标记证明消息源具有社会体制所赋予的审核社会现实的资格。这种浸渍着主导意识形态、受制于社会体制的社会关系，被称为“事实性网络”，它体现在新闻生产过程的各个环节。① 塔奇曼以这一理论对新闻的社会建构问题进行了全面而深入的论述。

“信息补贴”理论由传播学者奥斯卡·甘地提出。他认为，新闻生产过程中的消息源和新闻工作者的关系是价值交换的关系，一方要以低成本制作出新闻，另一方要以低成本扩散自己的信息，具体做法包括运用各种公关措施、向新闻单位提供信息，或者提供新闻采写的方便，这就是“信息补贴”。他说：“信息补贴就是通过控制接触与使用相关信息，以影响他人的行为。”② 信息源主动补贴信息，以降低信息使用者采集和使用该信息所需要的费用。

“补偿网络”概念由香港学者潘忠党提出。他认为，新闻改革就其总体来说是重构现存体制的内部空间。所谓新闻体制的“空间”，其实体是新闻生产过程中的社会关系，“空间重构”最重要的内容就是重组这些社会关系的网络，新闻媒介单位孜孜不倦地构筑、以钱财为流通媒体、以价值交换为原则的社会关系网络，具有“补贴”新闻生产的意义，故而研究者称为“补偿网络”。作为一个分析的概念，它描述的是这种经济资源分配与新闻的社会现实的构筑之间的关系：新闻生产逐步转由企业提供生产经费，补贴的办法包括广告、赞助、经营合作和“有偿新闻”。③

---

① ［美］盖伊·塔奇曼：《做新闻》，麻争旗、刘笑盈、徐扬译，华夏出版社2008年版。

② 转引自潘忠党《“补偿网络”：作为传播社会学研究的概念》，《国际新闻界》1997年第3期。

③ 潘忠党：《“补偿网络”：作为传播社会学研究的概念》，《国际新闻界》1997年第3期。

这一理论对新闻生产流程的分析可以用来理解有偿新闻产生的必然性，并可进而探讨有偿新闻问题解决的可能途径，只有改变现有新闻生产模式，有偿新闻现象才可能得到彻底地解决。

除了以上研究之外，传播的政治经济学研究也为本书提供了思想上的启发。传播的政治经济学研究始于考察媒介的发展与广阔的政治经济形式的关系，认为既有的经济及政治制度决定并影响媒介的运作及功能，因而媒介的所有制以及控制新闻生产过程的权力关系是传播的政治经济学分析研究的重点。

（三）研究方法

本书的研究方法主要是以文献分析与案例分析为主的质化研究，通过收集现存的文献资料、新闻报道、记者手记等，分析新闻从业人员的行为模式、价值观念与态度，从个别的经验性事实中，抽象出关于媒介交换网络中带有普遍性的运作规律。在对文献资料的收集上，主要是对在一定时期内（1978—2013年）在国内有影响的新闻传播学期刊上刊登过的典型案例进行收集整理。同时，以《南方周末》、《中国青年报》、中央电视台、《三联生活周刊》、新浪网、天涯社区、西祠胡同等国内有影响的媒体报道过的典型案例作为补充，这其中既有传统媒体也有网络媒体。此外，一些新闻从业人员的博客与微博记录也将被作为内容分析的材料。

本书兼用了访谈法，因为新闻伦理的现实表现不仅受到来自外在体制、制度性因素的影响，还与新闻从业人员的业务素质、从业经历、个人修养等条件有关，访谈法的运用可以对一些问题进行深入的了解。在访谈法的运用上，本书主要采用了半结构式访谈的方法。笔者设计了访谈提纲，但又没有严格按照访谈提纲来进行访谈，这是为了方便在访谈中根据访谈的具体情况对访谈的程序和内容进行灵活的调整，以便更好地探讨新闻从业人员的新闻伦理观及现实伦理表现。

访谈对象共有152人，采取了主观抽样与滚雪球抽样两种方式。首先通过主观抽样，在安徽、江苏、湖北、浙江、广东和北京、上海等省市选择了10座城市，在这10座城市中分别联系我所熟悉的新闻从业人员；然后通过他们的介绍，与他们在媒体工作的同事或同学取得联系，以滚雪球的抽样方式进一步扩大样本范围。由于地域与时间的限制，部分访谈是通过QQ、MSN与电子邮件的方式完成的。这种有时空距离的访谈方式，虽然无法通过面对面的观察感受对方的表情与神态以便及时调整提问，但由于新闻伦理话题具有一定的敏感性与隐私性，通过网络的即时交谈反倒在一定程度上使对方感到更容易坦然面对，访谈所获得的资料因而可能更为客观与真实。

访谈对象所工作的媒体中，既有省级媒体，也有市级媒体；既有电视台、电台等电子媒体，也有报社、杂志等平面媒体；既有传统的日报、晚报，也有新兴的都市报、时报、晨刊；既有综合类媒体，也有财经、教育、邮政等专业与行业媒体；既有内地相对保守的媒体，也有沿海地区相对发达的媒体。希望能通过这种相对多元化的对象选择，获得对论题较为全面的认知。

此外，笔者在16年的新闻传播学专业教学过程中，与多家新闻媒体有过接触，也在不同场合与诸多新闻从业人员打过交道，并以随机访谈的方式获得了对新闻伦理问题的一定程度的了解。尽管不是结构性很强的访谈，但也为研究提供了一定的参考。

总而言之，本书力图将新闻伦理问题置于整个媒介交换网络的框架中予以考察观照，再结合社会学、新闻与传播学、伦理学的理论框架与研究成果，尝试从宏观上作一些学理上的深入探讨，并尽可能达到视角和观点创新的程度。

第一章

媒介交换网络的理论来源

一种更深刻的道德必须不仅以群体压力和长期利益为基础，而且主要以内化的规范标准为基础。在理想的情况下，一个个体应当毫无偏差地受其良心道德的支配，而不管后果是什么。这种完善的道德只有圣人和蠢人才能达到，大多数人总要打些折扣。然而，道德标准显然确实在指导和约束人类的行为。在相当广泛的范围内，这些规范会对社会关系施加影响，但在彼此的交往中，人类倾向于受到一种欲望的控制，这就是想获得各种各样的社会报酬。这样产生的利益交换塑造着社会关系的结构。

——布劳：《社会生活中的交换与权力》①

20 世纪 60 年代兴起于美国社会学界的社会交换理论，是本书最主要的理论来源。而在 20 世纪七八十年代兴起于美国以及英国的新闻生产社会学中，盖伊·塔奇曼的“社会现实构筑”论、奥斯卡·甘地的“信息补贴”论以及稍后的中国香港学者潘忠党先生所提出的“补偿网络”理论都是本书中试图阐释的“媒介交换网络”这一框架的重要理论根基。

一　古典经济学中的功利主义：交换理论的根源之一

交换论与秩序论、功能论、互动论等理论共同关注的都是社会稳定，“是社会价值、利益与行动的一致性达到相当高的程度而出现的一种状

---

① ［美］彼德·布劳：《社会生活中的交换与权力》，孙非等译，华夏出版社 1988 年版，第 20 页。

况”。[①] 每一种理论用来描述、解释或规范这种状态的概念及其命题系统各不相同，如秩序论用“共识”，功能论用“均衡”，互动论用“沟通”，而交换论则用“等价”。

是什么“神奇”的力量使各种各样的人走到一起，形成一定的社会关系和结构？社会交换理论给出的答案是：交换。个人的资源都是有限的，都不能完全“自给自足”，为了有所获取当然需要有所付出，人们正是通过“支付—回报—再支付—再回报”的连续行动，结成了一定的社会关系与结构。[②]

各种社会交换理论都以经济交易中的一个基本原则为基础：人们提供商品和劳务，同时又期望得到想得到的商品和劳务以作为报酬。社会互动与经济交易相类似，这是各种交换理论家都认同的一种假设，但他们也大多承认，社会交换并不都是可以用货币来测量的。因为在社会交易中，用来交换的既有有形的东西，也有无形的东西。[③]

纵观社会交换理论的研究，学者们通常区分为两种基本理论取向：一是个人的心理的取向，着重把社会交换归之于个人的功利计算与内在动机；二是结构的集体的取向，侧重于把社会交换归之于社会结构的制约与社会规范的引导。

在本书的研究中，较倾向于以结构的集体的取向为基本出发点，但并不完全排斥个人取向的分析，因为正如在马克斯·韦伯和帕森斯那里都倾向于社会行动的行动者是个人，无论如何，在媒介交换网络中最终的交换行动仍要落实到个人的身上。

古典经济学中的功利主义、心理学的行为主义以及社会学的结构主义共同构成了交换理论的主要理论根源。其中，功利主义的思想直到今天仍然广为流行，它也发展成了当下诸多市场化媒介在日常生产过程中所遵循的重要原则之一。

在亚当·斯密、大卫·李嘉图、约翰·斯特劳斯·米尔以及本杰明·本瑟姆这些垂名于1770—1850年间的古典经济学家看来，人们在自由和

① 宋林飞：《西方社会学理论》，南京大学出版社1997年版，序言第4页。

② 同上书，第165页。

③ ［美］玛格丽特·波洛玛：《当代社会学理论》，孙立平译，华夏出版社1989年版，第40页。

市场竞争与他人交易或交换时理性地追求最大的物质利益。人们作为自由市场的理性单位，拥有获得所有必需信息的渠道，能够权衡所有可行的选择，并理性地选择那种将使物质利益最大化的活动途径。进入这种理性思考就是计算各种选择的代价，必须权衡这些代价的大小与物质利益的优劣，以确定哪一种选择将产生最大的报酬或利润而付出较少的代价。①

功利主义者也为大众传播媒介的选择提供了一条明确的准则——在面对不同的选择时，首先要尽可能谨慎地计算每一种结果，问一问这种选择将给每一个人，包括人们自己的生活带来多少好的和不好的影响。一旦人们完成了对所有相关行为的估算，人在道义上就必然选择那个利益最大或损失最小的办法。而有意选择别的行为，就违反了道德原则。功利主义实际上是一个双重的原则，它指导人们：1. 尽可能地趋利避害；2. 把这一结果尽可能地广泛传播。②

功利主义原则曾引起相当激烈的争论与冲突，比如持反对意见的人认为，人并不只是追求物质利益，人也并不总是能对行动的结果精确计算等。因而，现代交换理论家们在功利主义原则的基础上改造出了各种各样的社会交换理论。这些改造坚持了如下的各种假定：

人并不追求最大利润，但他们在与他人发生社会交易时总是试图得到一定的利润；人并非完全理性的，但他们在社会交易中的确进行成本和利润之间的核算；人并不具有可供选择的完备信息，但他们经常认识到至少有些选择是评价成本和利润的基础；人总是在约束下行动，但他们依然互相竞争企求在交易中获得利润；人总是在他们的交易中获得利润，但当他们进入交换关系时，他们受到自己所具有的资源的限制；在所有社会中，人们在明确规定的市场中的确进行着经济交易，但它仅仅是发生于所有实际社会环境中个体之间更为普遍的交换关系的特例；人们的确在交换中追求物质目标，但他们同时也流通和交换非物质的资源，诸如感情、服务和符号。③

① ［美］乔纳森·H. 特纳：《社会学理论的结构》，吴曲辉等译，浙江人民出版社 1987 年版，第 259 页。

② ［美］克利福德·G. 克里斯蒂安等：《媒介公正：道德伦理问题真的不证自明吗?》（第五版），蔡文美等译，华夏出版社 2000 年版，第 15—16 页。

③ ［美］乔纳森·H. 特纳：《社会学理论的结构》，吴曲辉等译，浙江人民出版社 1987 年版，第 260—261 页。

此外，人类学中的社会交换理论（如马林诺夫斯基用“可以得到报酬”来解释部落成员为什么要遵守规范）、心理学的行为主义以及社会学的结构功能主义与交换理论都存在着一定的渊源，因为它们都曾或多或少地影响到了我们下面将要分析的社会交换理论的一些基本命题的产生。

二 霍曼斯的行为交换论

虽然早期霍曼斯的思想中还具有较强的结构功能主义的色彩，但他后来逐渐放弃了功能主义的取向。因为在他看来，功能论不是一个演绎系统，它只描述社会，不解释社会，而且功能论没有普遍性。在他后来的《作为交换来看人的行为》、《社会行为：它的基本形式》、《社会交换的性质》等著作中，他推演出了一些微观社会学定律，将人类行为都理解为交换行为，并尝试建构能够解释人类行为的合理性命题系统。他的开拓性研究，使他成为当代西方社会交换论的代表人物之一。[①]

心理学理论中的行为论为霍曼斯提供了建构交换理论的重要基础。霍曼斯在其著作《社会行为：它的基本形式》中提及行为心理学对他的交换理论的影响。心理行为论主要学者斯金纳在研究鸽子时发现，将鸽子放进鸽笼，每当习惯用嘴探测、考察周围环境的鸽子碰到实验师预设的目标区域时，实验师就给其谷物作为报酬，久而久之，受到奖赏的鼓励，鸽子就会学习到要去主动碰触目标区域。霍曼斯受到这一实验的启发，他将视线从鸽子转移到人的身上，转而去关注发生在人与人之间的相互影响的行为。这一理论对于媒介交换网络中出现的新闻伦理问题具有很强的解释力。例如在记者的封口费事件中，我们也可将矿难多发区理解成一部分记者获取报酬的目标区域。正因为在此前的类似事件中，矿主们为了封锁矿难信息而以封口费作为报酬，这一行为相当于实验师的刺激，而使部分记者学习到要去主动碰触目标区域。众多赶至现场排队领取封口费的新闻从业人员之前也在四处探听相关负面信息，但并非为了将其曝光，而是类似于鸽子用嘴啄物、探勘环境，以寻找到目标区域。这时，寻找发生负面信息的新闻来源是一种操作性要素，而操作性要素被强化，强化诱因就是封口费。换言之，新闻从业人员经历了操作制约的过程：记者们经由封口费

① 宋林飞：《西方社会学理论》，南京大学出版社 1997 年版，第 167 页。

作为奖赏的鼓励，而学习到主动碰触发生负面新闻的目标区域。

经济学的功利主义原则认为：人理性地算计他们某一市场中行为的长期结果，并试图在交易中获取最大的物质利益。而霍曼斯成功地改造并吸收了纯经济学的功利主义原则，他把人类行为理解为互动的个人进行报酬（和惩罚）的交换，并强调："假如我们记住利益不仅是经济的话，那么我们就可以把它称为个人的自我利益理论。"他认为："经济人的麻烦并不在于他是经济人，即他运用资源谋私利，问题在于他是反社会的和唯物质主义的，只醉心于金钱与物质商品，甚至为此而不惜牺牲自己的老母亲。"因此，"经济人"的概念无法对人类的行为作出恰当的解释。霍曼斯从四个方面对这一基本的经济学假定进行了修改：1. 人们并不总是追求最大利润，他们只是想在交换关系中得到某些利润。2. 人在交换中并非常常从长远着想或进行理性的算计。3. 交换物不仅是金钱而且还有其他的商品，包括赞同、尊重、依从、爱、情感以及其他紧缺物质产品。4. 市场并非是人类交换中一个孤立的领域，所有的互动都牵涉个人，他们交换报酬（和惩罚），追求利润。[①] 应当说，霍曼斯将利益的内涵从单一的经济扩大到赞同、爱、情感等非物质因素，这为其建构交换论的基本假设提供了更具说服力的基础。

霍曼斯为了阐述其基本交换原则，使用了以下一些基本概念：

1. 刺激——环境中的暗示，有机体以行为对这暗示作出反应。

2. 行动——有机体为了获取报酬逃避惩罚所发射的行为。

3. 报酬——刺激所具有的能满意或满足有机体需求的能力。

4. 惩罚——刺激所具有的伤害或阻止需求得到满足的能力。

5. 价值——刺激所提供报酬的程度。

6. 代价——从事某种行为所失去的报酬或受到的惩罚。

7. 知觉——感知、衡量和评价报酬或代价的能力。

8. 期望——报酬、惩罚或代价的程度，有机体把这些报酬、惩罚和代价与某一特定刺激联想起来。[②]

霍曼斯运用这些基本概念，建构了六个关于人类社会行为的基本

① ［美］乔纳森·H. 特纳：《社会学理论的结构》，吴曲辉等译，浙江人民出版社 1987 年版，第 291—293 页。

② 同上书，第 294 页。

命题：

1. 成功命题：对于人们所采取的所有行动，某人的特定行动越是常受到奖励，则该人越可能采取该行动。

2. 刺激命题：假如在过去某一特定的刺激或刺激集的出现一直伴随着对某人行动奖励，则现在的刺激越是与过去的刺激相似，该人现在越有可能采取该行动或相类似的行动。

3. 价值命题：某人行动的结果对他越有价值，则他越有可能采取该行动。

4. 剥夺—满足命题：某人在近期越是经常得到某一特定报酬，该报酬的任何追加单位对他来说就越没有价值。

5. 攻击—赞同命题：当某人的行动没有得到他期望的报酬或得到他料想不及的惩罚，他将被激怒并越有可能采取攻击行为，这一行为的结果对他来说就越有价值；当某人的行动获得期望的报酬，特别是报酬比预期的大，或者没有受到料想中的惩罚，他就会高兴并越有可能采取赞同行为，该行为的结果对他来说也就变得越有价值。

6. 理性命题：这一命题的含义是，人们权衡各种可行的行动，他们感到或计算各种行动可能产生的报酬的价值。但这种算计也考虑到获得报酬的可能性。报酬的价值大但得到的概率小，这会降低他们的报酬可能性，相反，价值小但概率大就会提高整个报酬可能性。① 在这一命题中，我们可以看到经过改造的经济学中的功利主义原则的身影。

霍曼斯强调，这些命题作为相互联系的一个整体，有能力解释结构功能主义者所称的社会结构。他认为，社会制度和社会本身的存在皆是由于以上命题所分析的社会交换。

霍曼斯在建构交换理论时，强调了以下三个基本点：面对面的互动；个人之间有限的和直接的交换；个体的行为创造并维持社会结构。同时，他强调三个基本取向：功利主义取向，即认为人人都有功利需要，为了满足这些需要人们必须互动与发生交换；行为主义取向，即认为心理原则最具普遍性，因而要从心理学定律推出社会学定律；理性主义取向，即认为

---

① ［美］乔纳森·H. 特纳：《社会学理论的结构》，吴曲辉等译，浙江人民出版社 1987 年版，第 295 页。

交换双方都理性地计算代价与报酬。①

霍曼斯以他提出的人类行为一般命题系统为基础，推演出了一些微观社会学定律。② 如投资定律指出，一个人与另一个人或几个人互动，总会有投资；由于各人投资不同，所获利润也就不同；投资越高，所获利润也就越多。“投资”与交换过程中的“成本”相似，但有所区别。成本是消耗的，“投资”可以是不消耗的。例如，时间、金钱、体力等成本因素，在交换过程中是消耗的；年龄、资历、社会等级、知识、专长以及种族等投资因素，在社会交换过程中都不是消耗的。这一定律可以为我们后面将要探讨的媒介交换网络中的“资源”提供一些启发。如在媒介交换网络中流通的经济资源、媒介渠道资源是消耗的，而信息资源、权力资源和注意力资源都不是消耗的。

社会影响定律指出，一个人拥有向他人提供社会赞许或肯定感情等报酬的能力，那么他就会对他人发生影响；遵从定律指出，一个人为了获得其他成员赞许这样的报酬，就会对群体规范发生遵从。如果群体成员相互之间能够提供充分的赞许与肯定等报酬，则在遵从群体规范方面表现出较高的比率，群体的凝聚力也就非常强。

合作与竞争定律指出，如果一个人同别人合作比个人活动所获得的报酬更多，或付出的成本更少，他就会期望这种合作。如果一个人不能在合作中分享报酬、满足需要，就会增加其成本、减少其报酬，那么他就会向他人展开竞争或对抗。有意思的是，这一定律既可以用来解释媒介为什么热衷在同一时间段共同炒作某一新闻事件，也可以用来解释媒介为何有时非常需要独家报道。

社会评价定律指出，一个人如果做出了极有价值的贡献，但缺少物质报偿，他将获得尊敬或高于一般水平的社会赞许。如果某些人的活动被认为是有价值的，那么人们不管是否从这些人的活动中得到利益，都会对这些人表示尊敬。

权力与权威定律指出，一个人向他人提供报酬的能力要大于对方向自己提供报酬的能力时，他就会在交换中获得权力。同时，能提供稀缺资源的人在交换中会被其他成员给予较高的地位。有偿新闻现象屡禁不止，不

① 宋林飞：《西方社会学理论》，南京大学出版社1997年版，第182页。

② 同上书，第183—185页。

正是因为掌握了相对稀缺的媒介渠道资源的行动者在交换中获得了较高的地位与报酬吗？

霍曼斯试图同时展示人际与社会两个层次的社会过程，因而还推演出了一些关于社会交换的宏观定律。其解释社会结构的基本观点是：社会组织与社会制度的产生与变化的基础，都是个人之间的交换过程。①

霍曼斯的交换理论开创了系统研究社会交换的理论先河，对于我们理解个体之间的直接的交换行为具有十分重要的意义。然而，霍曼斯使用“个人主义方法论”与心理还原论而导致的微观与宏观的“鸿沟”问题受到了学界的批判，他的理论基础来源于斯金纳的狭隘的“行为主义心理学”，而这种心理学很少能认识到人不同于动物的性质。

使用“对等性原则”解释社会交换从而导致对权力和公正性的研究不够充分也受到了直接的批评。批评者认为，把世界看作是一个趋向于平等交换的系统的看法是不真实的。有学者就曾这样批评霍曼斯：“霍曼斯对权力和公正性的研究是很不充分的。奴隶制、低于标准的工资、福利，难道可以用交换的原则来说明吗？”②

这一理论的局限性还在于：它并不能解释所有的社会互动形式。并非所有的人类互动行为都涉及算计，人也并非在所有情景中都在权衡和评估代价和报酬。以媒介从业者而言，在刚刚发生火灾的现场，记者在危急时刻的第一反应是举起相机拍下画面而不是逃生，这时该记者所选择的行动显然没有经过事先的理性计算。因此，不能苛求霍曼斯的交换理论可以解释一切互动行为。

三　布劳的结构交换论

彼德·M. 布劳曾评论道：“我并不知道，或不记得社会交换的概念以前从亚里士多德到莫斯一直为很多人所使用。”这恰恰注释了周晓虹教授曾在其著作《西方社会学历史与体系》的序言中所提及的一段有关社会科学家和自然科学家互为攻讦的笑话：

---

① 宋林飞：《西方社会学理论》，南京大学出版社1997年版，第185页。

② ［美］玛格丽特·波洛玛：《当代社会学理论》，孙立平译，华夏出版社1989年版，第56页。

“踌躇满志的自然科学家不屑一顾地对社会科学家说：‘看，你们在做什么？我们已经将宇宙飞船送上了天，而你们却还在谈论亚里士多德和柏拉图。’面对自然科学家的讥讽，社会科学家轻松地笑答：‘这不更说明我们的话题是亘古常新的吗？’”

正如周晓虹教授在书中所分析的那样，尽管今天的社会科学家凭借计算机、统计学或数量分析等手段，能够对人类行为和社会发展作出细节丰富的论述，但却仍然能够在亚里士多德和柏拉图或孔子和孟子的论述中找到最初的理论雏形。社会科学的每一个成果往往体现出对其前辈及其理论的继承和发扬。① 布劳对交换理论的发扬在于他整合了交换、功能和辩证冲突理论的思想，建构了独特的结构交换论。因而，乔纳森·H. 特纳认为布劳重新发现了交换过程。

布劳在其著作《社会生活中的交换与权力》中提出的基本问题是，社会生活怎样被组织成日益复杂的人与人交往的结构。

尽管布劳深受霍曼斯《社会行为：它的基本形式》一书的影响，但与霍曼斯倾向于“个人主义方法论”不同，布劳更倾向于“集体主义方法论”，即认为社会复杂的结构具有整体的效应。布劳认为，微观结构是由进行互动的个人组成的，宏观结构却是由互相联系的群体构成的。② 他认为，不对等交换产生了社会的权力差异与分层现象，从而顺利解决了在霍曼斯那里出现的微观与宏观之间的鸿沟问题。

与霍曼斯把所有的活动都理解为交换不同，布劳认为，并非所有的人类行为都受到交换的考虑的指导，尽管许多人类行为是这样。为了使行为导致社会交换，有两个条件必须得到满足：一是该行为的最终目标只有通过与他人互动才能达到，二是该行为必须采取有助于实现这些目的的手段。没有目标取向的、由无理性的情绪冲动所引起的行为，以及人的某些追求终极价值而不是直接报酬的表现性社会行为，都不属于社会交换。前者如一个女孩子在约会时的无理举动，后者如激进的政治反抗。③

---

① 周晓虹：《西方社会学历史与体系》，上海人民出版社 2002 年版，序言第 1 页。

② 宋林飞：《西方社会学理论》，南京大学出版社 1997 年版，第 192 页。

③ ［美］彼德·布劳：《社会生活中的交换与权力》，孙非等译，华夏出版社 1988 年版，第 5—6 页。

这些行为的目标可以是钱、商品、服务等“外在的报酬”，也可以是对爱、荣誉、职务、美的追求等“内在的报酬”。布劳认为，以社会交换原则为指导的人类行为，是形成社会结构和社会制度的基础。

布劳将社会交换仅局限于下述行动：这些行动视他人对报酬的反应而定，而且在这些预料中的反应并不马上发生时行动便停止。①

对布劳而言，只有人们从中期望得到报酬，而且报酬是得自指定的他人时，交换才会发生。他所指的交换活动仅仅是那些指向具体的目标或报酬的行为，以及包括行动者在各种可能的选择或代价中，决定能产生期望报酬的行动路线的行为。在追求报酬和筛选可选择的行为路线中，行动者被理解为从他们与他人的关系中追求利润（得到报酬少付代价）。②

宋林飞教授将布劳所分析的社会交换的特殊属性准确地归纳为以下五种③。

1. 突生属性

即如果另一个人帮助过某人，那么人们便期待某人表示他对另一个人的感激，并在有机会时回报一次服务。如果他没有感激或回报，人们就会认为他忘恩负义。反之，如果他作出恰当的报答，那么其他人所得的社会报酬就会成为进一步扩大帮助的诱因。这种服务所形成的互换就在这两个人之间结成了一种社会纽带。这种社会关系是这两个人的行动的共同结果，每个人的行动都依赖于另一个人的行动。④

2. 自愿属性

“社会交换”指的是一些人的自愿行动，这些人的动力是由于他们期望从别人那儿得到的并且一般也确实从别人那儿得到了的回报。服从其他形式的权力可以被看成是一种为换取这种服从所得来的利益而做的自愿服务。⑤

3. 模糊属性

包括义务的模糊性与价值的模糊性。社会交换与严格的经济交换基本

---

① ［美］彼德·布劳：《社会生活中的交换与权力》，孙非等译，华夏出版社 1988 年版，第 7 页。

② ［美］乔纳森·H. 特纳：《社会学理论的结构》，吴曲辉等译，浙江人民出版社 1987 年版，第 317 页。

③ 宋林飞：《西方社会学理论》，南京大学出版社 1997 年版，第 195 页。

④ ［美］彼德·布劳：《社会生活中的交换与权力》，孙非等译，华夏出版社 1988 年版，第 4 页。

⑤ 同上书，第 108 页。

的和最关键的区别是，社会交换带来未作具体规定的义务。一个人给另一个人施恩，尽管对于某种未来的回报有一种一般期望，但它确切的性质在事前并没有作明确的规定。回报的性质不能讨价还价，而须留给做回报的人自己决定。价值的模糊性是指与经济商品相反，社会交换中所包含的利益没有准确的价格，不仅社会科学家不能准确测定某一帮助性行动值多少赞同，行动者本人也不能在没有一种货币价格的情况下精确地确定帮助或赞同的价值。①

4. 信任属性

因为无法保证对某个恩惠作出适当的回报，所以社会交换要求信任别人会履行他们的义务。交换关系是在一个缓慢的过程中逐渐发展，以小交易开始，这种小交易只要求小信任，因为它涉及的是小风险。个体们通过履行他们对于接受过的服务的义务证实了他们值得信赖，而相互服务的逐步扩大伴随着相互信任的一种平行发展。因此，社会交换的过程通过它们的周期性和逐步扩大的特性在社会关系中产生信任。②

5. 潜在属性

布劳发现，社会赞同是人们在交往中寻求的一种基本报酬。他发现，有一种明显的“利他主义”充满着社会生活：人们渴望互利以及为他们得到的利益作出回报。但在这种似乎是无私的面纱之下有一种潜在的“利己主义”。帮助他人的倾向常常是以下述期望为动机的：这样做会带来社会报酬。这实际上是一种自私自利的考虑，即想从社会交往中得到好处。然而，除了这种自私自利的考虑之外，还有一种“利他主义”的成分，或者至少是一种能使社会交易离开简单的利己主义或心理快乐主义的成分。人们在他们的交往中所寻求的一种基本报酬是社会赞同，而自私地漠视他人则使他们不可能得到这种重要的报酬。这与伯纳德·曼德维尔的观点“私下的恶产生公开的利，因为社会赞同的重要性促进人们为他们自己的利益而对他人的福利作贡献”是一致的。③

在一项针对上海新闻从业者对专业成就和工作自主性看法的调查中，

① ［美］彼德·布劳：《社会生活中的交换与权力》，孙非等译，华夏出版社1988年版，第111页。

② 同上书，第110—111页。

③ 同上书，第19页。

我们可以发现，如何认定自己的一篇报道是成功的，排在第一位的是受众的反响，这个因素被普遍认为是最为看重的获得专业成就的标志，第二位的是获得全国性新闻奖，排在第三位的是自己的报道获得同行的好评，而领导的表扬则被认为是最后一个因素。[①] 这里，“受众的反响”正是媒介从业者所需要的“社会赞同”的报酬。

布劳强调了社会赞同的价值，他认为社会赞同的重要性会阻碍那些彻底的和赤裸裸的自私行为。一种更深刻的道德必须不仅以群体压力和长期利益为基础，而且主要以内化的规范标准为基础。在理想的情况下，一个个体应当毫无偏差地受其良心道德的支配，而不管后果是什么。这种完善的道德只有圣人和蠢人才能达到，大多数人总要打些折扣。道德标准显然确实在指导和约束人类的行为。在相当广泛的范围内，这些规范会对社会关系施加影响，但在彼此的交往中，人类倾向于受到一种欲望的控制，这就是想获得各种各样的社会报酬。这样产生的利益交换塑造着社会关系的结构。[②]

在布劳所隐含的交换命题中，最为基本的是以下两个命题：

第一，互惠命题。人们相互之间交换报酬越多，越可能产生互惠的义务并引导这些人以后的交换。人们越违反某一交换关系的互惠义务，被剥夺者越倾向于消极地制裁互惠规范的违背者。布劳假定“为能继续得到收益而采取收益互惠的需要是社会互动的‘起动器’”。[③] 同样重要的是，一旦交换产生，基本和普遍存在的“互惠规范”就会产生以制约以后的交换。因此，互惠植根于交换过程。“互惠的社会规范”随着时间而出现于交换关系中。

第二，不平衡命题。布劳同所有交换理论家都认为，已经确立的交换关系包含着以前发生的代价和可选择的报酬。由于大多数行动者必须进入两种以上的交换关系，一种交换关系上的平衡和稳定可能造成其他交换关系的不平衡和紧张。社会生活于是充满着两难困境：人们在应付各种必须

---

① 陆晔、俞卫东：《社会转型过程中传媒人职业状况——2002 上海新闻从业者调查报告之一》，《新闻记者》2003 年第 1 期。

② ［美］彼德·布劳：《社会生活中的交换与权力》，孙非等译，华夏出版社 1988 年版，第 20 页。

③ ［美］乔纳森·H. 特纳：《社会学理论的结构》，吴曲辉等译，浙江人民出版社 1987 年版，第 318 页。

维持的交换关系时，为了使另一些紧张关系得到缓和与稳定，不得不连续不断地牺牲一些稳定和平衡的关系。①

布劳是以如下假定开始讨论基本交换过程的：人们进入社会交换是因为他们知道得到报酬的概率。布劳把这一认知称为“社会吸引”，并假定：除非其中包含这种吸引，否则就不是交换关系。每个行动者在进入某一交换关系时都揣测他人的手法，从而知道他人的某些需求。于是行动者操纵自我表现，以便使对方相信他们拥有对方所欲求的东西。人们在调整角色行为以使用他们不得不提供的资源对他人施加影响时，他们就服从了互惠原理，因为在表明自己拥有价值时，每个人都试图确立从他人得到报酬的权利。所有的交换都在这一假定下进行：报酬提供者将会得到回报。②

行动者们试图通过竞争相互施加影响，在竞争中他们披露他们所要提供的报酬，以便迫使他人按照互惠规范以甚至更贵重的报酬作回报。社会生活因此充满竞争，人们相互施加影响，谋取有价值报酬。但是随着互动的继续，交换各方的结局就越来越明朗：有些人的资源比其他人价值更高，因而占据着独一无二的地位，能从所有人中获取报酬，而后者又很需要他提供的资源。这样，由个人组成的群体便按他们所拥有的资源分化，以及按他们要求他人互惠的种类分化。然后布劳提出一个分析问题：资源拥有者在给他人提供有价资源时，能回收什么样的一般性报酬？布劳概括出四种广义报酬：金钱、社会赞同、尊重或尊敬、依从。③

在布劳看来，权威依赖于某一部属集体中强制其个体成员遵从上级的命令的共同规范。在很多社会组织模式中，这些规范只出现于行动者集群间的竞争交换中。可是，为达成这种“规范协议”，交换的参与者经常必须经历共同价值体系的社会化。尽管在交换过程中行动者很有可能达到规范一致，但最初的一套共同价值体系促成了权力合法化。这样行动者就能带着一个共同的情景定义进入交换，这一共同的情景定义能够提供一种普遍框架，对正在出现的权力差别实行规范调节。没有共同的价值，权力竞

① ［美］乔纳森·H. 特纳：《社会学理论的结构》，吴曲辉等译，浙江人民出版社1987年版，第320页。

② 同上书，第321页。

③ 同上书，第322页。

争就可能很激烈。缺乏互惠和公平交换的指南，即使产生这些定义，大量的紧张状态也会继续存在。因而，在布劳看来，合法化“不仅需要宽容的赞同，而且需要积极的确认以及需要共同的价值观（先存的价值和社会互动进程中集体产生的价值）来促进社会模式”。①

吸引、竞争、分化、整合和对立这些普遍过程在宏观结构间的交换中是显而易见的，布劳认识到这种交换与微观结构间的交换相比存在某些基本差异：（1）在宏观结构间的复杂交换中“共享的价值”的作用提高了，因为正是通过这些价值宏观结构间的间接交换得到了调节。（2）宏观结构间的交换网络受到制度化。尽管自发的交换是社会生活的普遍特征，但是通常存在历史上已确立起来的秩序，它们制约着集体单位间吸引、竞争、分化、整合甚至对立的基本交换过程的运行。②

在布劳看来，个人间基本交换的“人际吸引”在宏观层次为共享价值观所取代。这些价值观可以概括为“社会交易的中介”，它们为实施社会结构及其个体成员间复杂的间接交换链提供了一套共同的标准。布劳认为，由于社会结构的个体成员经常被一套共同价值观所社会化，他们认为这些共同价值观是合适的，因而接受它，这样这种价值观就提供了有效的复杂交换的中介。在调停群体和组织间的间接交换时，共享价值观提供了标准，以计算预期的报酬、互惠以及公平交换。③

尽管布劳被批评者指责没能充分分析人际交换、制度行为和组织的区别，但他所建构的交换理论脱离了心理学还原论，持有坚定的社会学立场，超越了传统的功能主义，从而成为分析复杂组织中的交换和权力的基础。

四　艾默生的交换网络理论

“社会网络分析”是作为对社会结构的一种新的概括方法而提出的。网络分析把行动者当作某一相互联系的系统中的点，从而能够描述行动者

① ［美］乔纳森·H. 特纳：《社会学理论的结构》，吴曲辉等译，浙江人民出版社 1987 年版，第 324—325 页。

② 同上书，第 331 页。

③ 同上。

间的事件流。理查德·艾默生把交换理论和网络分析相结合，用来分析社会网络中的不平等与权力。

艾默生用以建构“交换网络”的概念主要有：行动者：能够从环境中接受强化的个人或集体单位；强化：能够给行动者带来满意的环境特征；行为：行动者对环境作出的行动或运动；交换：行动者所发射的、能从环境产生强化的行为；价值：强化物引发和强化行动者采取行为的强度；报酬：与一定类型的强化相关的价值的程度；选择性：行动所处的环境中财富的数目，这一环境能够提供特定类型的强化物；代价：某一类报酬的大小和数目，这种报酬可望得到另一类报酬；交换关系：行动者随时采取行为的机会，这种行为将导致相对稳定的、与环境中其他活动者的交换活动；依赖：行动者的强化依另一方行为而定的情景；平衡：行动者 A 为获取报酬对行动者 B 的依赖性，等于行动者 B 为获取报酬对行动者 A 的依赖性；权力：在交换关系中某一行动者能够迫使另一行动者付出代价的程度；资源：某一行动者在与其他行动者的交换关系中能够使用的任何报酬。①

概括而言，艾默生的“交换网络”包含一些由个人或集体组成的行动者，不同的行动者拥有各种不同的重要资源。包含个人和集体在内的所有行动者在网络中都互有交换机会和交换关系。一些此类的交换关系将存在并且相互产生关联，进而形成一个单一的网络结构，因此，行动者之间至少要有两种交换关系才能形成一个社会结构。②

在艾默生看来，权力优势意味着交换关系的不平衡。在艾默生的框架中，一个基本的命题就是不平衡交换关系随着时间趋向于平衡。

在说明交换关系的形式时，艾默生以图示的形式提出行动者之间的关系网络。其中有两个定义是很关键的：第一个是行动者：某一关系网络中点 A、B、C……。不同的字母代表拥有不同交换资源的行动者。相同的字母——即 A1、A2、A3 等——代表拥有相似资源的行动者。第二个是交换关系：A—B，A—B—C，A1—A2 以及其他能把不同的行动者相互联系

① ［美］乔纳森·H. 特纳：《社会学理论的结构》，吴曲辉等译，浙江人民出版社 1987 年版，第 350 页。

② ［美］乔治·瑞泽尔：《当代社会学理论及其古典根源》，杨淑娇译，北京大学出版社 2005 年版，第 155—156 页。

起来，构成一个关系网的模式。①

在这两个定义的基础上，艾默生分析了独占、劳动分工、社会圈、分层以及网络中心等一些基本的社会形式。

艾默生关心交换关系的形式，并从微观结构分析较好地过渡到了宏观结构分析，总体而言，他的交换理论比霍曼斯与布劳的框架具有更强的解释力。

此外，科尔曼的理性选择理论也为本书提供了较大的启发。科尔曼认为，行动者仅仅通过两种关系与资源（间接地与其他人）建立联系，即控制资源和获利于资源。行动者只有一个行动原则：最大限度地实现个人利益。最简单的行动系统是两个人交换资源，这种资源具有私人物品的性质。在日常生活中，处处可见社会交换。社会生活中的交换之所以比较复杂，是因为在社会生活的许多领域，有关人们交换控制（指对于资源的控制）的各种制度（特别是有关多方交换控制的制度）还很不完善。②

五 新闻生产社会学中的“事实性网络”、“信息补贴”与“补偿网络”

（一）事实性网络

美国社会学家盖伊·塔奇曼在她所著的《做新闻》一书中，认为新闻是对真实的社会建构。这本书基于作者10年间在新闻编辑部的一系列亲身参与观察和对新闻从业人员的调查。塔奇曼说，制造新闻的行为，就是建构事实本身的行为，而不仅仅是建构事实图景的行为。她断定，新闻是法定机构的同盟者，同样使现状合法化。塔奇曼将新闻的专业主义与新闻组织及公司资本主义的出现联系在一起。她认为，新闻是一种社会资源，对这种社会资源的建构限制了我们对当代生活的分析性思考。她认为：“通过新闻的常规运作，通过认定新闻专业工作者具有裁定知识、表

---

① ［美］乔纳森·H. 特纳：《社会学理论的结构》，吴曲辉等译，浙江人民出版社1987年版，第356页。

② ［美］詹姆斯·S. 科尔曼：《社会理论的基础》（上），邓方译，社会科学文献出版社2008年版，第37页。

述新闻事实的权利，新闻使社会现状合法化了。”①

塔奇曼将新闻生产作为表述和构筑社会现实的过程来考察。她认为，新闻是我们观察和体验现实的窗口，新闻的制作是这个窗口的构筑。塔奇曼将新闻看作一种框架，并考察了这个框架是如何建构的。考察的重心是报纸和电视作为复杂的组织所必然遵循的程序，以及新闻工作者所承担的职业关怀。她并不把新闻工作者看作是带着主观愿望和偏见的个体，相反，更关注新闻专业主义以及来自新闻专业主义的决定是如何成为组织需要的产物的。她研究新闻是通过哪些环节实现社会建构的，研究日常发生的事情是怎样被转变成所谓的新闻这种具有现实时空的故事的。

塔奇曼最主要的观点是，新闻生产的行为是现实本身的建构而不是现实的图像的建构。新闻活动把发生的事件转变为新闻事件。新闻是从日常生活中选取材料，然后加工成故事，其实就是把我们大家做的事情呈现给我们大家看。正是这后一项任务构成了新闻作为社会行为的基础。新闻工作者按照社会体制的各种标记，确认消息源的权威性和可靠性。这些标记证明这些消息源具有社会体制所赋予的审核社会现实的资格。这种浸渍着主导意识形态、受制于社会体制的社会关系，被称为“事实性网络”，它体现在新闻生产过程的各个环节。②

（二）信息补贴

传播学者奥斯卡·甘地提出的“信息补贴”理论可以用来加强塔奇曼的分析。在他看来，新闻生产过程中的消息来源和新闻工作者的关系实际上是一个价值交换的关系，一方要以低成本制作出新闻，一方要以低成本扩散自己的信息，具体做法包括运用各种公关措施，向新闻单位提供信息，或者提供新闻采写的方便，这就是“信息补贴”。他说：“信息补贴就是通过控制接触与使用相关信息，以影响他人的行为。”③ 消息来源主动补贴信息，以降低信息使用者采集和使用该信息所需的费用。

---

① ［美］沃纳·塞佛林、小詹姆斯·坦卡德：《传播理论——起源、方法与应用》，郭镇之译，华夏出版社1999年版，第361页。

② ［美］盖伊·塔奇曼：《做新闻》，麻争旗、刘笑盈、徐扬译，华夏出版社2008年版。

③ 潘忠党：《“补偿网络”：作为传播社会学研究的概念》，《国际新闻界》1997年第3期。

（三）补偿网络

以“事实性网络”与“信息补贴”为理论根基，中国香港学者潘忠党先生在讨论我国新闻改革过程时提出“补偿网络”概念。他认为，新闻改革就其总体来说是重构现存体制的内部空间。所谓新闻体制的“空间”，其实体是新闻生产过程中的社会关系，“空间重构”的最重要内容就是重组这些社会关系的网络，而实现社会关系重组的是新闻从业人员和新闻媒介组织的实践活动。

潘忠党认为，新闻媒介单位孜孜不倦地构筑的、以钱财为流通媒体的、以价值交换为原则的社会关系网络，具有“新闻生产”的意义，因而将之称为“补偿网络”。作为一个分析的概念，它描述的是这种经济资源分配与新闻的社会现实的构筑之间的关系：新闻生产逐步转由企业提供生产经费，补贴的办法包括广告、赞助、经营合作和目前仍然存在的、在新闻专业道德上备受谴责的所谓“有偿新闻”。在逐步形成这种关系的过程中，新闻生产中的权力关系也在发生相应的变化。如果说原有体制中党的意识形态通过行政的层次，通过政府的财经拨款渠道而得到直接落实的话，现在所形成的则是散布于“补偿网络”各个环节中对于新闻单位实践活动的制约和诱因。①

“补偿网络”的确恰当地描绘了我国当前新闻改革中社会关系、财经资源和新闻采写内容这三者之间的关系。这一理论对新闻生产流程的分析可以用来理解有偿新闻产生的必然性，并可进而探讨有偿新闻问题解决的可能途径，只有改变现有新闻生产模式，有偿新闻现象才可能得到真正彻底地解决。

不过，“补偿”始终具有补充、辅助的意思，许多当年潘忠党先生所论述的媒介“非常规活动”今天都已实现了常规化，过去的“边缘突破”行为也成功地为媒介拓展了体制内的活动空间，因而，结合中国媒介实际运行的当下语境，我们用“媒介交换网络”的概念可能有助于更为清晰地了解当前媒介内容生产的基本框架。

---

① 潘忠党：《“补偿网络”：作为传播社会学研究的概念》，《国际新闻界》1997 年第 3 期。

本章小结

经济学的功利主义原则认为：人理性地算计他们某一市场中行为的长期结果，并试图在交易中获取最大的物质利益。而霍曼斯成功地改造并吸收了纯经济学的功利主义原则，他把人类行为理解为互动的个人进行报酬（和惩罚）的交换。他建构了成功命题、刺激命题、价值命题、剥夺—满足命题、攻击—赞同命题等关于人类社会行为的基本命题，他认为，社会制度和社会本身的存在皆是由于这些命题所分析的社会交换。

布劳认为，以社会交换原则为指导的人类行为，是形成社会结构和社会制度的基础。社会交换具有突生属性、自愿属性、模糊属性、信任属性和潜在属性。布劳概括出四种广义报酬：金钱、社会赞同、尊重或尊敬、依从。在布劳所隐含的交换命题中，最为基本的是互惠命题与不平衡命题。布劳所建构的交换理论持有坚定的社会学立场，超越了传统的功能主义，从而成为分析复杂组织中的交换和权力的基础。

艾默生把交换理论和网络分析相结合，用来分析社会网络中的不平等与权力。艾默生的“交换网络”包含一些由个人或集体组成的行动者，不同的行动者拥有各种不同的重要资源。包含个人和集体在内的所有行动者在网络中都互有交换机会和交换关系。一些此类的交换关系将存在并且相互产生关联，进而形成一个单一的网络结构。

在新闻生产社会学中，塔奇曼认为新闻是对真实的社会建构；甘地的“信息补贴”是指通过控制接触与使用相关信息，以影响他人的行为；潘忠党提出“补偿网络”用以形容媒介组织构筑的、以钱财为流通媒体的、以价值交换为原则的社会关系网络。

以上理论是本书中试图阐释的“媒介交换网络”这一框架的重要理论根基。

第二章

媒介交换网络的基本结构

> 交换的相互性概念意味着平衡力量确实存在，这种力量创造了一种趋向于均衡的张力，然而，各种平衡力量同时起作用又不断在社会生活中引起不平衡。这样，在相互性和不平衡性之间产生的辩证法使社会结构具有自己的明确特征和动态。
>
> ——布劳：《社会生活中的交换与权力》①

媒介交换网络是本书为了理解媒介与管理者、投资者、消息来源、受众之间的互动关系而提出的一个概念。为了阐释这一概念，我们将首先从网络这一概念开始。

人类学家爱德华·萨皮尔在《社会学百科全书》第一版中写道："虽然我们谈起社会时往往好像它是一个由传统所限定的静止的结构，但是，从更本质的意义上说，是各种大小和复杂程度不同的有组织的单位的成员之间部分的或完全的了解所组成的一个极其复杂的网状系统。"②

网络是指由个人、团体之间的交流形成的社会结构。网络是施展影响力和权力的渠道，不仅通过正式的管理途径得以实现，还可以通过组织成员间非正式途径实现。③

网络理论认为，可以从五个层次研究网络，包括个人子系统、两个人子系统、小组子系统、组织及组织之间的信息传播。个人间的交流形成了两个人子系统，两个人子系统间的交流形成了群体，而群体间的交

---

① ［美］彼德·布劳：《社会生活中的交换与权力》，孙非等译，华夏出版社 1988 年版，第 15 页。

② ［美］施拉姆等：《传播学概论》，陈亮等译，新华出版社 1984 年版。

③ ［美］斯蒂文·小约翰：《传播理论》，陈德民、叶晓辉译，中国社会科学出版社 1999 年版，第 539 页。

流则形成了整个网络。可以从以上任何一点开始研究网络。其中第五个层次——组织间网络，又被称为环境网络，该网络由组织间成员的传播链组成。通过这些传播链，组织与组织被紧密地联系在一起。① 本章关注的重点是在媒介交换网络中，组织间的成员是如何通过交换行动完成网络间联系的。

在论述媒介交换网络的基本结构之前，我们不妨先回顾一下马克思关于社会结构的方法论原则：

> "社会结构是人们行动的结果，反过来它又规定和制约着人们的行动。行动和结构的关系不是时间上的先后关系，也不是空间上的包含关系，而是相互作用的'统一'。企图离开行动研究结构，或者离开结构研究行动，人为地割裂行动和结构（关系、制度、秩序）的统一，这样所把握到的行动（互动）和结构才是不真实的。社会学的任务不是去割裂行动和结构的统一（虽然为了达到概念的清晰在认识的一定阶段上必须进行这种割裂），而恰恰是要说明：在人们的社会行动中何以形成了社会结构，社会结构又怎样规定和制约着人的行动，这是社会学观察社会生活的诸种视角中最基本的视角，也是社会学的基本问题中最基本的问题。就其实质而言，马克思关于社会结构是人们行动的结果，反过来它又规定和制约着人们的行动这一条方法论原则，不论人们在口头上承认与否，事实上它是社会学研究中的一条'公设'"。②

在社会结构的理论中，不同的社会学者都认为社会学的基本分析单位是社会结构，但他们往往强调的侧重点会有所不同。如帕森斯强调社会行动的结构，卢曼强调社会作为一般系统的结构，而布劳则强调交换关系的结构。无论是强调社会结构的质的方面，还是强调社会结构的量的方面，他们的理论事实上对社会结构的内涵起到了相互补充的作用。

詹姆斯·S. 科尔曼认为，社会内部存在着各种不同的行动结构，这

① ［美］斯蒂文·小约翰：《传播理论》，陈德民、叶晓辉译，中国社会科学出版社 1999 年版，第 540—544 页。

② 陆学艺、景天魁：《转型中的中国社会》，黑龙江人民出版社 1994 年版，第 15—16 页。

是由于各种行动中包含的资源不同，行动各异以及行动背景有所不同。科尔曼提出，最基本的系统由两种元素组成，这些元素按两种方式联系在一起。第一种元素是行动者，第二种元素是某种事物。行动者控制着这些事物，并从中得到利益。根据不同情况，科尔曼将这些事物称为“资源”或“事件”。行动者和资源之间是控制关系与利益关系。①

在本章的分析中，我们虽然主要基于对交换关系的结构进行分析，但并不仅囿于这一种理论取向，对处于媒介交换网络中的各方行动者如何通过他们的行动与其他成员进行互动，从而最终形成了交换网络的结构，我们也将同时给予一定的关注。

查利斯·赖特认为，在大众传播中，没有“谁”是明确的传播者，这是因为大众传播是组织而不是个人的行为，大众传播的内容是众多参与者组织化努力的产物，是大众生产、大众散发。在如此复杂的操作过程中寻找什么人是传播者，就好比是打听一辆汽车是由哪个人所制造。于是赖特十分不屑地说，问谁是传播者，实际上是打算以一般的人类传播模式，即一个传播者、一个讯息、某些传输媒介和一个接收者这些基本要素来考虑大众传播。②

这段话突出地强调了大众传播的组织特征，从而为赖特从社会学角度研究大众传播者作了良好的铺垫。尽管这种方式对传播者个体的忽略容易招致学术上的批判，但我们始终无法忽略的是，在大众传播的过程中，的确存在着一个拥有稳定结构的媒介交换网络，这个网络影响着身处其中的每一个行动者的选择与决定。

在一篇新闻报道产生的过程中，看似一名记者即可独立完成采访与写作。然而，在整个媒介内容生产的环节中，除了这名记者的个人采写能力与新闻价值观会影响这篇报道之外，同事与上司的考虑、消息来源的立场、广告商的关系、相关管理部门的要求、特殊利益集团的期望、受众的角色期待等，都可能会影响一篇报道的最终呈现。这便是传播社会学者们所关注的新闻生产的常规过程。

---

① ［美］詹姆斯·S. 科尔曼：《社会理论的基础》（上），邓方译，社会科学文献出版社2008年版，第28页。

② 转引自黄旦《新闻专业主义的建构与消解——对西方大众传播者研究历史的解读》，《新闻与传播研究》2002年第3期。

媒介组织的日常运作环境类似于一个表演真人秀的半透明玻璃房，在房内工作的媒介需要承受来自管理层、社会、经济合作者、媒介阅听人等方方面面的压力。格伯纳曾将大众传播形容为是在各种不同的外部“权力角色”之压力下的工作，这些“权力角色”可以是客户（广告商）、竞争者（其他媒体）、政府当局（政治与法律）①。丹尼斯·麦奎尔认为，还可以列出以下的压力来源：投资者、资产所有人、其他社会机构、内容供应商（新闻通讯社、版权所有者，以及由社会活跃分子、压力集团、公共关系人员等构成的信源）。其中有些政府和有影响的社会机构具有双重权力：它们本身拥有影响力，同时又是媒体依赖的新闻信息源②。

在此，本书借用“行动者”这一概念用来定义位于媒介交换网络各个节点上的社会主体，它既可以指个体，如媒介从业者个人或受众中的某一具体阅听人，也可以指媒介组织或某一利益团体等集体行动者。不同的行动者拥有不同的交换资源。网络中也存在众多同一类型的行动者，拥有相似的交换资源。如媒介组织 1、媒介组织 2、媒介组织 3……媒介组织 N。

科尔曼认为，如果行动者控制的所有资源都对自身有利，他们肯定按照满足自身利益的方式行使对资源的控制（例如，如果资源是食物，则通过消费食物来实施对它的控制）。问题是，行动者对能够使其利益获得满足的各种活动并不能实现完全控制，他们发现部分使其获利的活动处于其他行动者的控制之下。在这种结构中，一个人对其自身利益的追求必然驱使他与其他行动者进行某种交易。这种交易包括通常所说的交换，还包括其他各种行动，如贿赂、威胁、允诺和投资。这些行动在广义上都是交换行为。正是通过这些交易，或称作社会互动，人们才能使用他们控制的资源去换取对自身利益至关重要，但处于其他行动者控制之下的各种资源。③

我们把媒介交换网络中的行动者当作彼此相互联系的各个节点，希望能借此来描述发生在行动者之间的交换行为。在网络的每一个节点上，行

---

① 转引自［英］丹尼斯·麦奎尔：《大众传播模式论》（第 2 版），祝建华译，上海译文出版社 2008 年版，第 142 页。

② 同上。

③ ［美］詹姆斯·S. 科尔曼：《社会理论的基础》（上），邓方译，社会科学文献出版社 2008 年版，第 29 页。

动者根据自己的目标、受支配的价值观、可供选择的交换资源以及面临的社会情境，直接参与作出决定，他们决定交换的对象与方式，也决定用以交换的资源与报酬。

正是发生在他们之间的互动形成了媒介交换网络，反过来，这一已形成的网络又会影响身处其中的他们所做出的每一个选择与决定。

结合中国现有媒介体制的特殊语境，我们可以将媒介交换网络理解为如图 2－1 所示的一个结构。

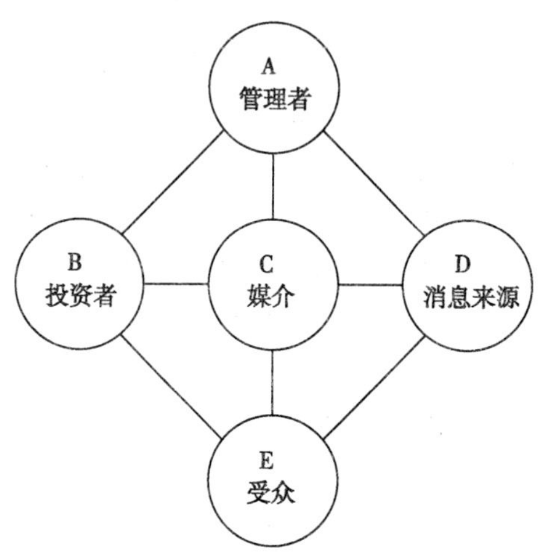

图 2－1　媒介交换网络结构图

在这个交换网络中，行动者包括媒介、管理者、投资者、消息来源和受众。在他们之间形成了四对直接交换关系，分别是媒介—管理者、媒介—投资者、媒介—消息来源以及媒介—受众。

四对关系又以媒介为中介、以受众为目标产生了三组间接交换关系：即管理者—媒介—受众、投资者—媒介—受众和消息来源—媒介—受众。在这个网络中流通的主要资源包括权力资源、经济资源、信息资源、媒介渠道资源以及受众的注意力资源。

不同的关系中流通的资源与交换的规则有所不同。例如，管理者以权力资源（赋予媒介一定的采编权、经营权等）与经济资源（给予媒介经营资金）交换受众的注意力资源（管理者期待受众在媒介宣传下形成有利于管理者的舆论）；投资者以经济资源（广告费或其他形式的经济投入）交换受众的注意力资源（广告商期待受众的注意力可以转化为实际的消费行动）；消息来源以信息资源（提供经过筛选的消息素材）与经济资源（如给记者的车马费、免费馈赠等）交换受众的注意力资源（期待给受众留下良好的公关印象）；最后，受众以经济资源（购买报纸的钱或有线电视的视听维护费等）与注意力资源（读报、听广播、看电视或上网都是在付出读者的注意力），交换各类型的信息资源（事实、观点或娱乐）。

总之，在媒介交换网络中，媒介组织身上突出地体现了各种力量的博弈，包括政府机构的舆论控制和管理、经济投资者的诱惑与影响、利益团体的压力与迫近、受众的倾向与需求等。

一　媒介交换网络中的行动者

德国社会学家 M. 韦伯首先提出社会行动理论。他指出："行动遍及于一切人类的行为，只要行动者个体赋予它以主观的意义。"即行动是行为中的一种类型，是有主观目的的行为。社会行动是行动中的一种类型，是有主观目的并考虑与他人行动发生一定关系的行动。韦伯指出，社会行动是以"个体—个体"的关系为前提的。"社会行动是这样一种行动，这种行动按照其主观意义把他人将怎样行动的目的纳入行动者，并使自己适应他人的行动方针。"在这里，韦伯提出了社会行动的两个基本特征：一是具有主观意义，是一种行动。二是具有对另一个个体的目的性。从而，使行动具有社会性。①

美国社会学家帕森斯从社会行动入手研究社会。社会行动涉及下列因素：行动者；行动者的目标及其寻求实现；行动者拥有的实现目标时可供选择的手段；行动者面临的各种环境条件；行动者受价值观、规范和其他观念的支配；行动是行动者就实现目标的手段作出主观的一切决定，它受到观念和情景条件的制约。帕森斯指出，当各种倾向的行动者根据他们行动与价值取向的构造互动时，他们逐渐形成了协定，并确立互动模式；这一互动模式变得制度化。②

媒介交换网络中的行动者可以分为以下五种类型的主体。

---

① 宋林飞：《西方社会学理论》，南京大学出版社 1997 年版，第 88 页。

② 同上书，第 88—89 页。

（一）媒介：媒介交换网络的中介行动者

本书中的媒介皆是指大众传播媒介，在媒介交换网络中，其他四方的行动者是以媒介为中介产生间接交换关系的。

在中国社会，媒介早已从过去简单的“一报两台”（即一家党报、一家电视台和一家广播电台）的结构分化到目前的多元繁复的媒介生态格局。媒介从过去党政机关的一个部门转变为自我发展的市场利益单元，同时媒介组织从管理者一方部分地独立出来，这样就有了通过交换资源获得扩张的内在动力。

媒介市场化的体制引发了利益、生存、发展的强烈冲突，也引发了媒介角色的多重选择。利用手中掌握的信息资源与媒介渠道资源换取权力资源、经济资源以及受众注意力资源的内在驱动力越来越强。

（二）管理者：媒介交换网络中的权力资源主导者

在媒介交换网络中，管理者凭借手中的媒介管理权，牢牢掌控媒介的渠道资源，进而通过影响受众的注意力获得舆论引导的制高点。

具体联系到我国现行的传媒体制，在媒介交换网络中，管理者这一主体是由党和政府派出的权力代理人来担任的。我国现行的传媒体制大体来源于中国共产党在革命时期的历史经验、苏联的传媒体制模式以及新中国成立后的媒介实践。

管理者用以参与媒介交换网络的资源在20世纪90年代以前表现为对权力资源、经济资源和信息资源的全面垄断。权力以制度或规范的供给来完成对媒介基本功能的角色认定，同时给予媒介基本的渠道资源支配权，经济资源则通过政府出资办报的方式直接提供，而对媒介信息与渠道资源的全面掌控使得媒介对管理层产生高度依赖。

在这一基本的政治经济框架下，媒介的角色定位是“喉舌”，是宣传者、组织者、鼓动者，是政府行政职能的延伸，是党和政府的宣传工具。因而，媒介与政府建立的是“一体化”的内部资源交换关系，媒介拥有的全部渠道资源都归属于管理层，媒介处于权力高度集中的统一控制之下。

而“喉舌”的定位不仅为媒介提供了一定的经济资源支撑，而且使得媒介获得了无形的权力资源。如我国澳门大学学者陈怀林认为，首先，政府“喉舌”的地位赋予传媒巨大的“无形资产”。传媒同党政领导部门有着“近水楼台”的密切关系，并在民众中享有普通企业难以企及的威信和声望。其次，政府为传媒提供了财政上的“保险”和优惠。再次，政府为传媒维持了“垄断经营”的局面。也就是说，在“宣传部门”型的传媒制度体系中，传媒主管实际上是政府（或上级部门）在传媒的代理人。传媒主管的职责是保证传媒正常运作，为政府提供宣传和公关服务。政府向传媒及其员工提供足额财经保障，并为传媒主管提供在行政系统内晋升的机会。①

这种体制下的媒介易于管理，便于集中展开舆论引导，但其存在的制度性缺陷也是十分显见的。媒介的角色被片面化与单一化，媒介的资源未能得到最有效的配置和最充分的发挥。媒介的行动能力也往往受制于管理者的个别判断而显得充满偶然性与不确定性。媒介对事实性信息的呈现采取以正面报道为主的选择模式而表现出非完整性，对意见性信息的呈现则由于过于强调舆论导向的一律性而表现出单一性与非均衡性。

20 世纪 90 年代市场机制引入后，政府的“断奶行为”使媒介不再分享经济资源。我国的新闻政策与法规、宣传纪律等各种制度或规范共同划定了媒介在这一网络中活动的大致区域，媒介在允许的活动空间内自行寻求经济资源的行动也由此展开。

近年来，伴随着政府信息公开制度的建立与完善，政府的管理从对信息资源的垄断走向对信息资源的逐步放开。政府以“信息资源”公开的方式为媒介提供了新的资源交换增长点，同时也通过媒介渠道获得了公众的信任资源，这比过去对政府“信息资源”的垄断与封闭管理方式更为有利于社会结构的稳定。因为对信息的过度垄断会导致具有重大意义的信息资源得不到流通，在社会危机到来时将给社会带来极大的风险。“非典”时期的媒介集体失语症就是一个极端的案例。

（三）投资者：交换网络中的经济资源主导者

20 世纪 90 年代后，在经历了政府“断奶”的成长期后，中国的新闻媒介开始逐步走上商业化的发展道路，按利益最大化的原则重构交换规则，进而追求自身的预期利益。“媒体经营者按照市场法则而不是行政命

---

① 转引自喻国明主编、张洪忠《大众媒介公信力理论研究》，人民出版社 2006 年版，第 72 页。

令或党的意识形态进行利益再分配，其结果是使原有的党报金字塔模式（即中央报纸—省报—市报）逐渐瓦解，而城市报纸在市场竞争中则逐步战胜了过去权压四方的中央一级报纸或省一级报纸。”① 可以说，以城市报纸为代表的市场化媒介的崛起，一个重要的缘由正是媒介交换网络中“投资者”这一行动主体的引入。

为了获取更多的经济资源，各类型的经济投资者成为媒介不敢怠慢的另一极的“衣食父母”。尤其是媒介交换网络中广告商的加入，使整个格局发生了巨大的变化。主要表现在于，雄厚的经济资源的提供为媒介的发展注入了庞大的经济资本，没有这一前提，媒介的集团化、产业化、数字化等一切都是空谈。当然，广告投资者的经济主导地位也使媒介对其依赖程度与日俱增。这种过度的依赖使媒介的发展潜藏着极大的风险。

（四）消息来源：交换网络中的信息资源主导者

从广义上理解，消息来源是指新闻媒体上发布的所有信息的来源，因而可以是某一组织或某一个人，也可以是一些书面的文献资料。在本书中，消息来源指的是接受记者采访或主动把消息提供给记者的人。消息来源由政府部门、其他各类型的机构、组织和利益团体、社会公众等各种力量组成。我们可以大体将其分为政治型消息来源（政府）、经济型消息来源（机构）和社会型消息来源（来自微博、微信等社会化媒体的热点信息以及碎片化的市民报料、投诉等引起媒介关注）。不同消息来源拥有的信息资源数量与质地不一，如政府部门拥有大量丰富、优质的信息资源而被媒介认为是“信息富矿”，社会弱势群体可能信息资源就会相对贫乏，或者说对媒介而言有交换价值的信息资源相对贫乏。

对政府、公共机构和企业而言，其需求在于吸引受众的注意力资源，以推销其政策、态度或产品。新闻资讯包装带来的媒介魔力已经使越来越多的利益团体认识到与媒介建立关系的重要性。这从近年来文化娱乐工业的旺盛发展可见一斑。艺人的通告、娱乐节目的策划、电影新片宣传等都是主动为媒介提供“信息资助”。娱乐圈中甚至不惜采取“负面信息资助”的方式，以达到更多地利用媒介渠道资源吸引受众注意力的目标。

---

① 陈怀林、黄煜：《论中国大陆报业的商业化与非均衡发展》，见陈韬文、朱立、潘忠党《大众传播与市场经济》，炉峰学会 1997 年版，第 259 页。

（五）受众：各方行动者的共同交换目标

早期的受众被看作原子化、无区别、无差异的所有个体的总和，以及劝服和信息的被动接收者、媒介产品的消费者。但媒介效果研究的学者很快发现，受众是由真实的社会群体所构成，并以相互之间的人际关系网络为特征，而这些人际网络又对媒介的影响起到了中介作用。受众根据自身不同的需要有选择地注意媒介信息。受众根据自己的口味、想法和信息需求来选择媒介渠道和内容，这实际上降低了媒体改变受众之效果的机会，但增加了媒体产生“加固”效果之机会。有些学者建议，我们应该更加注意“受众通过媒体做什么”，而不是“媒体对受众做了什么”。①

随着现代大众传媒的急剧扩张，“受众”这一概念从涉及人数的范围来看已经几乎可以与社会“公众”等量了。受众的队伍从未如此庞大，受众的地位也从未如此高高在上，被奉若“衣食父母”乃至“上帝”。

身处“媒介交换网络”中的受众，是多方行动者共同的交换目标。受众每天在享受各类媒介精心烹制的信息大餐时，除了需支付时间与金钱成本外，还支付了一种无形的珍贵资源，这正是媒介、管理者、投资者和消息来源共同需求的注意力资源。

二 媒介交换网络中的流通资源

詹姆斯·S. 科尔曼在《社会理论的基础》中指出，行动者掌握的能使他人获利的“资源”种类很多。最常见的一类是私人物品。行动者还可能控制某些事件，这些事件对其他行动者有重要影响（其他行动者可以从事件中获得利益）。如果行动者有某些特长，他们可以把自身行动作为资源加以控制。科尔曼使用“物品”、“资源”和“事件”，代表一般意义上行动者控制的并有自身利益在其中的“资源”。他认为，资源从性质上看有所区别。这些性质对行动系统具有重要影响。它们是可

① ［英］丹尼斯·麦奎尔、［瑞典］斯文·温德尔：《大众传播模式论》（第2版），祝建华译，上海译文出版社2008年版，第116页。

分割性、可转让性、可保留性、即时交付性以及无外在性。[①] 这种对资源的理解可以帮助我们更好地认识在媒介交换网络中流通的各类资源的性质。

资源是媒介交换网络的中心概念之一。对资源拥有类型的不同与资源拥有程度的不均衡造成了网络中各个行动者之间的差异；整个媒介交换网络的动力就在于不同资源拥有者之间的交易中。

在讨论媒介交换网络中的流通资源之前，我们不妨将目光先回到帕森斯的“广义交换符号媒介”的概念上。帕森斯曾使用“广义交换符号媒介”的概念去考察文化、社会结构、人格和有机体这四个特定的行动系统之间的相互关系。“广义媒介”运用于任何互换中，例如，货币在经济生活中用来促进商品的买卖。这些广义媒介的特征是它们确实具有符号的沟通形式。行动组成要素最终通过信息相互联系，而符号是它们交互作用的媒介。至少从以下三个方面可以看到信息交换或控制发生作用。第一，总行动系统的四个子系统之间的交换或交替通过不同类型的符号媒介进行。它们分别是货币、权力、影响和义务。第二，四个行动系统内部的交换也通过独特的符号媒介进行。第三，系统对适应（A）、目标获取（G）、整合（I）和维护（L）的必要条件，决定了系统内部和系统之间交换时使用广义符号媒介的类型。在社会系统内部，适应部分将货币用作与其他三部分进行交换的媒介。目标获取部分把权力（即让人们服从的能力）当作自己主要的交换媒介。社会系统整合部分依赖的是影响（即说服他人的能力）；而维护部分则运用义务（尤其是使人们忠诚的能力）。因此，对社会系统内部具体结构互换的分析应集中于它们用不同的符号媒介进行的输入—输出的交换。帕森斯并未清楚地描述过这些媒介的性质，他只是试图提出一种概念框架，分析各种基本的符号媒介或信息。[②]

德国社会学家尼克拉斯·卢曼借用了帕森斯关于广义媒介的思想，他的系统理论的重点是：系统及其外部环境的关系和用于降低系统复杂性的

---

① 詹姆斯·S. 科尔曼：《社会理论的基础》（上），邓方译，社会科学文献出版社2008年版，第32—33页。

② ［美］乔纳森·H. 特纳：《社会学理论的结构》，吴曲辉等译，浙江人民出版社1987年版，第87—88页。

机制。他认为一切社会系统都建立在行动者之间沟通的基础上。卢曼因此建立起了“通信理论”，这一理论包括通信码、媒介、反射性和自我主题化等要素。卢曼认为，由于社会分化为各种功能领域，因此，不同的媒介被用来组织各领域内系统的资源。例如，经济使用货币作为它的沟通媒介，这个媒介指导经济组织内部及组织之间的互动。这样，在经济领域，组织之间的关系用货币来指导（市场上的买与卖），组织内部工人之间的关系由借助货币建立的进出规则来指导（即按一定时间、地点所付出的劳动支付报酬）。权力是政治领域的特有沟通媒介，情爱是家庭的沟通媒介，真理是科学的沟通媒介，以及其他与不同功能领域相对应的媒介。①

卢曼所说的“沟通媒介”与此处所要讨论的流通资源存在着一定程度的共通之处。不同的是，卢曼的“沟通媒介”所关注的是在不同功能领域内部流通的资源，而此处的媒介交换网络中的流通资源跨越了不同的功能领域，原本在某一领域内流通的“沟通媒介”通过资源的跨领域交换而获得了流通。

（一）渠道：媒介组织基本的生存资源

媒介渠道资源即媒介所拥有的能够承载信息的版面空间与节目时间。

其中，报纸、杂志等平面媒体传播信息的主要载体是以空间为计量单位的版面，版面空间成为媒介基本的生存之所，所有的新闻、言论、娱乐与广告最终要通过版面来呈现，而版面空间由于版序、区序、面积和大小的不同，各有其不同的强势与价值，在与广告投资者的交换中，媒介可以将其直接置换成以货币为单位的价格。同样，在广播电视等电子媒体中，渠道资源以时间为计量单位，不同时间段的渠道资源会被量化成不同的价格，从而成为媒介组织可转让支配权的交换资源。而以网络为代表的新媒体则兼具了时间与空间双向的特点。

（二）信息：媒介最重要的交换资源

以信息理论为基础，彼得·蒙日等专家们将信息定义为不确定性的递减。当一个人能够预测事件发生的模式时，不确定性减少，获得了信息，

---

① ［美］乔纳森·H. 特纳：《社会学理论的结构》，吴曲辉等译，浙江人民出版社1987年版，第133页。

这一过程通过共同的符号完成。[①]

信息是媒介组织最重要的交换资源，但媒介组织自身并不天然地拥有信息。它需要通过采集获得，这种信息采集的过程同时也是交换的过程。

我们可以将媒介交换网络中的信息资源区分为两种类型：

一是新闻原料信息（raw news），如事件、公文、新闻发布会等，这类信息需要媒介付出成本从消息来源那里交换而来；

二是新闻产品信息（news product），指经过新闻采集、新闻选择与新闻加工之后制作出的最终新闻报道，这是媒介用以交换受众注意力资源的成本。

有些资源类型，如果某人控制（或消耗了）资源的一部分，其他人对于这种资源的控制（或消耗）总量便减少了相应的部分。[②] 而信息资源的一个显著特点是，拥有信息资源的一方行动者将信息传递给另一行动者之后，自己仍然掌握着这种资源。

这使得拥有信息资源的一方具有与多方行动者反复交换的可能。一些媒介组织为了获得对信息资源的独占权，就不得不付出高额的购买成本。如通过高价购买某项比赛的独家电视转播权。这种成本中既包括信息资源自身的商品价格，也包括确保对方不将信息转让给其他竞争媒介的垄断价格。

16世纪初，意大利威尼斯出现第一张手抄新闻，其内容全部是关于船期、市场行情、金融信贷方面的信息。商人和金融界人士从办报人那儿购买手抄新闻，了解行情，然后决定自己的经营活动。随后这种专门报道市场行情的手抄新闻又进一步扩大了信息范围。1588年奥地利人艾青氏为了满足政界、军界和商界人士对信息的需求，出版了新闻书，每年两册，系统刊登欧洲和近东政治、军事、经济方面的重大事件。[③] 信息资源的提供正是早期新闻媒介的主要功能。

20世纪80年代以后，中国社会的结构转型所带来的社会资源由内而外、由上而下的分散与转移，以及随之而来的决策主体的多元与决策权的

---

① ［美］斯蒂文·小约翰：《传播理论》，陈德民、叶晓辉译，中国社会科学出版社1999年版，第540页。

② 詹姆斯·S. 科尔曼：《社会理论的基础》（上），邓方译，社会科学文献出版社2008年版，第33页。

③ 康泽民：《试论新闻媒介的信息传播及其反馈》，《社科纵横》1988年第6期。

分散，直接推动了社会对于多元信息的需求。信息热的浪潮第一次在中国社会兴起。大批以信息传播为主要诉求的报刊创办，电台电视台涌现大量以信息服务为主的栏目，中国的新闻媒介开始认识到信息资源对于争取受众、赢得市场的重要意义。

媒介以信息传播为首要功能也同时得到了理论上的确认。如学者李良荣提出，经济改革推动了社会对信息的需求，社会对信息的需求又促进了新闻事业的变革，新闻事业的规模越来越大，报纸的构成发生了变化，从过去以综合性党报为主的横向结构变成了党报与专业性报纸纵横交叉的结构。他从信息概念的角度呼吁我国媒体要顺应时代的历史性变革，推进自身改革。这是我国新闻传播学界的学者较早地认识到信息的价值。[①]

在 1997 年和 2002 年的两次大型媒介调查中，有关新闻媒介社会功能重要性的排序，“迅速为大众提供新信息”均居重要性之首。[②]

已经有学者提出：“信息是一种重要的社会权力资源。这种权力资源的社会共享程度应该与社会发展的现实要求充分一致。”[③] 这种观点对信息资源在社会有机化程度进一步提高后的内在价值给予了充分的肯定。

媒介内容生产的基本职责就是获取信息、制作信息与传播信息。从广义上而言，能够消除人们不确定性的都是信息。但并非所有信息都是媒介所希望获取、制作与传播的，因为并非所有信息在媒介交换网络中都具有等量的交换价值。

媒介所日常提供的信息既有来自政府与社会重要部门的宏观信息，也有与日常民生相关的微观信息。按照内容的划分，大体包括时事信息、政策信息、行业信息、意见信息、知识信息、生活实用信息、娱乐信息等。

考察中国媒介的新闻报道改革进程，我们会发现这正是信息资源网络的结构不断调整与变化的过程。20 世纪 80 年代，由于社会经济决策主体的变化，各阶层的社会公众都对经济信息资源产生了较大的需求，于是提供经济信息，尤其是有关生产、供应与销售的商品信息成为各大媒介建构新的信息资源网络的重要内容；20 世纪 90 年代初，以娱乐与休闲为主题

---

① 李良荣：《“信息热”与新闻改革》，《李良荣自选集：新闻改革的探索》，复旦大学出版社 2004 年版，第 315—325 页。

② 陆晔、俞卫东：《传媒人的媒介观与伦理观——2002 上海新闻从业者调查报告之四》，《新闻记者》2003 年第 4 期。

③ 喻国明：《变革传媒：解析中国传媒转型问题》，华夏出版社 2005 年版，第 6 页。

的大众文化兴起，娱乐信息成为许多媒介走向市场的当家品种，甚至原本以硬新闻为主的时事、经济等信息资源领域也出现娱乐化处理的倾向；90年代中期，全球一体化的浪潮使得国际信息资源热销，不仅催生了以《环球时报》为代表的一批国际新闻周报，而且国际新闻也时常出现在各城市媒体的头版。与此同时，公众对财政金融类信息资源的需求推动了《中国经营报》《21世纪经济报道》《经济观察报》等财经媒体的发展；到90年代后期，对民生信息与公共信息资源的需求又使得民生新闻、公共新闻成为都市报、许多地方电视台的当家新闻。

可以说，从周末版、专副刊的出现到民生新闻、公共新闻的火爆，都是对信息资源重新整合的自然结果。当然，在这种变化的过程中，也相应地出现了一些煽情化、小报化的倾向，这是我们将要在后文分析的内容。

在媒介交换网络中，信息资源主要来自消息来源。但受众、管理者、投资者等行动者也都可能成为信息资源的提供者，这时行动者的角色转变为消息来源。有时提供的信息可作为交换的资本，有时提供的信息能被传播却是作为交换的报酬。这是因为前者自身具有交换价值，可作为流通资本换取其他形式的资源，如电视台实用的天气资讯可换取受众的注意力资源；而后者往往是权力或利益集团获得注意力的方式，这时信息就需要支付一定的成本才能流通，如企业公关部门精心包装的产品信息发布。

（三）权力：媒介交换网络中的稀缺资源

在交换关系中，权力是指某一行动者能够迫使另一行动者付出代价的程度。

权力资源是执政党在国家权力中的可支配性因素，也是执政党的核心资源。拥有丰厚权力资源的政党，其政治运作能获得充足的人力和物力支持。因此，任何政党都把权力资源作为实现政治目标的重要保证。① 从本质上说，权力资源关涉对利益（政治利益、经济利益及其他利益）的掌控和支配权。②

丁柏铨教授曾撰文指出，新闻传媒是一种特殊的执政资源。③ 这一观

---

① 刘宗洪：《执政党执政资源论析》，《毛泽东邓小平理论研究》2004年第3期。

② 丁柏铨：《新闻传媒：特殊的执政资源》，《江海学刊》2007年第1期。

③ 同上。

点准确地揭示了媒介与权力资源之间的关系。权力资源是媒介交换网络上的重要流通要素。尽管从广义上看，权力有着多重内涵，如管理层的权力、媒介的权力、投资者的权力、受众的权力、消息来源的权力，各有不同的权力表现方式，但此处的权力主要是指以管理权为核心的政治权力。由于中国的新闻体制是坚持党的新闻事业这一基本原则，因而媒介管理者的权力来源于党和政府的执政权力。

在媒介交换网络中，信息资源与权力资源、经济资源同时流通，因而导致媒介构筑出的“信息网络”结构出现非均衡性与非完整性，即塔奇曼所分析的“事实性网络”。

（四）经济资源：媒介高度依赖的交换资源

《时代》联合创始人亨利·卢斯对出版商单纯依靠广告作为营收的模式嗤之以鼻，他认为这种模式是“对新闻业的道德背离”和“经济上的自我毁灭”。[①]而目前我国媒介运行最为依赖的经济资源来源于广告投资者。

过度依靠“卖广告”这种单点支撑的赢利模式，不仅使传媒经营的风险程度很高，受制于广告业的风吹草动，而且也在相当程度上造成了传媒经营发展进入一个很难继续提升的“平台期”。[②] 例如在报业，一般成熟的报业市场，广告只占报纸经营收入的40%—50%，发行和其他收入大于广告收入，而在我国的报业市场，主要是靠广告收入，报纸发行大都赔钱。[③] 这种对广告的过度依赖给媒介的发展带来了极大的隐患。尤其是当对某一行业类别的广告产生过度依赖后，该行业内发生的振荡就会给媒介带来巨大的风险。如汽车、通信业的不景气，国家对房地产和医疗、医药及保健品的调控，都直接导致报业广告收入从2005年开始急剧下降。近年来，社会化媒体、视频网站、搜索引擎等新媒体对广告资源的分流更是令传统媒体充满危机感。

---

① 《时代周刊封面文章：如何拯救新闻业》，http：//news. xinhuanet. com/newmedia/2009 - 02/13/content_ 10812152. htm。

② 喻国明：《变革传媒：解析中国传媒转型问题》，华夏出版社2005年版，第12页。

③ 罗建华：《中国报业发展态势“三家论剑”》，《中国报业》2006年第4期。

（五）注意力：多方行动者的目标资源

诺贝尔经济学奖获得者赫伯特·西蒙曾说过："随着信息的发展，有价值的不是信息，而是你的注意力。在信息社会里，硬通货不再是美元，关注就是硬通货。"① 来源于经济学中的"注意力资源"概念，正越来越受到媒介组织的重视。持续不断地吸引受众的注意力，正是现代传媒组织最重视的生产目标之一。

麦克卢汉较早地进行了注意力的研究。他指出，电视台是在租用我们的眼睛和耳朵做生产。电视台生产人们爱看的电视节目，以用来购买大众的注意力，而观众正是用注意力来为看节目缴费。观众的注意力被电视台作为资源高价卖给需求这种资源的人，如广告商。对于广播商而言，做广告就是在高价收购注意力。美国传播学者麦克尔·高尔德哈伯也发表了《购买注意力的人们》，提出注意力资源的商业价值。②

受众在与媒介进行交换活动的过程中，除了支付显在的金钱与时间成本外，同时还支付了隐性的注意力资源。

来自受众的注意力资源既可以转化为具体的政治决策行动或经济消费行动，也可以转化为信任、忠诚、赞同等非物质形式的报酬。注意力资源不同的转化方向可带来相应的商业价值、政治价值或文化价值。

例如，在媒介与受众的交换中，作为对媒介提供有价值的信息资源的回报，受众给媒介以认可与赞同。而对于职业角色内化程度较高的媒介从业者而言，除了通过信息采集与传播的职业行为，获取满足基本生活需要的经济资源外，换取社会公众的信任与赞同等非物质报酬，也是其工作的重要动力之一。改革开放二十多年来，受众观念已经深深地植根于新闻从业者对自身工作成就的认同当中。受众的反响被视作评价新闻从业者专业成就的首要标准。③

受众的注意力资源以及隐藏在注意力背后的影响力资源越来越受到各

---

① 转引自王德禄《注意力是一种稀缺的资源》，http：//web. peopledaily. com. cn/shch/199902/25/newfiles/E101. html。

② 转引自强月新、张明新《转型社会中的媒介景观》，武汉大学出版社 2007 年版，第 122 页。

③ 陆晔、俞卫东：《传媒人的职业理想——2002 上海新闻从业者调查报告之二》，《新闻记者》2003 年第 2 期。

方的重视。“影响有影响力的人群”成为一部分媒介的主动诉求。受众的注意力资源的差异性是根据受众的社会行动能力来分层的，如受众的公共话语表达能力、政治决策行动能力、消费决策行动能力，等等。

《南方周末》曾这样描述其定位：“我不是为某一类人办的报纸，我是为那些对中国的社会发展抱有某种兴趣、某种关心，愿意承担某种社会责任的人，而这些人无论是公务员还是普通的大众，无论是知识分子还是文化程度不高的人，无论是男人还是女人，无论是老还是少，只要对中国的社会发展关心，我就为他提供中国当前发展的时事解读。”①

这里可以看出，《南方周末》的目标受众的定位标准既非“地缘”即按照某个地理或行政区域划分，也非“业缘”即为某个行业领域内的人士定制，当然也非“人缘”即按照某类人口的社会特征来区别，而是以对某一特定类型信息的注意力作为标准的。具体到《南方周末》，是指它注意到，关于国家发展的时事解读，即“在这里读懂中国”的内容定位会吸引相当一部分人的注意力资源。它满足的是不特定人群的特定需要，换言之，它吸纳了不特定人群的特定注意力，即作为公民的个人，对于国家与社会发展的注意力。

总之，媒介交换网络中的交换主要发生在不同类型的资源之间，如媒介渠道资源与经济资源的交换，信息资源与注意力资源的交换。但也会有同一类型资源的交换，如为不同媒介组织工作的从业者之间信息资源的交换与合作，为了避免漏报而产生交换的联盟。

三　媒介交换网络中的资源交换场域

布迪厄认为，“场域”系指各种客体位置之间的一种网络关系。场域是一种竞争市场的形态，在场域内，各式各样的资本被使用、被部署。②在媒介交换网络中，不同行动者在与媒介的交换过程中，形成了不同的资源交换场域。

前文所列出的五种资源之间的交换形成了四个主要的资源交换场域，

---

① 喻国明：《变革传媒：解析中国传媒转型问题》，华夏出版社2005年版，第36页。

② ［美］乔治·瑞泽尔：《当代社会学理论及其古典根源》，杨淑娇译，北京大学出版社2005年版，第167—168页。

分别是："渠道—权力"资源交换场域、"渠道—经济"资源交换场域、"渠道—信息"资源交换场域和"信息—注意力"资源交换场域。

（一）"渠道—权力"资源交换场域

这一场域的交换发生于媒介与管理者以及管理者所代理的主政者之间。

在理查德·艾默生的"独占"网络关系中，行动者A是行动者B1、B2、B3的有价资源的来源。行动者B1、B2、B3为A提供报酬，而B的报酬来源只有A，这种情景就是独占。在独占的关系中，A拥有绝对的权力优势。假如能寻求到替代报酬，那么网络结构就会发生改变。

在中国当前的新闻传媒体制中，媒介与政府的关系表现为"独占"的社会形式。

在独占的关系中，媒介作为行动者，为了最大限度地实现自身利益，会向管理者单方转让对渠道资源的控制，而根据相关社会理论，单方转让的结果会背离社会均衡。因为，当媒介1、媒介2、媒介3……媒介N都把对渠道资源的控制单方转让给管理者时，尽管这些媒介的行动都是自愿和理性的，也可能会形成权力的高度集中。

政府对媒介渠道资源的统一控制与集中使用体现在媒介的日常报道中，就具体化为"以正面报道为主"的宣传模式。如《安徽日报》在1990年至1999年十年间关于贫困地区的282篇报道中，有183篇是正面报道。①

"以正面报道为主"的宣传模式从理论上看，符合发展传播观的理念，但常常被管理者操作化为"报喜不报忧"的行动模式。"报喜"的行动带来的是上层的价值认同或以相应的经济资源作为奖励，而"报忧"可能付出的行动成本（惩罚）则使媒介投鼠忌器。这一基本行动模式带来的隐患是公众可能无法获得必要与全面的信息资源，从而可能无法根据获得的全面信息作出正确的行动。在2008年三鹿奶粉事件爆发的前夕，就存在相关的信息资源被隐瞒的问题，最终导致大面积的公众生命安全受到威胁，给政府与国家形象带来很大的负面影响。

媒介与管理者的独占关系会直接体现在媒介的报道内容与报道方式

① 谢天勇、张国良：《大众传媒与扶贫报道》，《新闻大学》2001年夏季号，第28页。

上。在《传媒人的媒介观与伦理观》的调查中，对于“新闻工作者应该主动淡化不利于政府的新闻”，受访者总体上认为，这种情况在新闻界普遍存在。①

在“独占关系”中，我国媒介组织对时政新闻的处理框架，通常是根据领导人的地位与媒介级别的相关性处理成可操作化的内容生产标准。表现在媒介的常规时政报道活动中，即各类重大事件以通稿的方式对信息资源进行集中统一的处理，各级党报大量宣传各级别的领导人会议与活动，而一些关键性的时政信息资源有时却未能及时、透明地通过媒介向公众发布。

在“独占关系”中，媒介对同级别的主政者的舆论监督也异常艰难。只有突破了这种“独占关系”，媒介才有可能自由独立地展开舆论监督。正如丁柏铨教授所言：“虽说在现有的管理体制条件下党报（包括电台、电视台）不可批评同级党委，但某级党委和政府所辖的人与事，既会受到上级党委管辖的媒体的舆论监督，也会受到异地媒体的舆论监督（如2007年山西黑砖窑事件所受到的舆论监督那样）。”② 上级监督与异地监督之所以能行得通，正是由于媒介突破了掌控当地权力资源的主政者的控制，或者说打破了与当地媒介管理者之间的独占关系，从而获得了独立的渠道资源支配权。

媒介从管理者手中获得一定的权力资源、经济资源与信息资源，作为报酬，媒介需要服从管理者的权威，按照管理者的规则做出行动，主要是通过宣传与舆论引导，获得受众的注意力资源，而媒介作为政府代言人的角色垄断信息资源，又进一步使媒介与受众的关系表现为“独占”的社会形式。这种关系中的受众通常提供给媒介的信任回报相当丰厚，因为受众对于媒介的信任，更多是源自对媒介政治身份的信任，或者说是对政府权威的信任。

在这样的信任关系中，媒介与管理者如果未能给受众提供安全的信息保障，媒介的公信力与政府的公信力就都会相应地受损。如在2003年“非典”期间，媒介与政府的失语就是一个负面的典型案例。2003年“非

---

① 陆晔、俞卫东：《传媒人的媒介观与伦理观——2002上海新闻从业者调查报告之四》，《新闻记者》2003年第4期。

② 丁柏铨：《论舆论监督与人民民主关系》，《探索与争鸣》2008年第12期。

典”疫情暴发的初期，包括《人民日报》、新华社等权威媒体在内的众多新闻传媒，尽管都有卫生部这个权威消息来源的认定，但在4月20日前刊出的不少报道，其实都严重失实。至2003年4月20日后，政府的透明化处理信息的方式又在一定程度上有所修复受损的媒介与政府形象。而在2008年的汶川大地震的报道中，在管理者的支持下，媒介报道所表现出的透明、及时与全面，也赢得了公众较大的信任。

（二）“渠道—经济”资源交换场域

这一场域的交换主要发生于媒介与投资者之间，但也涉及其他提供经济资源的利益方。

当投资者被引入媒介交换网络中之后，新的交换场域建立了起来。在这一场域中，经济逻辑决定着交换规则。

由于管理者在网络中有选择的退让（即抓住对权力资源与信息资源的核心控制，放弃经济资源的供应），媒介可从广告投资者那里获取经济资源的强力支撑，因而对政府的经济依赖减弱，原有的独占关系发生一定程度的改变。

有学者对《深圳特区报》的详细考察和分析为我们理解媒介交换网络中各行动者关系的变迁提供了很好的启发。他构建了政治力量和经济力量的“拔河”模式，用以解释中国报业体制变革的原因和过程，得出的结论是：由于市场力量日益强大，政治力量在“拔河赛”中逐步退让，唯一占强势地位的领域是新闻内容生产过程。在“拔河赛”中，竞争双方都竭尽全力试图将对方拉入自己的领域，竞赛中那种无时无刻不在的接触、拉拽和前后移动，形成了整个竞赛的动态过程。[①]

尽管在一项针对媒介从业者的调查中，当涉及与广告客户的关系时，新闻从业者显示出了比较高的独立性，总体上不认同“新闻工作者应该主动淡化不利于广告客户的新闻”[②] 的做法，但在对渠道资源的利用上，媒介对广告商的倾向性还是明显地体现了出来。为了把投放量较大的广告主的信息披露给特定受众（通常该类广告主会被授权使用媒介的渠道资

---

① 钱蔚：《政治、市场与电视制度》，河南人民出版社2002年版，第165—166页。

② 陆晔、俞卫东：《传媒人的媒介观与伦理观——2002上海新闻从业者调查报告之四》，《新闻记者》2003年第4期。

源），各类媒介组织很多专副刊版面的设置直接是为广告主的目标消费群量身定制。在这些专副刊版面中，各类具有劝说消费性质的信息被包装成新闻报道，以求影响受众的注意力。

总之，在这一交换场域，对经济资源的过度依赖将导致媒介的独立决策相对减少。

除了广告投资者提供的经济资源外，与媒介渠道资源进行交换的另一类灰色的经济资源，来源于各种利益团体与公关力量。有偿新闻、有偿不闻等新闻伦理问题就是滋生于这一交换场域。其具体的表现将在后文分析。

（三）“渠道—信息”资源交换场域

这一场域的交换发生于媒介与消息来源之间。

早期传播学的研究一般认为，新闻是由新闻工作者建构的符号真实。如早期的把关人理论就曾假设媒介的内容生产过程是媒介组织与个人的多重选择。但后来的研究者发现，新闻媒体其实无法单独完成报道工作，需依赖消息来源介绍或引入社会事件以获得接近资讯的机会。依照这种说法，消息来源才是社会事件的“第一手建构者”。德国学者则更进一步指出，消息来源对新闻媒体的影响力极大，不但能决定哪些话题重要，更能影响新闻报道的内容。借由对新闻稿发送时间的控制，消息来源掌握了新闻的时效性，因此也间接性地掌握了新闻议题发展的空间与方向。①

在媒介内容生产的过程中，媒介与消息来源处于竞争与共生的关系，两者都在争夺“定义社会真实”的发言权。消息来源动用信息资源、权力资源或特定形式的经济资源（如提供给记者的红包、免费旅游等），来获得对媒介渠道资源的接近、使用与控制权，以发出自己的声音并诉求特定的目标，或展示自己的形象，或争取自身的利益，有时也包括对媒介封锁不利于自身的信息资源。

正如一位记者所说，记者及其消息来源之间“是一种错综复杂的共生关系”。记者“清楚地认识到将来能否获取消息取决于今天如何处理报

① 臧国仁、钟蔚文、黄懿慧：《新闻媒体与公共关系的互动》，见陈韬文、朱立、潘忠党《大众传播与市场经济》，炉峰学会1997年版，第141页。

道”。但与此同时，消息人士也在努力培植记者，好通过他们将自己的观点展示给公众。①

媒介依赖于消息来源确保日常的信息资源供给，消息来源也依赖于媒介展示自己的形象或在卷入负面消息时能使自己免于前台展示，这是双方达成交换默契的潜规则。

近年来与媒介渠道资源的突破性发展（如报纸厚报时代的来临与电视频道多元化的发展）相对应的却是众多媒介组织的人手显得不足。实习生与各类型的“新闻民工”成为大量媒介采编力量的组成部分。因此，对消息来源的信息依赖趋势有所增长，也即越来越需要来自公共关系的“信息资助”。

记者在采访新闻的过程中，会同信息资源的提供者建立起基本的交换关系，有些是短期的一次性交换关系，有些是长期合作共生的关系。其中，记者与某一消息源接触的时间越长，越容易建立长期稳定的交换关系。而记者以及媒介组织有时对匿名消息来源的保护体现的其实是一种间接交换网络的关系。

记者与媒介组织保护匿名的消息来源，并非仅仅是为了保持与某一个消息来源的合作关系，以期待对方下一次能够再次提供线索。事实上，记者个人与媒介组织通过“信守承诺”这一行动获得了更多受众的注意力资源，塑造了更为良好的媒介渠道的品牌形象，这对媒介的长远发展而言是更有价值的交换资本。换言之，媒介以对匿名消息来源的保护换取了受众的赞同报酬，也换取了其他潜在的消息来源的信任报酬，这是一个典型的间接交换行为。

（四）“信息—注意力”资源交换场域

这一场域的交换发生于媒介与受众之间。

媒介对受众的影响力早已有过众多研究论证。由多个媒介组织共同组成的一个媒介系统对受众而言，会形成一种无形的权威结构，受众对周围政治与经济形势的判断、对价值观与生活方式的控制权都可能转让给这个媒介系统。这种权威采取的是非命令式的，比如对于一个爱看《南方周

① ［美］罗恩·史密斯：《新闻道德评价》（第四版），李青藜译，新华出版社 2001 年版，第 154 页。

末》、《中国青年报》、《凤凰卫视》以及爱刷新浪微博、腾讯微博的在校大学生而言，由于基本上缺乏与社会政治系统与经济系统的直接交往，他个人的这一媒介系统就会对他的立场、观点与态度产生重要影响。

而受众的注意力对于媒介的影响则是在使用与满足理论兴起之后才渐渐得到重视。“受众”是个抽象的概念，“读者”、“听众”、“观众”或“网友”都只是一个代号，而具体的阅听人是多元的，他们来自四面八方，有不同的面貌与需求，甚至相互矛盾的口味。究竟应该重视哪一部分受众的注意力？一部分媒介选择了高端定位，即所谓“影响有影响力的人群”。而吸引最大多数受众的注意力成为当前绝大多数综合性媒介的目标。在内容的架构上，也表现为多元化内容的超级市场，不同类型和风格的信息并存，海量信息资源的提供导致综合类大众化媒介的“性格分裂”。这种满足最大多数的功利主义方法可能导致的结果是，单纯注意收视率、收听率与发行量，过于看重商业价值而忽略社会责任。

以上四个资源交换场域主要体现在媒介与管理者、媒介与广告投资者、媒介与消息来源以及媒介与受众这四对直接交换关系中，但并非简单的一一对应的关系，如“渠道—经济”资源交换场域就可能同时发生在媒介与管理者、媒介与广告投资者、媒介与消息来源以及媒介与受众之间。

四　媒介交换网络中的间接交换关系

媒介交换网络中的间接交换关系也可称为复杂交换关系。

科尔曼将行动者之间的关系区分为简单关系和复杂关系。两个行动者之间的社会关系是构成社会组织的基本元素，然而事情并非如此简单。某些社会关系是自我维持的，即促成双方保持关系的各种因素存在于那种关系之中。这种关系被称为简单关系。第二种社会关系不是自我维持，它的维持依赖第三方。维持这种关系所必需的促成因素存在于关系之外。“正式”组织通常以这种关系为基础。这种关系构成的社会组织无法自然“形成”，因为当事人中的一方（或双方）并没有形成此种关系的愿望。这种组织必须去建立，它的基础是能够产生促成因素的动机结构。这种结构比较复杂，它包括三方或更多的当事者，它们共同维持每两个行动者之间的关系。这种组织是包含义务与期望的关系结构，它与在简单关系基础上建立的社会组织不同。在后一种社会组织中，行动者在每一种关系中，都使义务与期望得到一次利益平衡。而在复杂的动机结构中，行动者仅需获得一次明确的利益平衡，这种平衡涉及了置身这一结构中的所有行动者。科尔曼将第二种社会关系称为复杂关系。①

媒介交换网络中的间接交换关系主要有三对。

（一）管理者—媒介—受众

从理论逻辑上看，我国的新闻媒介是党和政府的喉舌，也是人民的喉舌。对党和政府负责与对人民群众负责是相一致的，在“权为民所用，情为民所系，利为民所谋”的执政理念下，这一组关系应是最为和谐的关系。媒介要对“二老”（老干部与老百姓）与“两头”（上头的领导和下头的百姓）负责即对这组关系最形象的描述。

然而，不可否认，从媒介实践的现实来看，往往顾此失彼，在这组关系中依然存在着一定的紧张与冲突因素。在“守土有责”的管理理念的支配下，政府派出的代理人在主管媒介的实际运作中，往往更多地要求媒介对“上头”负责，注重建立与管理层的良好互动关系，能否同时实现对“下头”负责有时取决于管理者对这组关系的认知度，因而存在着一定的不确定性与偶然性。2003 年“非典”疫情时媒介的集体失语导致公众对媒介与政府的信任度大幅降低，正是对这组关系中存在冲突的现实反映。

（二）投资者—媒介—受众

媒介的商业属性在这组关系中得到了显著的表现。媒介为受众提供信息资源，受众的回报则分为两个层次：一是直接给媒介以经济资源（如购买报纸所支付的费用）作为报酬；二是提供注意力资源作为交换。媒介以从受众那里获得的注意力资源再与广告投资者进行交换，以获得媒介生存与发展所需的经济资源。

媒介在交换网络中可选择的行为越多，并且各行为的报酬差异性越大，则媒介越可能选择能得到最大报酬的行为。当对最大多数受众的迎合

---

① ［美］詹姆斯·S. 科尔曼：《社会理论的基础》（上），邓方译，社会科学文献出版社 2008 年版，第 42 页。

可获得最大的发行量与最高的收听收视率，从而可以得到最大规模的注意力资源，并以之换取最多的经济资源，媒介就会自然选择这一结果。民生新闻与社会新闻的热播以及我们将要在后面分析的新闻娱乐化倾向，都是这一命题的结果。

当然，在追求注意力资源数量最大化的热潮过去之后，成熟的媒介会思考注意力资源质量最优化的问题。于是，分众的媒介开始兴起。受众也被按照“行为忠诚度”和“情感忠诚度”细分为“非消费者”、“轻量级观众”、“中量级观众”和“重量级观众”。[①] 其实，这里的“行为忠诚度”与“情感忠诚度”正是对受众注意力资源的质的划分。这一现象直接和媒介交换网络中交换关系的分层特点有关。

客户关系管理（CRM）是选择和管理客户的业务策略，它采用数据库和其他先进的信息技术来获取顾客数据，分析顾客行为和偏好特性，积累和共享顾客知识，有针对性地为顾客提供产品和服务，发展和管理顾客关系，培养顾客长期的忠诚度，以实现顾客价值最大化和企业收益最大化之间的平衡。[②] 客户关系管理的理念被引入媒介管理，这一管理模式正是对媒介交换网络中投资者—媒介—受众三者关系的最集中的体现。

以《羊城晚报》为例，由于《羊城晚报》的读者群具有学历较高、职业较稳定、收入较高、消费能力较强等特点，因此成为房地产、汽车、电讯、家具等耐用消费品行业塑造品牌的平台；同时，《羊城晚报》的读者以家庭订户为主，他们对健康、教育、休闲、娱乐比较关注，因此医药、文化教育、食品保健品、旅游等广告在《羊城晚报》也占有较大比例。

从《羊城晚报》广告收入行业构成来看，排名前十位的行业分别是房地产、医疗药品、文教媒介、通信及网络、交信运输、食品保健品、分类、旅游娱乐、金融风险、家电，其中高居榜首的房地产业占 27.82%。这不仅与《羊城晚报》本身的读者特点有关，还与广州房地产市场激烈的竞争有密切的关系。一般来说，竞争越是激烈的产业，广告投放量越大，因为广告本身就是一种市场竞争手段。[③]

---

① 喻国明：《变革传媒：解析中国传媒转型问题》，华夏出版社 2005 年版，第 92 页。

② 肖鹏：《羊城晚报的广告客户关系管理》，《中国报业》2006 年第 1 期。

③ 同上。

经济资源对媒介的影响正如李希光教授所指出："在全球化、商业化的大潮里，新闻自由正在演变成少数大企业集团对全球主流媒体新闻流通的控制，作为民主保障的媒介手段正在演变成少数商业机构为追求商业利润而损害全球民主化的手段……新闻报道本身也已经成了广告和娱乐的囚犯。"①

（三）消息来源—媒介—受众

消息来源付给媒介金钱或信息补贴作为报酬，要求报道"新闻"，媒介则拿出渠道资源来作为交换中介。在这组关系中，受众的注意力资源再次成为交换的目标。

各类型的社会组织为了维护本部门的种种利益，利用本单位的宣传科、公关部等类似的部门与媒介组织保持密切关系，如提供消息来源、提供可直接用作报道的宣传材料等。此时，对媒介有交换价值的信息可作为交换的资本；而对公关组织有价值的信息则需要支付酬劳才能通过媒介的渠道资源发布出去。

我们不妨来分析一下，在下面这场"媒体秀"中，记者与厂商的资源交换网络是如何构筑的。在这则案例中，各厂商扮演的就是消息来源的角色。他们并未直接向媒介组织支付广告费用，而是通过向出席"见面会"的记者个人派发红包的方式，获取利用媒介渠道资源的机会：

> "红包"媒体控制下的上海车展的新闻报道几乎与各厂商提供的广告宣传资料相差无几，没有收到厂商邀请的记者无法获得任何提问机会，而有关人士对此的解释是，厂商早已经提前一天或者两天安排了所谓的"记者见面会"，由公关公司打点赠送出席"见面会"的记者红包，出席见面会的记者，与厂商的关系素来是"精诚合作"。而各厂商安排的"媒体日"都只是现场秀而已。②

以上是公关力量主动提供正面信息资源的案例。除了这种对于有利于

---

① 李希光：《转型中的新闻学》，南方日报出版社 2005 年版，第 30 页。

② 刘建锋：《少有真正新闻？严重信息不对称控制上海车展——收红包 传媒难持冷静客观立场 变"媒婆"记者多成厂商传声话筒》，《中国经济时报》2003 年 4 月 23 日。

自身形象与发展的正面信息资源进行主动的提供与传播外，由于利益相关，各种利益集团之间内部交换网络的建立会造成地方各级主管（包括党政部门和大型公司）对负面信息资源的控制，这使媒介常常陷入要公开获得负面信息资源非常困难的境地，从而导致以暗访方式获取负面信息资源的盛行。有时即使千方百计获得了有价值的负面信息资源，也会因为公关力量借助各种社会关系网络的介入而最终被封杀。如曾因有力的舆论监督而红极一时的中央电视台《焦点访谈》栏目就曾遭遇过来自各种社会关系网络的阻力。节目组工作人员坦言，一边是源源不断前来上访与提供线索的公众，一边是络绎不绝的来自各方面力量的关系条子。这些公关力量之所以能一再获得有力的影响，正是因为在媒介交换网络中信息资源、经济资源与权力资源的流通有时共用同一个通道，从而产生多种力量之间的纠葛与竞赛。

综上所述，在以上所分析的三对关系中，关系流两端的行动者以媒介为中介，实际上构成了一个间接交换网络。

五　媒介交换网络中交换关系的特点

（一）依赖与共生

依赖是指行动者的强化依另一方行为而定的情景，强化度与行为和报酬的选择性大小有关。如果交换关系显示出行动者 B 在强化上高度依赖于行动者 A，那么 A 就对 B 具有权力优势。拥有权力即运用权力，结果 A 在交换中迫使 B 付出较大的代价。

具体到媒介交换网络中的依赖，是指网络中的一方行动者对某类资源的高度垄断将导致另一方行动者对其产生依赖关系。如管理者垄断控制媒介行动资格的权力，导致媒介对管理者遵从并依赖，甚至自我划定行动的界限，以避免触犯“雷区”。又如作为行动者的受众对媒介高度依赖，则媒介就对受众具有“权力优势”。权力优势意味着交换关系的不平衡。

受众对媒介的依赖关系在以下几种情况下会发生变化：

1. 当媒介的信息资源的可信度降低时，则其交换价值减小，受众对媒介的依赖减小。

2. 当受众获取信息资源的替代方式增加时，如竞争媒介的加入，受众对原有媒介的依赖减小。

3. 当受众注意力资源的价值增大时，受众对媒介的依赖减小，相反，媒介对受众的依赖程度增加。

（二）差异与分层

媒介交换网络中的交换活动显示出各方行动者所拥有的流通资源的差异，而流通资源的差异化导致媒介交换网络的分层。

社会学者在分析转型中的中国社会时认为，随着经济体制改革的进一步明确，社会资源尤其是经济资源的配置格局也就逐渐形成。那些处在新的经济资源格局中相当位置的社会成员，在经济资源的占有和支配的形式与能力上所具有的一致性，表明了社会各种利益群体的存在。目前的社会现实正是，在全体社会成员当中，收入、财产的差距有着扩大的倾向，社会贫富差距开始拉大，一部分人成为社会上的富裕层甚至富翁层，而另一部分人则转变为低收入层甚至贫困层。同时，在某些利益群体内部，尤其是那些“体制内”群体内部的利益分化却很缓慢。这是我国目前社会资源配置和利益格局的最基本表现形式。[①]

在媒介交换网络中，能力相当的行动者之间会形成相对封闭的交换网络，网络按照资源的重要性分层，并构成分层的社会圈。于是网络中出现主流媒介与边缘媒介的区分。主流媒介对应主流行动者、边缘媒介对应边缘行动者。在分层的形成过程中，一部分受众与社会区域都被边缘化了。例如，与我国都市类媒介发展得如火如荼相比，据中华全国农民报协会统计，现在全国的省级农民报仅有 17 家，这些省级农民报无一例外地面临着发展中的困境。[②]

在中国社会结构转型的时期，各种结构性要素都处于变化之中，具有极大的流动性、过渡性和不稳定性，城乡之间、地域之间、行业之间、经济层面与社会层面之间、物质层面与精神层面之间，都会出现发展的不平衡和不协调。[③] 这种不平衡与不协调的状态也同样会体现在媒介交换网

① 郑杭生等：《转型中的中国社会和中国社会的转型——中国社会主义现代化进程的社会学研究》，首都师范大学出版社 1996 年版，第 1 页。

② 陈文高：《当前农民工媒介镜像批判》，《学术交流》2007 年第 5 期。

③ 陆学艺、景天魁：《转型中的中国社会》，黑龙江人民出版社 1994 年版，第 46 页。

络中。

在一项关于大众传媒与扶贫报道的调查中，研究者分析了《安徽日报》在十年间对安徽省内17个国家级贫困县的报道，并选取该省内两个经济相对发达地区作为对照。有关17个国家级贫困县的扶贫报道的条数各不相同。第一名是六安，28条，占总数的9.6%。排在末位的是宿松，6条，仅占总数的2.1%。彼此的差距为4.7：1。同一时期，来自经济相对发达的马鞍山和铜陵地区的报道，则分别多达58条和64条，超过六安两倍多，与宿松的差别更高达10倍以上。由此可见，扶贫报道存在着明显的地区差异。与经济相对发达地区比较，贫困地区的报道无论是篇数、版位或者报道所占版面的大小，受到关注和重视的程度明显不够，尚处于"边缘"状态。[①]

从媒介交换网络的分层特性来理解，经济相对发达地区的信息资源与经济资源供应都相对丰富，相关部门与媒介之间封闭的资源交换网络建立起来并形成稳定的社会圈的可能性更大。

同样，90年代中后期兴起的都市类媒体在发展过程中，也略去了城市中的低端受众。因为低端受众尽管可能拥有同样数量的注意力资源，但缺乏消费行动能力的人对媒介刊登的广告没有反应，这类注意力资源不能转化为实际的消费购买行动，作为媒介信息资源的交换目标就显得没有交换价值。

一些媒介对社会弱势群体的报道甚至以策划媒介事件的方式以实施帮助，其实质也并非仅仅是交换这部分弱势群体的注意力资源，而是为了塑造自身的渠道资源的品牌形象，以吸引更多行动能力更强的受众的赞同回报。这其实是一个间接交换的过程。就像彼德·布劳在《社会生活中的交换与权力》中所分析的那样，对社会压力的遵从往往会产生间接交换。人们做慈善捐赠，并不是为了赢得接受者的感激（他们从来也看不到这些接受者），而是为了赢得那些参加该慈善运动的伙伴们的赞同。捐赠交换成了社会赞同。虽然捐赠的接受者和赞同的提供者并不相同。[②]

---

① 谢天勇、张国良：《大众传媒与扶贫报道》，《新闻大学》2001年夏季号。

② ［美］彼德·布劳：《社会生活中的交换与权力》，孙非等译，华夏出版社1988年版，第108页。

（三）紧张与冲突

在媒介交换网络中，构成交换关系的每一组行动者之间，都可能存在着不同程度的紧张与冲突。在媒介与管理者、媒介与投资者、媒介与消息来源以及媒介与受众之间，都会面临角色的冲突、利益的冲突等。

社会功能分化的加强和持续，社会流动的增加，社会晋升渠道的多样化，这些都使人们的身份和角色处在一种变动的状态中，从各个层面上表现出一种“模糊性”，这种“模糊性”往往使个人和组织丧失对自身角色及其角色规范的认同，陷入经常性的角色冲突中。[①] 传媒的转型过程中，媒介的角色就常常在“宣传者”、“鼓动者”与“市场主体”之间徘徊甚至分裂，“事业属性”与“企业管理”使得媒介获得了双重角色，但如何在适合的场域扮演好适当的角色，是很多媒介组织感到十分困惑的问题。

达伦多夫指出，处于权威位置的人和处于被支配位置的人的利益是相反的。在阶层顶端的群组和在阶层底端的群组都是由它们的共同利益所定义的。在每一种社群中，那些处于支配位置的人要维持现状，而那些处于受支配位置地想要改变。支配者和被支配者的利益是客观的，因为这些利益反映在所属位置的角色期待上。达伦多夫还将利益区分为显性利益与隐性利益。[②] 在媒介交换网络中，位于不同节点上的行动者由于资源占有种类与程度的不同，必然存在着各种显性或隐性的利益冲突。

（四）波动与平衡

当可替代的资源出现时，媒介交换网络中的原有依赖程度可能被打破，网络处于不平衡—平衡—不平衡的波动过程中。

平衡是指行动者 A 为获取报酬对行动者 B 的依赖性，等于行动者 B 为获取报酬对行动者 A 的依赖性。当双方的资源对彼此都具有不可或缺性，就表现为相互依赖。

当媒介与交换关系中的某一方产生相等的依赖关系时，平衡就产生了，如受众与媒介的相互依赖、媒介与广告商的相互依赖，等等。当新兴

---

① 陆学艺、景天魁：《转型中的中国社会》，黑龙江人民出版社 1994 年版，第 46 页。

② ［美］乔治·瑞泽尔：《当代社会学理论及其古典根源》，杨淑娇译，北京大学出版社 2005 年版，第 84 页。

媒介介入原本由传统媒介构筑的相对平衡的交换网络中时，传统媒介的渠道资源霸权与垄断优势就会有所削弱。当媒介组织1、媒介组织2、媒介组织3……直至媒介组织N的参与方越来越多时，广告投资方通过媒介交换资源的选择自由度增大，原有媒介的渠道资源由于垄断优势的丧失而变得价值下跌，甚至显得资源过剩。

此时，如果其中某一媒介通过转型，能提供独特的资源，则转化成为新的交换网络中具有竞争优势的独立一方。当前，以社会化媒体为代表的各种新媒体形式不断涌现，传统媒体也在不断探索建构新媒体或全媒体平台，这一态势正是波动与平衡的交换关系的体现。

在涉及多个行动者的复杂交换关系中，依赖、权力和平衡的基本过程将随新的行动者和新的流通资源进入交换关系而波动。在每一组的交换关系中，报酬越少，行为的变动性越大。例如，当某一媒介不再能满足受众对有效信息资源的需求，受众对该媒介的赞同回报就会减少，甚至转而选择通往其他媒介的通道。

交换关系中的平衡状态只是相对的，往往一致和平衡尚未定型，打破这种平衡的因素就已经处于酝酿、萌芽与成长的过程中。矛盾和冲突是交换关系中的常态，媒介交换网络的结构正是在这种不平衡—平衡—不平衡的关系中不断波动。

上述各种关系的状态可以说共存于错综复杂的媒介交换网络中，构成一幅动态的媒介资源交换图景。

六　媒介内部交换网络的结构

媒介内部交换网络是指媒介从业者与媒介主管之间的一个微观交换网络，它是宏观的媒介交换网络的有机组成部分，也可视为宏观媒介系统中的一个相对封闭的亚系统，亚系统外部的行动者和资源可以被看作交换的环境。我们单独拿出来分析是为了更清晰地观察在媒介组织这一节点的内部，行动者是如何构筑其资源交换的关系的（如图2－2所示）。

（一）编辑室的控制

在西方传播学的研究中，与怀特仅着眼于一个孤立的个体“把关人”不同，新闻生产社会学的研究者是把新闻从业者个体和组织、制度等结合

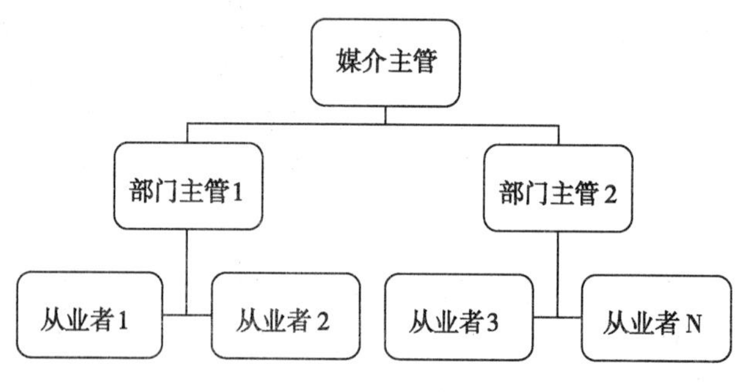

图 2－2　媒介内部交换网络结构图

起来观察的。如布里德揭示了新闻编辑部中所存在的新闻控制；吉伯发现编辑实际上是被“包裹在一件由机械零件制就的紧身夹克中”①。

在以上的理论研究潮流中，美国社会学家布里德的新闻控制论主要是对媒介内部交换网络的研究，其实质是对新闻生产的编辑部内部权力实践的考察。布里德在关于编辑部内部社会控制机制的研究中，揭示了新闻生产的权力行使方式，这其中重要的是，来自业务上司的权力行使过程使具有专业规范特性的社会控制得以实现。在布里德的研究当中，资深的、地位高的编辑或主管会在业务指导、指示中，将媒介组织的新闻价值取向和新闻选择标准传递给每一个新手或职务地位相对较低的从业者，而每个新手或职务较低者又都出于专业的和物质的动因，会越来越遵从组织内成文或不成文的规定、规范和标准。布里德所揭示的实际是一个体制内权力运作的常态。② 我们也可以将之理解成媒介内部交换网络中运作的常态。

在“社会转型过程中新闻生产的影响因素”的调查中，一般认为“部、中心主任或频道总监”和“总编或台长”对记者确定报道选题、采访写作或制作、报道是否被采用和如何被采用具有比较大的影响力。另外，从业者的年龄越大，越看重总编台长在采访、写作和制作过程中的影响力。职务越高的从业者，认为责任编辑、制片人在采访写作和制作上的影响力越小，也认为总编、台长在采访写作上的影响力越大。③ 这说明，

① 黄旦：《新闻专业主义的建构与消解——对西方大众传播者研究历史的解读》，《新闻与传播研究》2002 年第 3 期。

② 陆晔、俞卫东：《社会转型过程中新闻生产的影响因素——2002 上海新闻从业者调查报告之三》，《新闻记者》2003 年第 3 期。

③ 同上。

在媒介内部交换网络中工作时间越长、资历越深、职务越高的从业者，越趋向于认同媒介主管尤其是高层主管对媒介内容生产具有较大的控制能力。

在媒介组织内部，记者、责任编辑或版面主编、编辑部主任直至最高主管领导，由于其在媒介交换网络中所处的节点不同，拥有的资源不同，在处理信息资源的方式与安排设计渠道资源的方式上都会有较大的差异，例如记者对信息资源价值上的判断可能与其媒介主管不同。

对于某一记者来说，在他所建构的社会关系网络中或者说他所负责的某一领域中的信息资源可能被认为非常具有价值，他据此采写的每一篇报道都应该得到发表；对于一个负责某一版面的主编来说，对不同记者提供的信息资源的权衡、比较与取舍，就成了他日常工作的重心，以便以他认为最优的方式形塑他的渠道资源。而对于这家媒介组织的主管领导而言，要考虑的任务则是如何妥善安排媒介交换网络上各个节点的关系，从而最大化地获取媒介组织的交换报酬，这其中可能也包括如何通过对媒介组织的管理与经营最大化地获取对他个人的回报，如因为出色完成舆论宣传任务而获得管理者的权力资源的奖励即晋升，或因为广告经营成功而获得丰厚的经济回报。

访谈：李记者，男，某省级日报社新闻中心，从业5年。

我们部门实行的是编辑负责制，版面编辑的权力很大，新闻采访大多是编辑的主题先行，所有选题要经过编辑同意才能采访，也才有机会刊登。

访谈：宛记者，女，某市晨刊新闻部，从业3年。

部门主任会按他的思路让你去采访写作，我就没有自主性。有冲突的时候必须按照领导意思办。

访谈：张记者，女，某市电视台民生新闻类栏目，从业4年。

领导说不能报道，当然要绝对服从。

在媒介内部交换网络中，以下三种元素共同构成了这一亚系统：

一是行动者。行动者的双方分别为媒介从业者与媒介主管。如果我们严格地区分，这里的媒介主管还应当进一步细分。如在一家报社内部，按照层级的不同，可分为责任编辑、版面主编、编辑部主任、副总编和总编。这里为了分析的便利，我们暂且简化层级。

二是资源。对于从业者而言，是付出时间资源采集信息，以制作新闻。对于媒介主管而言，掌握的是支配媒介渠道的权力资源，以及以考评的方式量化从业者工作业绩的权力资源，这种考评的结果最终会以经济资源的形式给予从业者外在性的报酬，并附加以内在性的报酬，如给予首席记者之类的社会赞同。

三是交换规则。每个编辑室内部都有其或明文或不成文的潜规则，用以判断是否采用从业者的新闻产品，以及如何对从业者的行动提供适当的报酬。媒介主管需要充分考虑如何将渠道资源与经济资源等合理地分配给系统内部所有的从业者。这里的“合理”显然并非指平均分配，而是有其内在的游戏规则。

“为了对支配许多人的权力进行控制而准备充分的资源使一个人或一个群体能够建立一个庞大的组织。加入该组织的成员将获得利益（如经济奖励），作为交换，他们必须遵守上级的指示，并对组织作各种贡献。领导在组织中行使权力，它还从该组织获取对付其他组织或群体的权力……一个组织的外在权力越大，它积累财富的机会也越大。领导可以使用这些财富作为报酬，在成员中进行可能的分配。”① 这段话可以帮我们理解，为什么在媒介内部交换网络中，新闻从业者对上级领导的单方面服从会被视作交换行动。

（二）一个关于编辑室控制的案例

我们可对一位记者因稿件被毙而写给媒介编辑部及编辑个人的“抗诉信”以及相关编辑回应的答疑信进行分析。②

L是《中国青年报》驻某省记者，因其一组题为《沂蒙六记》的稿件被“枪毙”而分别写信给编辑部及编辑个人提出不同意见。该记者信中所讨论的主题可以归纳为：新闻从业者的个人经历与他所从事的职业之间应是何种关系？个人对生活的体验与新闻的行业准则之间有无矛盾？如果

① ［美］彼德·布劳：《社会生活中的交换与权力》，孙非等译，华夏出版社1988年版，第34页。

② 李大同：《关于一组稿子，关于记者，关于新闻》，http：//www.cyol.com/2001/50baoqing/gb/content/2000－12/26/content_136218.htm。

有，应如何处理？

L记者在信中写道：

> 我有个小“情结”：每当我操作一个大豆腐块或小豆腐块的时候，我都感觉到有些个眼睛在盯着我：我的爷爷、爸爸、老师、同学、朋友、熟人们，他们在“监督舆论”，看L是不是胡说八道了。我不能胡说八道，也不能在写作时把感情剔除净尽。

这段文字颇具代表性地表明了记者在新闻生产的过程中受到周围社会关系尤其是情感性关系（亲人）与混合性关系（老师、同学、朋友、熟人等）的影响，既是米德所言“镜中之我”的影响，也是布迪厄所说的“惯习”的影响。记者十分在乎在他所熟识的人的眼中，自己是一个什么样的形象。

记者在信中认为“这个问题与新闻业务探讨无关”，但其实这正是新闻生产过程中的核心问题之一，即哪些因素会影响到记者的新闻选择与生产方式。

对这种“情结”，写答疑信的那位编辑的理解是：

> 有一只看不见的手在左右着他。这只手不是别的什么东西，是他对自己出生、长大的那片土地的依恋及情感；是哺育了他长大的农村父老乡亲。

在曼海姆的《意识形态和乌托邦》的影响下，社会学家们开始认同所有的知识都是由环境决定的。一个人所拥有的知识取决于其在社会结构中的位置，包括其自身的阶级利益和阶级地位。① 如果我们顺着这位编辑的理解再向前迈一步，我们就会发现：作为知识的新闻，不可避免地会表现出新闻生产者所处阶层的话语。受不同环境制约的新闻从业者在选择以什么样的信息资源作为新闻生产的原料时，会有不同的判断标准与价值取向。

① 转引自［美］盖伊·塔奇曼《做新闻》，麻争旗、刘笑盈、徐扬译，华夏出版社2008年版，第169页。

但是，在这一过程中，新闻生产者个人的取向也会受到媒介组织的文化内核与新闻价值观的制约。正如前文所提到的那位编辑，在充分肯定了记者这种“情结”是“人生中最值得珍视的美好情感”之后，他仍然理性地提出：

> 问题在于，当你身处一架巨大的新闻机器之中——每一个齿轮的运转都必须服从于一个规定的速率时，单个零件的质地如何就变得次要了——如果不合适，可能导致整部机器停转的话，那么，除了换掉它，别无他途……这也就是说，当一个人的特殊经历与个人体验（无论这些在某个角度看是多么合理），与一种特定历史时期内集体运作必须遵循的规则发生冲突时，个人体验必须服从行业规范（这里当然有灵活变通的空间，但总有限度）！

在此，编辑已经十分自觉地认识到，虽然“从无成文可比照”，但客观上的确存在着明确的职业规则，他指出：

> 这种“规则”不仅是存在的，而且个人经历、体验完全不同的人们，完全可以在规则允许的范围内合作，并且取得行业内公认的最高成就。不承认这种不成文的规则实际存在着，一味按照个人的经历和体验，超时空、超行业地去行事，必定会受到挫折；受到职业规则的反冲。在西方许多经过上百年锻造的新闻机构里，大量的行业规则都是成文的，有的大报内甚至规定了导语所限用的单词数。我们没有成文的规则，表明还未成熟到那个程度。而这是一家新闻机构特定的“文化传统”和新闻风格的重要构成部分。

编辑的表述说明，在新闻组织内部，虽然没有明文规定，但这种行业规则会作为媒介组织特定的文化环境与新闻框架，继而影响与架构着从业者的新闻生产活动。正是这种框架，使个人经历与体验大相径庭的不同从业者得以“在一个共同承认的、现时空的职业规范下愉快地合作”（注：编辑强调“时空”这个概念系指新闻业目前所处的政治环境，亦是指“限制”。这种时空意识正是媒介交换网络客观存在的反映）。

在记者眼中，编辑部地处北京，编辑多是城市背景出身，因此既对农村、农民不了解，也对农村报道不重视，而这正是他这组稿件遭到挫折的根本原因。尽管编辑并不认可记者对编辑的这种出身分析，但事实上，无论编辑承认与否，这种编辑自身的受环境制约的“知识”结构对编辑的新闻价值观势必会产生影响与制约，正如记者写稿时的“情结”一样。

记者在信中对此作了进一步的说明：

> 我认为，它（指《北京最后的粪桶》，是该编辑曾经策划的一组成功的报道。）和我的沂蒙系列是一回事，表现的都是普通人的生存状态。为什么报社很容易认可《粪桶》而不认同《沂蒙系列》？因为胡同到报社的直线距离较近，山沟离报社较远的缘故。

这一说明虽然简化了编辑选择新闻的标准，但却也感性地描述出了编辑在新闻生产过程中可能受环境制约而产生的主观情结。

只不过，这种情结也同样会受到媒介组织规则的影响，或曰媒介内部交换网络的影响，并且在更多的时候需要服从于这种网络结构的制约。

从编辑对记者的这篇稿子在编辑部“游历”过程的描述中，我们可以看出编辑部中客观存在着“不成文”的新闻取舍标准。《沂蒙系列》先后历经报社两名版面编辑、一名记者、新闻中心副主任、报社常务副总编以及报社总编六人之手，可以说，这名记者的稿件罕见地经过了几乎新闻控制流程中的每一道把关人，而最后经手编辑的感受大体一致。这充分说明编辑部虽然没有成文的规范描述哪些要素是新闻产品应具备的，但这种不成文的规则仍然常规化地运作在媒介内部，并在把关人之间达成无须言说的默契。

正如这位编辑在信中所言：

> 尽管还没有什么成文的小册子，但编辑部内由种种因素综合而成的评判稿件的标准，实际是存在的，而且是一个非常接近的共同标准。这种“标准感”不可能在大学里学到，只能在实际操作中经过三至五年的时间逐渐积累而成。本人悟性还得达标。

我国的媒介组织大多还不具有成文的操作规范，或者即便有也由于其不够具体而只能成为文件式的摆设，对新闻工作人员不具有实质的指导意义。而大量的不成文的新闻生产规则却在制约着新闻从业人员的日常工作。

一位记者这样描述他眼中的新闻生产：

> 说实话，第一次进入报社的组版、排字地点和印刷车间，我几乎被惊呆了——但见编辑记者校对等工作人员进进出出，你找我，我找你，校对的、改稿的、打字的、拼版的、扫描图片的，跑来送稿的，人人都忙得团团转，忙得一塌糊涂，只有当班的编委会成员来得稍晚些，只有他可以坐着不动，但脑袋得像高速奔腾运转的电脑一样严谨而清醒，还得从脑袋里掏出语言的杀毒软件，仔细排查文稿中的错误和问题，这可不是小事。而大声说话的声音、小声商量的声音、窃窃私语的声音，印刷车间里的机器隆隆的运转声，打字的哒哒声，输送纸张时发出的呀呀声，复印时复印机发出的声音，一股脑儿地交织在一起，好一幅热气腾腾、你追我赶的久违了的生产队的劳动场面，但是我们不是在散发着脉脉稻香的农业文明的田园里劳作，而是在混合着钢铁气息和金属铅气息的工业文明的车间里工作。——哦，原来媒体就是一个工厂。①

在这个庞杂的新闻工厂内部，媒介的文化内核、组织价值观都在制约着媒介内部交换网络的运作。

正如莫瑞尔在《新闻伦理——存在主义的观点》一书中写道："新闻室成员发现自己只有一个定义明确的职务，在高度监控和狭隘的范围中，才能有一点点自由发展人性和创意的空间。他经常妄想拥有相当的自由，但实际上，他被组织收编得越来越彻底，'公司心态'不断深化。也许在心底深处，他真正了解到自由空间的荡然无存——上司所强加的'操控'和'指导'远大于政府或其他'外部'机构牵制媒体的压力。这种'公司心态'让他们带着安全无虞的稳定感在新闻工作中谋生。"②

---

① 凌非：《中国媒体记者调查》，光明日报出版社2004年版，第5页。

② ［美］约翰·莫瑞尔：《新闻伦理——存在主义的观点》，周金福译，巨流图书公司2003年版，第120页。

这段话深刻地描述了在资本逻辑中，作为雇员的新闻从业人员在媒介组织的压力下选择保守主义生存方式的现状。虽然我国新闻媒体由于不能私有化而不存在完全相同的媒介组织环境，但许多新闻从业人员也能感受到相似的组织压力。

在《社会转型过程中新闻生产的影响因素》的调查中，当讨论到新闻记者或编辑在选择和处理新闻题材等方面，如果与主管领导或业务上司产生不同意见，一般会采取什么样的处理方式时，大多数受访者认为，较为可能采取的方式是"陈述自己的意见，但服从领导指示"，其次是"与领导沟通取得共识"，而比较极端的做法如"陈述己见并在报道中坚持自己的意见"和"放弃报道"，都被认为是不足取的。在这个问题上，新闻传播专业背景与其他专业背景的从业者相比无明显差别，但年龄越大的从业者，越倾向于在与主管领导产生不同意见时采取"陈述自己的意见，但服从领导指示"的做法；而年纪越轻，越可能采取"不多陈述，但在报道中委婉地表达自己的想法"的做法。而职务越高，越不会在选择和处理新闻时因与领导产生不同意见而采用"不多陈述，但在报道中委婉地表达自己的想法"的做法，也越不会"陈述己见并在报道中坚持自己的意见"。由此可见，虽然资深的和职务高的从业者较之年轻资浅者更具备向主管领导表达自己意见的可能性，但由于他们被媒介组织制度化的程度也会高于资浅者，反而也更不容易表达出自己的想法。①

这说明，在媒介内部交换网络中，从业时间越长，在网络中的分层关系中越处于上层的，越趋向于以交换行动来维护业已形成的稳定的交换网络的基本运作模式。一个组织要求一定的行为模式，人们在组织中必须抛弃个人的风格和爱好，以便达到组织的目的。② 在媒介内部交换网络中，职位越高的越具有交换中的优势地位，越具有主导权与决定权。

访谈：杨记者，女，某市电视台新闻中心外宣部，从业3年。

不能说领导让你掐了这条稿子，你还能顶风作案，除非饭碗不要了。

---

① 陆晔、俞卫东：《社会转型过程中新闻生产的影响因素——2002上海新闻从业者调查报告之三》，《新闻记者》2003年第3期。

② ［美］戴维·波普诺：《社会学》，刘云德等译，辽宁人民出版社1987年版，第157页。

访谈：余记者，男，某市日报社新闻中心，从业 11 年。

刚参加工作时偶尔会有稿件遭到编辑或老总的枪毙，但是很快就领会了领导们的意图，后来从没有发生过稿件被毙的事件，我们领导都很喜欢我，因为从不给领导添麻烦。我很快知道哪一类型的选题是敏感的、危险的、不能碰的，会主动回避做这一类型的报道。也很快学会按照报社的规矩来处理采访回来的东西，这种规矩没有形成文字，需要靠自己的悟性去体会。

访谈：吴编辑，女，某财经类杂志编辑部副主任，从业 9 年。

总编的影响比较大，主要是在选题以及行文风格方面，如果有冲突，就符合杂志已有的框架。

布里德在《新闻编辑部的社会控制》中，向世人揭示了报纸的拥有者或拥有者的代表有权去设定和执行报纸的政策，然而，服从不是自动产生的。布里德认为，所谓的新闻和编辑政策，是指体现在社论、新闻专栏、新闻标题中的取向。布里德指出，倾斜几乎从不意味着推托搪塞，而通常是“省略、有差别的选择，带有偏好的安排”。比方说给符合自己政策的事件或观点加一篇“特写”文章，将一篇不合自家政策的报道“埋藏”在版面中，等等。布里德指出，无论承认与否，每家报纸都有自己的政策原则。政治、商业、劳工部分是集中体现报纸政策的地方，这是出于对阶级关系的考虑。这种政策通常是隐蔽的，因为它违反了新闻道德规范，而媒体经理人员也要避免被人指责命令新闻报道倾斜，从而陷入窘境。①

报纸的政策是隐蔽的，一个年轻记者不会被告知报纸的政策究竟是什么，而必须学会预测上司希望他做什么和怎样做，以获得奖励，避免惩罚。由于政策是不会明说的，因此，一个年轻记者要以一种间接的方式掌握这个政策。新闻从业人员必须每天阅读报纸，并学会去识别其特色。通常，他的作品也是按照同事们的模式写出来的。新进者的报道很容易按照那些确定好的标准化过程去写。对新进者作品的编辑方法又是一个指南，告诉他哪些做法可被接受，哪些做法不行。偶尔对一个新闻人员的惩罚也会以侧面的方式教他学习，它意味着：如果不遵循编辑部的政策，惩罚将

---

① ［美］沃纳·塞佛林、小詹姆斯·坦卡德：《传播理论——起源、方法与应用》，郭镇之译，华夏出版社 1999 年版，第 361 页。

随之而来。①

（三）考评制度：媒介内部交换网络的游戏规则

我们可以从媒介的考评制度对媒介从业者的影响，来进一步理解媒介内部交换网络的运行模式。

以大众化的都市类媒介为代表，包括党报机关报等在内的相当多的媒介组织内部，都有刺激从业者努力工作的奖惩机制。很多媒介规定，记者每月必须完成一定篇数或字数（或二者均有要求）的稿件，完不成则拿不到全月奖金，连续数月完不成则会下岗或被淘汰；而完成则有奖，完成越多奖金越高。另外，报社每月、每季度、每年会评“好新闻”，评出的“好新闻”会按不同等级给予奖励，评上全国、省、市等各级各类奖的还另有奖励。如有的报社规定，获中国新闻奖可奖1万—3万元。因此，对很多记者来说，每天上班最要紧的事是怎么去找线索、写稿、上稿、上好稿。②

在这样的考评机制中，媒介组织与组织内的从业者个人建立了直接的资源交换关系。经济资源与信息资源作为交换的中介。这样的运作模式直接影响到记者对信息资源价值的判断。信息资源的获取被首先以数量的方式而不是其在信息资源结构中的地位来衡量。

> 访谈：穆记者，男，某市电视台新闻中心，从业5年。
>
> 狗咬人不是新闻，人咬狗才是新闻。现在每天身边发生的事情基本属于狗咬人，为了获得人咬狗的效果，说白了就是为了上稿，不得不制造人咬狗。所以对我来说，最大的压力是上稿压力。
>
> 访谈：杨记者，女，某市电视台新闻中心外宣部，从业3年。
>
> 在学校的时候，老师教你，真实是新闻的第一生命，告诉你要铁肩担道义，妙手著文章。但在实际工作中，为了上稿，尤其在地方台的外宣部，上稿的压力迫使你不得不去策划新闻，采访对象是你根据最近宣传的要点请来的，事件是媒体策划出来的，稿件自然也是忽悠

① ［美］沃纳·塞佛林、小詹姆斯·坦卡德：《传播理论——起源、方法与应用》，郭镇之译，华夏出版社1999年版，第362页。

② 黎勇：《“真实”掌握在记者手中？市场化媒体内部考评机制与新闻失真》，《青年记者》2005年第1期。

出来的。

信息资源的质量的认定也取决于各媒介组织内部对“好新闻”标准的认定。如曾尝试在《中国青年报》内部推行的一个考核方案的讨论稿，就由于过度倚重上层管理者的认同而遭到采编人员的反感与抵触。目前，许多媒体对记者的考核，在规定了“量”的同时，也对稿件的“质”进行定性考核，每天对记者的每篇稿件打出等级，每个等级计不同的分数，其中A稿（或甲稿、一等稿等）分数最高，所获得报酬（稿费、奖金）最高，以此类推；同时规定，每名记者在每月所完成的稿件中，必须有一定数量的A稿、B稿（甲稿、一等稿）等高等级稿，否则视为未完成任务，不能拿到奖金或不能拿到全部奖金。①

如果媒介组织的好稿标准得到了从业人员的认同，则客观上对于新闻生产也会产生一种积极的影响：

访谈：孙记者，男，某省级日报报业集团，从业12年。

我们考评是工分加好稿制度，工分不重要，一般都能完成，但好稿是要努力的。这种考核绝对影响我们做新闻，不过，这是一种好的影响，因为大家想做好稿，最直接的就是舆论监督类稿件，而这样的稿件，对记者的要求，比其他稿件要高出很多。

新闻从业人员与媒介主管者就稿件与等级评定进行交换时，交换率不仅取决于从业者的意愿或主管者对其稿件的满意程度，而且取决于其他从业者完成任务的情况（同事之间的竞争）。这里有关稿件的等级或分数就在一定程度上成了一种公共资源，因为某位新闻从业者获得A稿，就会使其他从业者获得A稿的机会在总体上相应减少。主管者不可能使每一位从业者都获得A稿，这样就会使考核失去了作为竞争机制的意义，也不能再作为公共资源的分配依据。

访谈：季记者，女，某市电视台新闻频道，从业2年。

① 黎勇：《“真实”掌握在记者手中？市场化媒体内部考评机制与新闻失真》，《青年记者》2005年第1期。

从我进台的第一天，跟着指导老师出去，就看到什么叫制造新闻，并深刻体会到什么叫上稿的压力。为了实现个人经济利益的最大化吧，并且大环境如此，也就没什么特别不能承受的地方了。

访谈：汪记者，男，某市电视台经济频道，从业3年。

采访任务，每月至少30条吧，累死人，任务定高了肯定影响新闻质量。

“行动者的利益驱使人们进行交换，其结果是系统内的资源被重新分配。”① 当交换开始后，新闻从业者控制着他们自己的时间，主管者控制着稿件评价权。对从业者而言，主管者处于垄断地位。当然，从业者在交换中还能获得其他资源，如同事的尊重或受众的认可，或是实现“成名的想象”。笔者的一位学生刚刚参加工作三年，就曾向笔者发来短信：“有个好消息一定要和你分享。在刚才的编委会上，我被评为首席记者的讨论已经获得通过。我是我们报社最年轻的首席记者。”在很多媒体，首席记者与资深记者的设置被作为激励优秀的从业者的一种常规化制度。

此外，各媒介组织对漏报新闻的惩罚制度规定，凡竞争对手报道的重大新闻本单位漏报的，相关责任记者要扣罚数额不等的奖金甚至辞退。这一制度使得分属于不同媒介的记者之间也建立起信息资源交换网络，彼此交换采访线索。在记者们的资源交换网络结构中，相互依赖关系被建立起来。

访谈：李记者，男，某市日报社城市新闻中心，从业3年。

一般和同城的都市报交换新闻线索比较多，他们的消息来源多。原因嘛，一个是我们个人关系好，二是现在有工分考核的压力，都是出来谋生活的，不能太当真，这个社会没有所谓的独家新闻，只有独家的视角。所以我比较看得开。

在关系基础上建立起来的新闻从业人员之间的信息交换网络可以减轻记者挣工分的压力，但这也容易导致媒介内容同质化的趋向。同一个选

① ［美］詹姆斯·S. 科尔曼：《社会理论的基础》（上），邓方译，社会科学文献出版社2008年版，第123页。

题，只要有一家媒体的记者加以关注，很快就会出现众多记者随后跟进的情况。这种“媒介间的议程设置”尽管保证了记者们不犯漏报的错误，但过度的“选题趋同”也造成对媒介渠道资源的浪费。

这与西方的一些媒介组织框架有很大的差异。如美国《巴尔的摩太阳报》的记者就没有固定的发稿定额。美国密苏里新闻学院教授杰奎琳·巴那金斯基向一批中国记者讲述了她在《西雅图时报》担任记者时，花了一年多时间来做《艾滋病在哈特兰》这篇后来获得普利策特稿奖的报道，引起中国记者们的极大兴趣。几位中国记者问她：“你一年多只写这一篇报道，怎么能完成报社的任务呢？报社怎么考核你呢？会把你辞退吗？”中国记者的提问让巴那金斯基愕然，她对中国媒体居然有如此考核记者的办法感到不可思议。① 可见，不同的媒介内部交换网络的交换规则会使不同媒介的内容生产呈现出不同的面貌。

> “这不是一个已构成的世界，而是在每一刹那生灭交替的世界——换言之，是一个不断生成的世界。……而由于世界是不断被构成的，所以它不可能是完整的，它永远处于形成的过程中。”②

舒茨分析主观意义世界的这段话用来理解媒介世界亦是如此的贴切。我们的媒介所建构的世界正是一个在资源交换中不断生成的世界，它永远处于形成的过程中。正如一位欧洲的媒介研究学者所描绘的那样，新闻工作者都是在截稿时间之前，尽可能地挖掘新闻事实，他们从自己的经验已经知道：明天事件的进展可能就会推翻今天报道中的“伟大的发现”，你在电波里听到的或在报纸上看到的那些“事实”，都是一些阶段性的东西，都具有这样的明显特征：“据我们所知，这就是事情的现实。”③

本章小结

“媒介交换网络”是指媒介与管理者、投资者、消息来源以及受众之

① 黎勇：《“真实”掌握在记者手中？市场化媒体内部考评机制与新闻失真》，《青年记者》2005 年第 1 期。

② 渠敬东：《缺席与断裂：有关失范的社会学研究》，上海人民出版社 1999 年版，第 98 页。

③ 陈力丹：《自由与责任：国际社会新闻自律研究》，河南大学出版社 2006 年版，第 22 页。

间所形成的网状的互动结构。这一概念受到社会交换理论与新闻生产社会学相关理论的启发，将“交换”、“网络”等概念引入媒介系统中。

本书借用“行动者”这一概念用来定义位于媒介交换网络各个节点上的社会主体，它既可以指个体，如新闻从业者个人或受众中的某一具体阅听人，也可以指媒介组织或某一利益团体等集体行动者。不同的行动者拥有不同的交换资源。我们把媒介交换网络中的行动者当作彼此相互联系的各个节点，希望能借此来描述发生在行动者之间的资源交换行为。在网络的每一个节点上，行动者根据自己的目标、受支配的价值观、可供选择的交换资源以及面临的社会情境，直接参与作出决定，他们决定交换的对象与方式，也决定用以交换的资源与报酬。

正是发生在他们之间的互动形成了媒介交换网络，反过来，这一已形成的网络又会影响身处其中的他们所作出的每一个选择与决定，包括新闻传媒组织与新闻从业者所作出的新闻伦理抉择。

媒介交换网络中的行动者之间形成了四对直接交换关系，分别是媒介—管理者、媒介—投资者、媒介—消息来源以及媒介—受众。四对关系又以媒介为中介、以受众为目标产生了三组间接交换关系，即管理者—媒介—受众、投资者—媒介—受众和消息来源—媒介—受众。

媒介交换网络中流通的主要资源包括权力资源、经济资源、信息资源、媒介渠道资源以及受众的注意力资源。五种资源之间的交换形成了四个主要的资源交换场域，分别是：“渠道—权力”资源交换场域、“渠道—经济”资源交换场域、“渠道—信息”资源交换场域和“信息—注意力”资源交换场域。不同的关系中流通的资源与交换的规则有所不同。媒介交换网络中交换关系的特点有依赖与共生、差异与分层、紧张与冲突、波动与平衡。

媒介内部交换网络是指媒介从业者与媒介主管之间的一个微观交换网络，它是宏观的媒介交换网络的有机组成部分，也可视为宏观媒介系统中的一个相对封闭的亚系统，亚系统外部的行动者和资源可以被看作交换的环境。

第三章

新闻伦理现实问题产生的社会背景

绝大多数社会学家都将社会视为由社会结构和社会行为两大部分建构而成的一个统一整体，区别在于，一部分学者认为社会结构只是微观的人类互动和社会行为的复述或建构；另一部分学者认为，宏观的社会结构形成了制约社会行为的一种突生现实①。

早在亚里士多德那里，社会结构即是由集团而不是由个人组成的。社会结构由根据功能及社会财富而形成的各种社会集团所组成。亚里士多德把社会结构看成是一种整体，并把最小单位视为集团，从而避免了强调个人或个人行为的“原子论”。这种集团观是典型的社会学思维方式②。

在孟德斯鸠看来，社会是一个只有从整体角度看才有意义的系统，这个系统不取决于某个单一的因素，而是取决于多种因素的共同作用③。

被尊为“社会学之父”的孔德也指出，社会是一个由众多部分构成的相互依赖的有机整体，它的每一部分都在为维持整体的稳定发挥自己的作用④。

在有机整体论的社会学视野观照下，我们重新考察处于社会大系统中的一分子——媒介组织及在其中工作的媒介从业者，把媒介及其从业者置于社会大系统的生产与再生产的架构之中，便可以获得一种新的认识。由此，我们便不难理解，为什么新闻传播体系可以被视为社会、经济、政治、文化基本生产过程中的一部分。

社会大系统中的政治、经济、文化等宏观因素决定与影响着媒介系统

---

① 周晓虹：《传统与变迁：江浙农民的社会心理及其近代以来的嬗变》，生活·读书·新知三联书店1998年版，第10页。

② 宋林飞：《西方社会学理论》，南京大学出版社1997年版，第6页。

③ 周晓虹：《西方社会学历史与体系》（第一卷　经典贡献），上海人民出版社2002年版，第12页。

④ 同上书，第44页。

的体制、形态与发展走向，进而影响着新闻伦理现实问题的生成与衍变。影响新闻伦理表现的因素既有政治、经济、文化等宏观的社会系统，也有作为社会子系统之一的传媒系统。

正是在这样的意义上，我们将中国社会的结构转型、传媒的转型与转型过程中出现的新闻伦理现实问题的分析进行连接，既具有了可能性，也具有了必要性。

一　中国社会的结构转型：新闻伦理现实问题产生的宏观背景

“社会转型”这一概念，既可从一般意义上泛指人类历史上不同时期一种社会结构向另一种社会结构的变迁，也可用于特指传统社会向现代社会的转换和变迁。如郑杭生、李强等提出，社会转型是一个有特定含义的社会学术语，意指社会从传统型向现代型的转变，或者说，由传统型社会向现代型社会转变的过程。在这个意义上，社会转型与社会现代化是重合的，几乎是同义的。①

在经典社会学理论中，最早将社会一分为二的当推法国社会学家迪尔凯姆。迪尔凯姆将社会生活中的秩序形式划分为传统社会的和现代社会的两种。在传统社会中，社会的一致性是以机械团结和集体良知即共同的信仰、态度和礼仪体系为基础的。但随着人口增长、城市化和工业化带来的社会变迁，建立在彼此相似基础上的机械团结削弱了，集体良知也随着共同宗教信仰的减退和个人主义的增长而逐渐受到损害。不过，随着社会分工的日臻完善，在经济和社会生活中再也不能自给自足的个人之间的联系加强了。如此，在新的有机团结的基础上形成了现代社会的一致性。在迪尔凯姆的论述中，同传统社会相对应，现代社会的复杂性和整合程度高，它与自然界中的有机体十分相似，其中的每个部分都担负着自己的特殊功能，并且与其他部分密不可分。②

① 郑杭生、李强：《当代中国社会结构和社会关系研究》，首都师范大学出版社 1997 年版，第 19 页。

② 周晓虹：《传统与变迁：江浙农民的社会心理及其近代以来的嬗变》，生活·读书·新知三联书店 1998 年版，第 16 页。

在西方，“西方社会向现代世界的发展一直就是经典社会学的中心课题：现代性是工业革命和政治革命的结果，是新制度和新价值观念的化身，同时它又是无穷变迁的一个新阶段”。[①]

除了迪尔凯姆的“机械团结—有机团结”之外，众多社会学家将传统社会与现代社会分为名称各异的两种“理想类型”。如曼恩的“身份社会—契约社会”、斯宾塞的“尚武社会—工业社会”、马克思的“封建主义社会—资本主义社会”、滕尼斯的“社区—社会”、托克维尔的“贵族制—民主制”、韦伯的“宗法传统经济—理性资本主义经济”、库利的“首属群体—次属群体”、索罗金的“亲密关系—契约关系”、雷德菲尔德的“乡民社会—市民社会”、贝克尔的“神圣社会—世俗社会”，直到中国的费孝通先生的“礼俗社会—法理社会”，[②] 社会学家们以不同的睿智体现了传统社会与现代社会之间的差异、区隔与变迁。

肇始于20世纪初的中国现代化一直步履蹒跚、一波三折，直至1978的改革开放之后，中国才真正把注意力集中于现代化建设。现代化的迅猛发展给中国社会带来了巨大而深刻的变化，从物质、制度到精神，现代化的影响渗入社会生活的方方面面。

在中国，20世纪90年代后，社会转型这一概念成为描述和解释中国改革开放以来社会结构变迁的重要理论范式和分析框架。尽管我们在这场由改革开放助推的中国现代化的进程中也能看到西方学者所描绘的社会转型的景象，如“经济转型即工业化、社会转型即城市化、政治转型即民主化、文化转型即世俗化、组织转型即科层化、观念转型即理性化”[③]，等等，但中国社会仍然以其独特的社会发展语境吸引了一批社会学学者结合中国的发展实际对中国式的社会转型进行了理论的阐释。

李培林在20世纪90年代初较早用社会转型的理论学说解释了中国的社会结构变迁。他提出，中国已进入一个新的社会转型时期。转型的主体是社会结构。转型的标志是：中国社会正在从自给、半自给的产品经济社会向有计划的商品经济社会转型，从农业社会向工业社会转型，从乡村社

---

① ［德］沃尔夫冈·查普夫：《现代化与社会转型》，陈黎等译，社会科学文献出版社1998年版，第63页。

② 周晓虹：《西方社会学历史与体系》（第一卷　经典贡献），上海人民出版社2002年版，第2页。

③ 陆学艺：《社会学》，知识出版社1991年版，第375—376页。

会向城镇社会转型，从封闭、半封闭社会向开放社会转型，等等。如果从理论上来界定社会转型，可以简单地说，社会转型是一种整体性发展，也是一种特殊的结构性变动。①

中国社会从传统社会向现代社会、从农业社会向工业社会、从封闭性社会向开放性社会的社会变迁和发展经历了一个相对漫长而复杂的过程。而本书中所说的“社会转型”是特指自1978年改革开放以来中国社会所发生的深刻变化。改革开放极大地推动了中国社会转型的步伐，也使得“社会转型”一词突破了社会学研究的语境，成为20世纪90年代以来中国学术语系中哲学、文学、史学、政治学、经济学、文化学等诸多学科描述分析中国社会变革的重要框架。

从社会学角度观察，中国经济体制的改革是社会结构转型的最直接动因。经济体制改革表现为一系列的制度变迁过程，同时又是一个资源配置过程，制度变迁的实质则是利益结构的调整和权利的重新界定。经济体制改革的实质是调整利益结构，以改善资源配置状况，促进社会的良性运行。②

改革开放以来，市场经济体制的逐步确立与完善，使传统的经济结构发生了本质性的变化，正是这种经济结构的转型引发了社会在政治、法律、文化、伦理及心理等多种结构的转型，通过人们的行为方式、生活方式和价值体系所发生的明显变化，我们可以清晰地感受到这种转型给中国社会所带来的深刻影响。

正如一位学者所言，在整个社会转型时期，结构转型作为一种无形的巨大力量，将以它特有的方式规定着经济和社会发展的趋势和方向，这种力量用国家干预和市场调节都是无法概括的。在一般的发展过程中，这种力量只是一种潜在的推动力，而在新旧两种体制的转换过程中，这种力量日趋明显化。③

有学者将中国社会结构转型的特点概括为：（1）结构转型与体制转轨同步进行。经济改革和对外开放促成各种新要素的产生和导入。

---

① 李培林：《另一只看不见的手：社会结构转型、发展战略及企业组织创新》，见袁方等《社会学家的眼光：中国社会结构转型》，中国社会出版社1998年版，第30—31页。

② 郑杭生等：《转型中的中国社会和中国社会的转型——中国社会主义现代化进程的社会学研究》，首都师范大学出版社1996年版，第111页。

③ 陆学艺、景天魁：《转型中的中国社会》，黑龙江人民出版社1994年版，第25页。

（2）政府和市场的双重启动。从政府的作用来看，改革开放始终表现为一个倡导、宣传、试点、推广的过程。从市场作用来看，由于改革是以市场为取向的，改革直接表现为市场作用的扩大，在调节供求关系和资源配置方面，市场已逐步成为主要的力量，而且市场已不是作为个别、单一的因素介入经济社会生活，而是逐步发育成一个完整的体系。（3）城市化过程的双向运动。即城市的扩展辐射与农村自身城市化的双向运动。（4）转型进程中的非平衡。主要表现在地域上的梯度发展格局、城乡之间的二元结构、经济发展与社会发展的不平衡，等等。①

应当说，这种对中国社会结构转型的描述是具有高度概括力的，它简要而完整地为我们勾勒出了转型中的中国社会的一些显著特点。

具体到当下的中国大众传播媒介而言，中国社会的结构转型是考察新闻伦理现实问题生成条件的不可忽视的宏观背景。观察转型期中国社会在经济、政治、文化等方面所发生的显著变化，将为我们理解传媒系统中新闻伦理问题的生成提供一个相对宏观的坐标系。

总体而言，转型社会中利益格局的变迁形成了媒介系统中行动者的利益分化，从而导致新闻伦理现实问题的出现。所谓利益格局，从广义上讲，指的是一个社会中的经济、文化、政治等各方面的资源在全体社会成员之间进行分配和配置的方式与状态。资源配置方式与状态的变化，形成了社会成员之间的利益分化，并最终导致不同的社会利益群体的出现。在影响这种社会结构形成和变迁的各种经济、文化、政治资源中，起着主导作用的因素无疑是经济资源的配置模式。②

因此，我们可以说，各种社会资源尤其是经济资源配置的差异化是决定媒介交换网络运行规则的主导因素，也是进而导致诸多新闻伦理现实问题产生的根本因素。拥有不同资源的行动者在媒介系统中按照各自的利益需求，进行着资源的交换与互动。不同资源在交换中所具有的不同价值极大地影响甚至决定着媒介采集信息资源与进行新闻生产的方向，也影响乃至决定着媒介组织及其从业者的新闻伦理选择。

---

① 陆学艺、景天魁：《转型中的中国社会》，黑龙江人民出版社 1994 年版，第 46 页。

② 郑杭生等：《转型中的中国社会和中国社会的转型——中国社会主义现代化进程的社会学研究》，首都师范大学出版社 1996 年版，第 1 页。

二　传媒体制的“不变”与“变”：新闻伦理现实问题产生的中观环境

改革开放以来，中国社会结构的深刻转型也带动了身处其中的中国传媒业的巨大变革。其中，传媒体制的变革对于一些新闻伦理现实问题的产生具有极为重要的意义。

在讨论传媒体制的变革之前，首先需要注意的是，传媒体制的“不变”。这种不变的核心原则是：“新闻工作是党的整个事业的一个重要组成部分，因此不言而喻，必须坚持党性原则”、“坚持党性原则，就要求新闻宣传在政治上必须同党中央保持一致。”① 这一坚守的“不变”成为传媒体制变革的基本前提。从这一前提出发，我们可以看到，正如在中国社会结构的转型过程中，政府和市场两种不同的推动力量巧妙地结合一样，市场和政府这两种力量也成为传媒体制变革的过程中不可或缺的推手。

政府的基本功能是提供社会博弈的基本规则。有人将政府在我国传媒体制变迁中的作用概括为两个方面：在具体制度变迁中的柔性引导和在根本制度变迁中的刚性控制。其中柔性引导包括：（1）主动提供制度供给；（2）对某一制度创新或突破的肯定支持和默认；（3）以禁令性制度形式予以引导，给予新闻媒体更多的自主空间。刚性控制包括：（1）对新闻媒体根本性质和根本任务的维护和巩固；（2）对新闻媒体自发进行的某些制度创新予以否定和“驳回”。②

从中国传媒业发展的实际来看，许多媒介的变革最先并不来源于管理层的直接规定，而是来自媒介自身的尝试性探索，然后经过官方谨慎的筛选，在政策的制定者与媒介组织的互动过程中，将能够确认的那一部分纳入现行体制的范畴。正如霍曼斯所强调的那样，制度在满足某些需要时也否定了其他的需求，从而发动了统治制度与革新和偏差行动之间永不停息的辩证过程。③

---

① 江泽民：《关于党的新闻工作的几个问题》，《中国新闻年鉴》1990 年，第 4 页。

② 张兢：《论政府在我国新闻制度变迁中的作用》，《新闻界》2006 年第 6 期。

③ ［美］乔纳森·H. 特纳：《社会学理论的结构》，吴曲辉等译，浙江人民出版社 1987 年版，第 320 页。

自改革开放以来，中国传媒体制变革的进程大致可分为以下三个阶段。

（一）1978—1991 年：实践的随机摸索与体制的细微变化

新中国成立初的两年多时间内，曾出现过短暂的党报、非党报并存，国营、公私合营、私营报纸并存的局面，但不久民营报纸和民主党派报纸渐告消失，全国统一沿用根据地时期形成的品种单一的党的机关报体制。① 这种体制和苏联50年代新闻模式的共同点是“单一党报体系，高度集权调控，突出宣传功能，经费和发行国家包干”。② 这种体制在改革开放后的十余年间，由于受到经济体制与政治体制的制约，变化不大。

从改革的实践层面看，只有一些体制内的局部的尝试性探索与改善，更多地表现为观念层面上对传统传媒体制的审察与反思，以及在观念层面上讨论传媒体制改革的必要性与必然性。正如一位学者所言：“新闻体制，总是和一定社会的政治体制和经济体制密切相关的。在中国，新闻事业都属于公有制，直接受到新闻决策机构的支配，因而新闻体制实际上是政治体制的一部分。在政治体制的改革未有大的动作之前，新闻体制的改革不仅不能超前改革，连同步也常常会发生碰撞。”③

十一届五中全会通过的《关于党内政治生活的若干准则》明确规定：“党的报刊必须无条件地宣传党的路线、方针、政策和政治观点。对于中央已经作出决定的这种有重大政治性的理论和政策问题，党员如有意见，可以经过一定的组织程序提出，但是绝不允许在报刊、广播的公开宣传中发表同中央的决定相反的言论。”④ 这一纪律性约束为媒介的活动框定了根本的范围，也决定了传媒体制在这一时期不可能有明显的变化，这也符合当时我国政治改革与经济改革没有出现实质性突破的社会现实。

在总的体制基本不变的前提下，媒介的体制在局部区域发生了渐进式的细微变化：如《人民日报》等北京 8 家媒体试行“事业单位、企业化

① 孙旭培：《新闻体制改革略议》，《北京广播学院学报》1988 年第 6 期。

② 童兵：《主体与喉舌——共和国新闻传播轨迹审视》，河南人民出版社 1994 年版，第 197 页。

③ 同上书，第 191 页。

④ 中共中央宣传部新闻局：《中国共产党新闻工作文献选编》，人民出版社 1990 年版，第 46 页。

管理”（1978 年）；教育、文化和广播电视事业列入第三产业（1985 年）；媒介可以办公司（1988 年）等。[①] 这些举措至少体现了传媒体制在变化方向上的一种可能性。

在观念层面，这一时期西方新闻学与传播学中的一些观念在中国得到传播，如传播学经典著作《报刊的四种理论》翻译出版，书中介绍的四种理论分别对应了不同的传媒体制模式[②]。这一时期出现了一批较有影响的新闻基础理论专著与教材[③]，这些著作对新闻事业的作用与性质等与传媒体制有关的理论分别有所论及。

1985 年以后，随着新闻改革从业务的改进深入新闻观念的转变，审视新闻工作体制的研究也逐渐趋多。在这一阶段，学者们提出的体制改革的理念虽然有些由于尚不适合国情而不具备实施的条件，但总体上从观念的层面对体制改革进行了积极而有益的探索。如有文章分析了现行体制的形成及其特点，提出“两种作用——多层次报业结构——两种标准管理”的传媒体制改革思路[④]。有学者提出建立党对新闻事业实行政治领导的制度，赋予新闻单位足够大的自主权，发展多种所有制、多种类型、多种层次的新闻媒介体系[⑤]。有学者总结了改革开放的十年历程，认为这是传统新闻模式突破的十年。文章概括了传统新闻模式的特点与弊端，还具体探讨了社会主义初级阶段新闻事业的体制和目标[⑥]。

也有学者提出，旧的新闻体制已经成为报业发展面临危机的现实根源

---

① 林晖：《未完成的历史：中国新闻改革前沿》，复旦大学出版社 2004 年版，第 7 页。

② 韦尔伯·施拉姆等：《报刊的四种理论》，中国人民大学新闻系译，新华出版社 1980 年版。

③ 如甘惜分：《新闻理论基础》，中国人民大学出版社 1982 年版；甘惜分：《新闻论争三十年》，新华出版社 1988 年版；张宗厚、陈祖声：《简明新闻学》，人民日报出版社 1983 年版；余家宏、宁树藩、叶春华：《新闻学基础》，安徽人民出版社 1985 年版；成美、童兵：《新闻理论简明教程》，中央广播电视大学出版社 1986 年版；刘建明：《宏观新闻学》，中国人民大学出版社 1991 年版等。此外，《新闻创新谈》一书中多篇论文谈及管理体制的利弊。内部编印的如中国青年报社研究部的《继承与探讨》，《新闻界》编辑部编的《新闻改革与新闻实践》等，也有不少论文论及新闻体制的改革。

④ 孙旭培：《新闻学新论》，当代中国出版社 1994 年版，第 194 页。

⑤ 喻国明：《新闻媒介与社会协商对话》，《内蒙古社会科学》1988 年第 5 期。

⑥ 童兵：《传统新闻模式突破的十年》，《中国人民大学学报》1988 年第 6 期。

之一①。有论文提出，报刊改革是新闻体制改革的中心，改革的方向是使报刊成为信息产业中的一个行业。发展非机关报型报刊，应是报刊体制改革的一项重要内容②。此外，有论文提出建立以党报为核心，由各种类型、多种层次报纸组成多样化的报纸结构③。还有学者分析了西方新闻事业的内在矛盾及其体制的弊端④。

总体而言，这一时期中国所有的媒介在习惯上都被定位为“党和政府的喉舌”，属于上层建筑的意识形态。基于这样的习惯，传媒体制变革在实际上走出的步伐要远落后于观念层面所能到达的程度。

（二）1992—2002 年：“双重属性”体制内空间的建构与拓展

1992 年邓小平南方谈话公开发表和党的十四大召开之后，中国的改革开放进入了一个新的历史阶段。在这一阶段，传媒体制的变革使得中国的传媒业无论是从政治层面，还是从经济层面都获得了更大的、相对更为自由的“体制内活动空间”。

中国传媒体制的变革采取的是渐进式的增量改革，即通过培育和逐步扩大新体制因素对媒介发展的影响力，改革和缩小旧体制因素对媒介发展的控制力。这一时期发生在中国的传媒体制变化的模式被称为“体制改造”：“‘体制改造’式的变化源自新闻改革大环境的不确定性，其原因是在新闻改革过程中，现行‘党的新闻事业’的基本原则不变，而改革缺乏目标体制的完整设计，哪些需要改、应该怎么改等需要实践中的摸索。在这样的环境条件下，新闻改革的主体必须提高其改革行为的可预测性及正当性，为此，他们采取上、下合作的途径，以经营方式为驱动，以‘临场发挥’为基本行为特征，改造新闻生产中的社会关系，重构现存体制的内在活动空间，并创造性地运用改革话语中市场经济和党的新闻事业的语汇，将其改革行为溶汇于‘市场经济条件下的党的新闻事业’这一正当化的理论框架内。”⑤ 这段话准确地概括了 20 世纪 90 年代中国传媒体制

① 张昆：《中国报业的困境与出路》，《学术论坛》1989 年第 1 期。

② 汪伊举、肖敏：《论新闻体制改革》，《探索》1989 年第 1 期。

③ 居欣如：《关于新闻改革的一些理论思考》，《复旦大学学报》1989 年第 2 期。

④ 陈颐：《西方新闻事业的内在矛盾及其体制的弊端》，《学海》1990 年第 3 期。

⑤ 潘忠党：《新闻改革与新闻体制的改造》，《新闻与传播研究》1997 年第 3 期。

变革的基本特点。

1993 年国务院批转国家计委《关于全国第三产业发展规划基本思路》，把新闻业（报刊和广播电视）列为“文化、体育事业”，同时提出要遵照社会效益和经济效益并重原则，这事实上也等于承认了传媒是“生产性组织”，具备产业性质。①

报业结构的调整成为这一时期传媒体制改革的重头戏。而“报业集团化”也随着 1996 年《广州日报》报业集团的成立而成为这一时期媒介管理层主动促进结构调整的一个常规动作。

不过，由于受行政力量的主导，中国传媒集团化的历程，选择的是“事业单位、企业化管理”。“与西方传媒集团的组建主要是由会计师、律师、审计师运作大不相同，中国传媒集团是政府全权运作，连资产评估、债权转移等极为重要的问题都忽略而过，考虑的重点通常是权利的再分配和利益的重组，而不是资产和其他资源的重组。”②

2001 年以后，媒介产业化的进程以组建媒介集团、做大做强广电产业为标志开始启动。2001 年 8 月中央明确提出以资本和产业为纽带组建跨地区、跨媒介的媒介集团，集中全国媒介优势，打造我国媒介的“航空母舰”。但这一阶段，私营、民营、外资仍不准进入报纸及电视，政策性障碍依然明显。③

这一时期的理论界与业界也陆续出现了相当多的有关传媒体制的研究。如有研究者全面评述了新中国成立 40 多年党和政府的新闻政策、传播人的新闻观点和传媒体制的发展与改革④。《新闻理论新探》则从学理的角度科学阐述了现行体制内媒介的运作规律。作者认为新闻传媒必须在新闻规律和市场规律的双重制约下运作，并提出努力寻求两种规律的契合点的主张⑤。《现代新闻理论》首次把市场经济中的新闻产业写进了新闻

---

① 魏永征：《当前新闻改革的一条底线——对于中国传媒事业定性的解读》，《中国记者》2002 年第 4 期。

② 陶鹤山：《中国传媒集团化中的政府行为分析》，见郑保卫主编《论媒介经济与媒介集团化发展》，中国人民大学出版社 2003 年版，第 255—256 页。

③ 郭晓建：《中国传媒体制改革述评》，《成都大学学报》2005 年第 3 期。

④ 童兵：《主体与喉舌——共和国新闻传播轨迹审视》，河南人民出版社 1994 年版。

⑤ 丁柏铨：《新闻理论新探》，新华出版社 1999 年版。

学综合理论著作，书中还专门探讨了新闻体制与新闻控制问题[①]。《中国报业集团发展研究》较为深入地研究了近20年中国报业经济潮流走势和报业集团的生成机制与管理模式等。[②]

这一时期开始有学者提出区别对待党报和非党报纸，应当允许非党报纸的存在，对非党报纸的新闻报道和言论应当放宽松一些[③]。

这一时期的新闻事业管理体制被管理层明确概括为党的领导和五种管理机制：党的领导包括坚持党性原则；坚持以正面报道为主、掌握正确的舆论导向；党组织、党的宣传部门对新闻工作的领导。五种管理机制包括：政府管理、法制管理、部门管理、社会管理和新闻单位内部机制管理。[④]

相应地，有学者首次提出了中国传媒具有上层建筑和信息产业双重属性的概念[⑤]。有文章提出，报业应逐步过渡为公共事业型企业，并认为当时出现的报团雏形是社会主义市场经济的产物，具有中国特色的报团应是未来报业的发展方向[⑥]。

此外，来自业界的代表性著作有《新闻原理的思考》，作者对新闻传媒的属性、新闻事业与市场经济等问题进行了深入的思考。《总编辑手记》、《喉舌论》、《报业经营论》等分别从《人民日报》、新华社、《北京青年报》的发展历程出发，论及了体制改革的运作经验[⑦]。

伴随着学界和业界逐渐达成的对“事业化管理、企业化经营”这一传媒体制的共识，管理层对这一既成事实也逐渐采取了从默许到肯定的明确态度。

（三）2003年至今：“两分开”与传媒体制的瓶颈

从1978年底到1999年的20余年间，中国新闻改革在整体上是自下

---

① 刘建明：《现代新闻理论》，民族出版社1999年版。

② 曹鹏：《中国报业集团发展研究》，新华出版社1999年版。

③ 甘险峰：《甘惜分新闻学观点述评》，《新闻知识》2006年第12期。

④ 宋克明：《我国新闻事业管理体制和报社总编辑职责》，《新闻记者》1994年第2期。

⑤ 李良荣、沈莉：《试论当前我国新闻事业的双重性》，《新闻大学》1995年夏季号。

⑥ 姚福申：《向市场经济体制转换中报业体制的变化》，《新闻爱好者》1995年第5期。

⑦ 梁衡：《新闻原理的思考》，人民出版社1996年版。范敬宜：《总编辑手记》，人民日报出版社1997年版。郭超人：《喉舌论》，新华出版社1997年版。崔恩卿：《报业经营论》，中国经济出版社1998年版。

而上进行的，迈入21世纪后，中央以及中央主管部门已经站到了新闻改革的前台，掌控新闻改革的主导权。新闻改革从过去以自下而上的改革为主变成自上而下的改革为主。①

在文化体制改革的背景下，2003年国家新闻出版总署和国务院办公厅相继颁发了《关于印发〈新闻出版改革试点工作实施方案〉的通知》、《国务院办公厅关于印发文化体制改革试点中支持文化产业发展和经营性文化事业单位转制为企业的两个规定的通知》，以事业和企业两分开为核心内容的文化体制改革正式启动。2003年也因而被称为中国的文化体制改革年。

在2003年的中国报刊治理整顿中，治理的党政部门报刊共有1452种，其中47%停办，21%划转，21%实行管办分离，另有少部分转为免费赠阅。这次改革还取消了行业报和县级报，传统的四级办报模式转变为三级办报模式。在2003年所确定的35个文化体制改革试点单位中，新闻出版单位就有21家，占了近2/3。2005年，国家新闻出版总署重点抓了转企改制、企事分开、职能转变、上市融资等难点的突破。49家党报党刊集团实现了宣传编辑和经营业务两分开。②

与此同时，跨媒体、跨区域的合作经营开始尝试。如《新京报》的诞生即是光明日报报业集团与南方日报报业集团强强联姻的成果；2004年国家新闻出版总署批准了上海文广集团与广州日报报业集团、北京青年报社在上海合作主办《第一财经日报》，该报是中国第一张跨地区、跨媒体的全国性财经日报。然而，在这几个仅有的特例之后，一场轰轰烈烈的跨媒体、跨区域改革便悄无声息了。直到2008年5月12日，国家新闻出版总署正式行文批准《铁岭日报》更名为《辽沈晚报·铁岭版》，这是我国首次批准一家地市级党报纳入省级报系，也是全国第一家省级报纸与地市级报纸跨地域进行资源整合、严格按照新闻出版法规合作出版和经营地方版的范例。

与制度供给的相对不足和管理层的小心谨慎构成鲜明对比的仍然是学界与业界对传媒体制变革的与日俱增的呼声。

---

① 李良荣：《当前中国新闻改革的基本特点——纪念新闻改革25周年》，《现代传播》2004年第5期。

② 柳斌杰：《与时俱进的中国新闻出版业》，《求是》2009年第4期。

《政治、市场与电视制度》一书以中国电视制度变迁为研究对象，用批判学派的理论构建了中国新闻体制变革模式的“公共领域生成模式”。[①]《当代中国新闻改革》描述了中国新闻体制改革的历史轨迹，并概括了新闻体制转型的基本特点与发展目标。[②]《变革传媒：解析中国传媒转型问题》一书中提出“是谁妨碍了中国传媒业的发展”的问题，指出改革现行传媒体制是解放生产力、促进传媒业发展的关键。[③]

来自业界的研究直面传媒实践中遇到的体制改革问题，体现出强烈的现实性。中央电视台的《制播体制改革与电视业发展问题研究》一书是对中国电视的制播体制改革进行全面梳理的研究报告。[④]《南方报业战略：解密中国一流报业传媒集团》展现了南方报业实施媒体多品牌战略的过程，以及采编经营分开机制的运作与南方报业集团体制改革的成功经验。[⑤]《传媒体制创新研究》系统梳理了中国报业体制的演变过程，提出体制创新新在“一体三变”。[⑥]

“入世”和文化体制改革这两个重要的关键词作为宏观的背景一直贯穿在近年来传媒体制变革的过程之中。《加入 WTO 与中国新闻传播业》从宏观上研究了“入世”以后中国新闻传播业的生存环境，并探讨了中国新闻传播业的总体发展战略。[⑦] 2006 年南方日报出版社出版的《中外传媒体制创新》书系以中国文化体制改革，特别以中国新闻传媒体制改革为研究对象，系统考察了传媒的现行体制及其改革。另外还考察了美国、英国、日本、俄罗斯、韩国传媒体制的形成、特色及演革，其中的《中国传媒制度绩效研究》研制了一套观察与评估体制优劣的结构模型与指标体系，为中国传媒体制的改革与创新提供了参照与借鉴。[⑧]

除著作之外，近十年来新闻体制研究的相关论文每年都数以百计，一直是学界的热点。有文章提出建立二级电视、三级报纸、四级广播的

① 钱蔚：《政治、市场与电视制度》，河南人民出版社 2002 年版。

② 孙旭培：《当代中国新闻改革》，人民出版社 2004 年版。

③ 喻国明：《变革传媒：解析中国传媒转型问题》，华夏出版社 2005 年版。

④ 赵化勇：《制播体制改革与电视业发展问题研究》，中国传媒大学出版社 2005 年版。

⑤ 范以锦：《南方报业战略：解密中国一流报业传媒集团》，南方日报出版社 2005 年版。

⑥ 杨步国：《传媒体制创新研究》，湖北人民出版社 2006 年版。

⑦ 丁柏铨等：《加入 WTO 与中国新闻传播业》，社会科学文献出版社 2005 年版。

⑧ 丁和根：《中国传媒制度绩效研究》，南方日报出版社 2006 年版。

新格局，并在此新格局的基础上逐步探索并建立新型媒介管理和运行机制。[①]

有研究者总结了党的十六大以来的一系列重大理念和重大举措，研究者指出，2006 年 12 月公布的《北京奥运会及其筹备期间外国记者在华采访规定》是中国传媒体制在管理改革方面悄然无息地迈出了一大步，是这些年来新闻传媒领域重大的突破之一。2007 年 4 月公布的《中华人民共和国政府信息公开条例》在国家信息传播活动中具有里程碑的意义。[②]

有学者指出，新闻传媒的意识形态属性和产业属性之间呈现为相当复杂的关系。在下述情况下，两种属性之间常常会出现矛盾——新闻传媒受到行政力量的过多干预，意识形态属性被片面强调，产业属性被错误地理解。应深入研究新闻传媒的产业属性，并且妥善处理它与意识形态属性的关系。[③] 有学者着重从传媒业的社会属性、政治属性和经济属性等几个基本属性的分析来认识和解读当代传媒业的性质。[④]

有学者撰文指出："目前，中国的新闻改革正遭遇着制度壁垒。中国传媒业目前存在着的'结构失衡、竞争失序、运作失规、管理失范'都与现存新闻体制相关，制度不创新，这些问题都难以解决；新闻报道'公开、公正、公平'原则的实施，改进时政报道，治理党委机关报，资本运作，'跨区域、跨行业、跨媒体'战略目标的实施等，中国传媒业进一步发展所面临的问题都涉及新闻体制，只有制度创新，才能为中国传媒业进一步发展创造广阔的平台。"[⑤] 也有文章分析了中国党管新闻体制的"一极两足"框架结构。[⑥] 还有文章试图寻求解决当下中国广播电视新闻体制"精神分裂"的"第三条道路"。[⑦]

---

① 林晖、李良荣：《关于中国新闻媒介总体格局的探讨——关于二级电视、三级报纸、四级广播的构想》，《新闻大学》2000 年春季号。

② 尹韵公：《我国新闻理论与实践迈出新步伐》，《新闻战线》2007 年第 10 期。

③ 丁柏铨：《论新闻传媒的产业属性》，《江苏社会科学》2003 年第 5 期。

④ 郑保卫：《当代传媒业性质辨析》，《新闻界》2006 年第 5 期。

⑤ 李良荣：《当前中国新闻改革的基本特点——纪念新闻改革 25 周年》，《现代传播》2004 年第 5 期。

⑥ 石培龙：《我国新闻体制改革模式探析——以报业为例》，《新闻界》2006 年第 5 期。

⑦ 高传智，谢勤亮：《"第三条道路"与中国广播电视新闻体制改革——对现有广播电视体制缺陷的制度规避》，《新闻大学》2006 年第 1 期。

来自传媒高层的声音也十分值得关注。如有文章提出，报业集团的体制创新，要分两步走。第一步，报业集团要把办报与经营严格分开，并明确规定这两方面各自进入的范围并使之规范化；第二步，在报业集团的经营管理部门建立现代企业制度，即对各个经济实体实行规范的公司制改造。[①] 有文章认为，媒体在社会公共责任下的市场诉求和功能定位、市场经济所要求的统一大市场与媒体区域分隔之间的矛盾、技术和市场拉动的产业融合与媒体管理之间的关系、媒体运营管理的融资发展及激励机制等诸多问题，成为制约改革的障碍。[②]

总之，自 2003 年文化体制改革以来，作为文化产业核心的媒介业发生了巨变。这种巨变使旧有的传媒体制越来越成为限制与约束媒介继续拓展活动空间的障碍。如何仍然在坚持基本原则“不变”的基础上，寻求最为适合媒介业发展的一套运作机制与体系，成为摆在管理层、传媒业界与学界的一道共同的难题。

“事业单位，企业化管理”的体制只是在改革初期适应了传媒市场化的进程，并没有从根本上改变传媒单位的性质。“公益性文化事业”与“经营性文化产业”的划分使得媒体节目与广告，宣传与经营为分开而分开，出现了一系列的问题：首先是传媒市场经营主体中采编权与经营权难以统一，其次是传媒集团中事业法人体系与企业法人体系的冲突。[③]

2008 年，国家新闻出版总署基本确定了此后三年新闻出版改革的时间表、路线图，其中报刊业改革分三步走，国有企事业单位主办的报刊社改革排在第一阶段，依次是行业协会等社会团体主办的报刊社、部委所属报刊社，力争三年建立起新体制的基本框架，重塑市场主体、培育战略投资者。[④]

2008 年末，国家新闻出版总署署长柳斌杰在回答《南方周末》记者提问时指出：为继续推进改革，下一步将推动出版单位实现脱钩、转制，进行股份制改造，把它们变成公众公司、社会媒体。具体措施包括：中央

---

① 李孟昱：《体制创新——报业经济发展的突破口》，《新闻记者》2002 年第 3 期。

② 黎瑞刚：《传媒改革实践的点滴思考》，《新闻记者》2007 年第 11 期。

③ 黄玉波、张金海：《从部分剥离走向整体转制》，《新闻大学》2006 年第 3 期。

④ 郝振省等：《2008 中国传媒创新报告》，http：//media. people. com. cn/GB/137684/8719089. html。

部委所属的出版社要从中央部委分离出来，转企、脱钩、改制、重组，这是2009年改革的重点。中央部委的出版社、报社、杂志社，要变成传媒集团、出版集团，归入行业，独立运行。目前，跨地区组建联合出版传媒集团的工作已经开始启动。最近两年，出版业至少要出现三个“双百亿”——资产100亿以上、年销售收入100亿以上的企业。此外，中国传媒要有世界地位，必须形成三五个世界一流的传媒集团，能够跨地区跨媒体跨国发展。

为了进一步深化文化体制改革，2009年3月25日，国家新闻出版总署推出了《关于进一步推进新闻出版体制改革的指导意见》。《意见》在很多方面都取得了重大突破：如坚持分类改革的原则；实现经营性出版单位的改制，建立现代企业制度，使之成为真正的市场主体；推动跨媒体、跨地区、跨行业、跨所有制的战略重组，开拓融资渠道，培育一批大型骨干出版传媒企业，打造新型市场主体和战略投资者；加快新闻出版传播渠道建设，形成统一开放、竞争有序、健康繁荣的现代出版物市场体系；鼓励和支持非公有资本以多种形式进入政策许可的领域等。①

这些情况表明，随着时间表的制定，传媒体制改革的力度逐渐加大，速度也越来越快。

之所以要花如此多的篇幅来梳理中国传媒体制的形成过程与现状，是因为不同的传媒体制会导致媒介交换网络中的行动者资源交换规则的不同，继而导致媒介及其从业者在新闻生产的过程中不同的行动选择。

这里不妨先以著名的新闻公司在美国的公司与在英国的公司为例作一比较：福克斯电视台（Fox）与天空电视台（Sky），从报道的专业性上来看，天空电视台要胜出一筹。天空电视台多次获得皇家电视学会（Royal Television Society）的金奖；但福克斯电视台用一种俗丽的“电视真实秀”的方式，成为一种尤其肤浅和有明显政治倾向报道的典范。这两家公司同属于一个喜欢让他的下属知道怎样去做的老板。② 可以说，这两家媒体的新闻生产倾向的不同直接来源于传媒系统中不同的资源交换规则，以及导

① 郭全中：《新闻体制改革的突破与趋势》，http://media.nfdaily.cn/cmyj/18/06/content/2009-06/24/content_5289261.htm。

② Ronan Brady，Sara Buchanan 等：《自由与责任：通过媒介自律来保护新闻自由》，引自陈力丹编《自由与责任：国际社会新闻自律研究》，河南大学出版社2006年版，第27页。

致这种规则差异的美国广播体制与英国广播体制之间的差异。

三 媒介自身结构的转型：新闻伦理现实问题产生的微观条件

中国社会的结构转型客观上要求大众传播媒介的功能与角色发生相应地转型，这是社会的发展对于媒介所提出的必然要求。社会分化后的各阶层对信息资源的需求、社会对媒介监测客观环境的需求、利益格局的变化导致公众话语表达的多元化要求等，都在客观上促进了媒介自身结构的转型。

与传媒体制变革的相对保守与缓慢相比，微观上的媒介业务改革、技术进步与产业化进程显得开放而迅猛得多。尤其是国民经济的持续稳定快速发展，为媒介的发展提供了物质基础，广告市场的投放量也随着经济发展而迅速增大，这种迅猛的发展给媒介的结构与生态带来了显著的变化。

中国传媒业多年来按照行政级次、行政区划分配资源，使得传媒市场形成了特有的“井”字形结构（“四纵四横”：依照四种媒介形态形成的管理格局和依照四级行政级别形成的管理格局）、平行式结构（即媒介之间融合度极低，跨媒体经营举步维艰）和倾斜式结构（即媒介空间布局的不平衡：东中西不平衡，城市与农村不平衡，中心大城市与大中小城市不平衡）。① 这一描述准确地勾勒了中国媒介当前的基本结构。

这种结构的内部既存在着促使媒介继续向前发展的动力，也存在着制约媒介前行的阻力。以报业为例，在经历了周末报热、晚报热以及都市报热之后，2005 年，报业的广告增长率从持续了 20 年的高位跌落下来，广告收入大幅下滑。对此，有人称中国报业的“冰河期”已经到来。分别有“拐点论”、“节点论”和“波动论”来加以解释。

持拐点论的例证是，一直处于全国报纸广告收入之首的《广州日报》广告额出现负增长；被誉为“中国传媒海外第一股”的《北京青年报》上半年净利润只有 17 万元，较上年同期的 6630.9 万元大降 99.7%。

持“节点论”的学者认为，中国报业尽管受到新兴媒体的冲击，但还有着相当长的生命历程和极大的发展空间。

---

① 刘洁：《我国媒介产业布局与产业区域联合》，《现代传播》2006 年第 3 期。

而持“波动论”者体现的是相对更为谨慎的官方态度，与此观点相一致的分析同样来自一位官方的负责人：中国报业目前进入第四次增长周期……从20世纪90年代以来的发展状况看，报业有一个非常明显的周期性增长趋势，基本以5年为一个周期。1990—1994年为第一个增长周期，完全是晚报的天下，一些老牌晚报全面繁荣；1995—1999年是第二个增长周期，都市报开始出现并且迅速在市场中发展壮大；2000—2004年是第三个增长周期，都市报又有新的发展，标志是开启了中国的“厚报时代”。总的来看，前三个增长周期属于爆发性的增长，而现在则处于平稳期的发展阶段，主要表现在中心城市的报业市场已处于接近饱和的状态。①

来自北京的一家都市报社社长的分析或许能让我们更清晰地感受到传统媒体在新型的媒介生态格局中的压力：“深层原因在于在以互联网为代表的新兴媒体的冲击下，媒体的生态环境和基本格局正在并已经发生重大变化。网络广告、户外广告、广播广告、楼宇广告、电梯广告、直投广告等媒体方阵迅猛崛起，瓜分、蚕食着报纸的广告份额。”②

在电视方面，频道专业化和报业集团化一样是主要依靠行政的力量而发生的变革。频道专业化所带来的过度同质化与大众化并没有带来电视的大发展，反而导致媒介之间的竞争成本增加。随着媒介技术的进步，如卫星电视、数字电视的发展，受众可选择的媒介以及媒介中可选择的信息资源都已大大增加，这也使得传统媒介的竞争格局进一步改变。

而与传统媒介的疲软构成鲜明对比的是新兴媒介的崛起。在美国，2008年12月发布的一项针对美国各类新闻媒体重要性调查的数据发现，互联网已经超越报纸，成为第二重要新闻媒体。数据显示，从2001年到2008年，电视是重要新闻媒体的认可率虽仍以70%的比率高居第一，但距2002年82%的峰值下降12个百分点。互联网认可率从2001年的13%迅速跃升至2008年的40%，已经超过同期报纸35%的认可率（见表3－1）。③

---

① 罗建华：《中国报业发展态势“三家论剑”——石峰“波动论”、吴海民“拐点论”、喻国明“节点论”比较综述》，《中国报业》2006年第4期。

② 同上。

③ 《2008年互联网超越报纸成为美国第二重要新闻媒体》，http：//www. iresearch. com. cn/html/consulting/online_ media/DetailNews_ id_ 90049. html。

表 3－1　　2001—2008 年美国民众眼中重要的新闻媒体认可率　　（%）

	2001	2002	2003	2004	2005	2006	2007	2008
电视	74	82	80	74	73	74	74	70
报纸	45	42	50	46	36	37	34	35
互联网	13	14	20	24	20	21	24	40
无线广播	18	21	18	21	16	16	13	18
杂志	6	3	4	4	2	4	2	5
其他	1	2	2	2	2	3	2	2
不清楚			1	3		1	1	1

资料来源：Source：*The Pew Research Center for the People and the Press*，2008. 12。

说明：被调查者一人可选两个选项。

2014 年 1 月，中国互联网络信息中心（CNNIC）发布的《第 33 次中国互联网络发展状况统计报告》显示：截至 2013 年 12 月，中国网民规模达到 6. 18 亿人，互联网普及率为 45. 8%。手机网民规模达 5 亿，继续保持稳定增长。各类互联网应用对网民生活形态影响力度加深。

2013 年，在移动终端的推动下，即时通信用户规模已增长至 5. 32 亿，比 2012 年底增加了 6000 多万用户。以社交为基础的综合性应用平台超越了传统的社交网站与即时通信工具，以社会化媒体为代表的各类型新媒介的崛起使媒介内部的生态与格局发生了变化，并将继续产生更为显著的影响。

总之，在社会结构转型和传媒体制变革的大背景下，发生在中国媒介身上的结构冲突、角色冲突与机制摩擦、利益摩擦等互相交织在一起，相互作用，共同促成了媒介系统的结构性矛盾，这种矛盾将伴随着传媒体制改革的推进而进一步凸显。“转型社会涵蕴着新与旧、传统与现代、旧同一性与新同一性之间的矛盾性和冲突性；涵蕴着社会结构各种因素转型变革的不同速率的落差性、不平衡性和相互制约性以及边界的模糊性；涵蕴着新旧转换过程中的‘旧辙已破，新轨未立’的无序性、多变性、不确定性和失范性；涵蕴着社会系统结构对这种无序性和失范性的整合要求。”①

自第四章开始，我们将具体地分析在这样充满变化的转型中的社会，

① 林默彪：《当代中国社会转型的分析框架》，《马克思主义与现实》2005 年第 5 期。

媒介交换网络中的行动者如何展开资源交换行动，四个不同的资源交换场域中分别出现了怎样的新闻伦理现实问题。

本章小结

中国社会的结构转型是新闻伦理现实问题生成的宏观背景。市场经济体制的逐步确立与完善，使传统的经济结构发生了本质性的变化，正是这种经济结构的转型引发了社会在政治、法律、文化、伦理以及心理等多种结构的转型。转型社会中各种社会资源尤其是经济资源配置的差异化是决定媒介交换网络运行规则的主导因素，也是进而导致诸多新闻伦理现实问题产生的根本因素。拥有不同资源的行动者在媒介系统中按照各自的利益需求，进行着资源的交换与互动。不同资源在交换中所具有的不同价值极大地影响甚至决定着媒介采集信息资源与进行新闻生产的方向，也影响乃至决定着媒介组织及其从业者的新闻伦理选择。

传媒体制的“不变”与“变”是新闻伦理现实问题生成的中观环境。传媒体制“不变”的核心原则是“新闻工作是党的整个事业的一个重要组成部分”，必须坚持党性原则。在此“不变”的前提下，自改革开放以来，中国传媒体制变革的进程大致可分为以下三个阶段：第一阶段是1978—1991 年，表现为实践的随机摸索与体制的细微变化；第二阶段是1992—2002 年，表现为“双重属性”体制内空间的建构与拓展；第三阶段是 2003 年至今，表现为“公益性与经营性”两分开的误读与传媒体制的瓶颈。不同的传媒体制会导致媒介交换网络中的行动者资源交换规则的不同，继而导致媒介及其从业者在新闻生产的过程中不同的行动选择。

媒介自身结构的转型是新闻伦理现实问题产生的微观条件。以社会化媒体为代表的各类新媒介的崛起使得媒介内部的生态与格局发生了变化，并将继续产生更为显著的影响。

第四章

“渠道—权力”资源交换场域中的新闻伦理

“媒介交换网络”体现了在中国社会结构转型的特定历史时期，在现行媒介运行的基本政治经济框架下，媒介组织的资源交换与流通的结构与过程。

在资源交换的过程中，一系列新闻伦理问题也相伴而生。针对这些问题，已有相当多的学者从道德与专业伦理的角度展开了激烈的批判，高校的新闻伦理学课程开设已久，媒介组织的道德培训并非空白，相关的新闻职业道德准则也已出台多年①。然而媒介的伦理滑坡倾向似乎愈演愈烈，新闻伦理问题成为饱受批评却无法根治的陈年痼疾。为什么会出现媒介伦理实践总是“知易行难”的局面?

我们试图从媒介交换网络的框架中重新审视这些问题，以期求得这些问题得以滋生的源头上的动因。自本章开始，将要关注的是“渠道—权力”资源交换场域中的新闻伦理问题。

一位媒体人士如此形容拥有垄断权力资源的某国家级媒体②：

> 利益的诱惑越来越惊人，将通过政治垄断获得的信息，转化成市场的价格，是多让人心动的交易。……所以，它迅速地扩张，迅速地转型。它开通二十四小时的新闻台，在北美、欧洲播放新闻节目，不

---

① 就我国的相关新闻伦理道德准则而言，先后出台的重要规范有：《中国新闻工作者职业道德准则》（1991 年制定，1994 年、1997 年两度修订）、《中共中央宣传部、新闻出版署关于加强新闻队伍职业道德建设、禁止“有偿新闻”的通知》（1993 年）、《中共中央宣传部、广播电影电视部、新闻出版署、中华全国新闻工作者协会关于禁止“有偿新闻”的若干规定》（1997 年）等。

② 许知远：《一场大火》，http：//www. ftchinese. com/，2009 年 2 月 20 日。

> 断地开办各种娱乐节目。于是，两条战线同时展开了。一方面，它要严格地满足政治权力的要求，它学习现代新闻手段，但是完成的依旧是“喉舌”的工作，只不过这工作要精致、更有现代感。另外，它毫无原则地取悦公众，争相用低俗化的方式来获取收视率，所有媒体本应恪守的价值原则，都烟消云散了。

这一批判虽然言辞犀利，但在理解媒体与政治权力的关系上却也具有某种片面的深刻。

权力是什么？马克斯·韦伯认为：“权力意味着在一种社会关系里哪怕是遇到反对也能贯彻自己意志的任何机会，不管这种机会是建立在什么基础之上。”① 波普诺则将权力界定为“个人或群体控制或影响他人行动的能力，不管这些人是否愿意”。②

媒介权力是指现代传播媒介是一种对个人或社会进行影响、操纵、支配的力量；具有事件得以发生和影响事件怎样发生，界定问题以及对问题提供解释与论述，由此形成或塑造公共意见的种种能力。③

作为传播学研究的重点之一，政治权力与媒介权力（power）的关系问题一直受到研究者的关注。有学者感叹：“传播，从来就是在政治的‘关怀’下成长的，传播在争取自己的权利的过程中，每时每刻都在同政治进行辩论。”④ 也有学者探讨媒介权力的深层根源和权力获得以及此权力的发挥，指出传播是使互动成为可能进而使社会成为可能的工具，它和政治、经济等一样都是社会的基本机制，此基本机制的社会职能部门是大众传播媒介，它是促进社会充分互动的唯一权威组织，因此大众传播媒介具有职能权力。这种权力是相对的，它要受到社会其他职能权力如政治权力、经济权力的作用。在社会正常时期，大众传播媒介权力的发挥需要得到其他职能权力的协作，但它也有极端发挥的机会，即在社会变革时期。

---

① ［德］马克斯·韦伯：《经济与社会》（上卷），林荣远译，商务印书馆2004年版，第81页。

② ［美］戴维·波普诺：《社会学》（第10版），李强等译，中国人民大学出版社1999年版，第482页。

③ 王怡红：《认识西方“媒介权力”研究的历史与方法》，《新闻与传播研究》1997年第2期。

④ 戴元光：《戴元光自选集》，复旦大学出版社2004年版，第40页。

由于这时的政治机制比较薄弱，大众媒介的权力就有可能突破当时政治权力的约束，激发大众对社会合法性认识的怀疑和否定，推动旧有政治制度的垮台。另外，由于大众媒介组织从本质上讲是商业性组织，它很少能突破经济权力的影响。①

在本章中，我们将要探讨的可以与媒介渠道资源相交换的权力资源，主要是指来自党和政府及作为其代理人的管理者的政治权力资源。这种权力资源不仅在相当程度上控制了媒介新闻生产的总体原则与目标方向，而且有时会深入新闻生产的日常细节中，控制新闻素材的选择、新闻内容的制作甚至新闻呈现的方式。媒介在这种约束下尽管会受到种种限制，但也同时获得了权力资源的延伸与赋予，从而成功地将管理者的权力转移成了媒介的权力。

在当代社会，政治权力始终与媒介保持密切的关系，任何一种政权形式都会深知掌控媒介的重要意义，因为控制媒介即意味着控制了舆论的主导权，“再也没有什么东西能像媒介这样紧密地将政府与它的人民联系起来，如此快捷地传播政治理念，灌输意识形态。与自上而下的垂直权力机构相比，媒介在营造政治气氛、维护政治环境方面所发挥的作用显得不可或缺”。②

“政治控制是国家与社会相互关系的总概括，是指国家权力中心为维护某种既定的秩序所采取的行为以及这种行为所造成的一定格局。”③ 对新闻传媒的控制也属于这种政治控制的范畴。

在党的新闻事业框架中，政治权力对媒介的控制原本是题中应有之义，对于这一点，很多新闻从业者都有着非常清醒的意识：

> 访谈：江记者，男，某日报社城市新闻中心，从业6年。
>
> 我们是党报，所以更多地受制于党委以及宣传部门的限制。一般的还好，主要是重大突发性事件，或者对本市有重大影响的新闻。一般控制分两种，明确规定不炒作或者不报道，还有一种就是以新闻通稿方式确定报道思路。比如地铁塌方事件，以及近期的交通事故。尤

① 倪虹：《大众传播媒介的权力》，《新闻与传播研究》1999年第1期。

② 刘斌：《大众媒介：权力的眼睛》，《现代传播》2000年第2期。

③ 李景鹏：《中国政治发展的理论研究纲要》，黑龙江人民出版社2000年版，第52页。

其是这次交通事故成为全国焦点话题后，市委市政府、市委宣传部、省委宣传部都作出了明确规定，要求省内媒体以大局为重。以报道交警部门的正面工作为主，不炒作富二代等敏感词汇，这也是可以理解的。

访谈：沈编辑，男，某市日报社时事新闻部主任，从业15年。

不可能完全放开，要是媒体权力过大，社会可能也就乱套了。

访谈：王记者，男，某市日报社新闻中心，从业11年。

上级主管部门对我们的管理主要不是选题，而是方向的把握，要围绕主旋律，服务党委，要帮忙，不要添乱。

访谈：谢记者，女，某时报时事新闻部，从业4年。

平时市委宣传部和市委办会和蔼可亲地指出舆论方向和报道需要隐讳的地方。我个人觉得，这没有什么不妥当的地方。因为新闻是坚持党性原则的，而宣传部和市委办的指导也都是符合大局观的。而且，值得庆幸的是，他们对舆论并不是“死掐”脖子不让说，而是疏导，该给的料都给。比如，我们这里在金融危机下的真实情况，记者、宣传部、市委办工作人员都心知肚明，很严重，工厂倒闭，农民工都返乡，厂房和出租屋空置严重，依靠物业经济糊口的本地村民，生活面临严重困难。但这能过分渲染吗？信心比黄金更重要。

学者黄旦将政治控制分为正面的控制、负面的控制、暂时的负面控制以及暂时的正面控制四种类型。[①] 正面的控制可以规范媒介组织的活动，促进新闻传播的发展，负面的控制则会不恰当地限制新闻传播的内容，损伤媒介渠道资源的形象与价值。后者将是本章分析的主要对象。

尽管我国的新闻传媒已经基本上依靠市场赢利而生存，并因此获得了作为行动者的相对独立性，但是，它们仍然运行于党的新闻事业这一基本行动框架内，学者潘忠党对新闻传媒与权力之间的关系作了分析：“一方面，他们是活跃于市场的经济实体，在这点上，他们与任何其他参与市场的经济实体没有区别。另一方面，传媒作为经济实体的身份又来自于国家的特许，来自他们作为国家机器，或国家意识形态设置的一部分，他们的行政级别、服务对象由国家管理部门所确定。这一定位，使他们能享受一

① 黄旦：《新闻传播学》，浙江大学出版社2001年版，第98页。

定的国家资源。……同时，他们也因此承担与其定位相适应的服务国家政治利益的责任。”① 这段话清晰地指明了媒介作为经济实体与舆论“喉舌”的双重角色。

借助管理者的权力，媒介组织得到国家的认可，并被授权给予在传播领域相应的权威地位，如新华社、人民日报社、中央电视台等媒体在时政报道领域所享有的绝对权威。作为交换，它们在事实的传播、意见的表达、舆论的引导等方面受到国家的相对控制。

管理层制约媒体新闻报道的权力所产生的力量，可以借用布迪厄的“惯习”一词来形容。这种“惯习”的力量就像布里德所谓的“潜网”：“这张控制的网络是一种无形的束缚，潜藏于心，要靠每个人去领悟、去揣摩，控制的过程也是一个不易觉察的过程。”② 媒介组织也常处于一种自我检查与预期反应的状态，通过揣测管理层的心态，回忆类似的案例，给自我划定一个不可逾越的雷区，这个雷区的边界可能远远大于管理层所想要控制的范围。这种内化的自我检查意识也是导致中国媒体在很多敏感问题的报道上主动“失语”的原因。

访谈：章记者，男，某省电视台公共频道，从业8年。

我上次做的拆迁的稿子被暂缓了。那天我们到镇政府了解情况，有个老人跟去了，结果中暑，回家晚上就去世了，台里为了避免麻烦，所以就暂缓了。平时遇到这类冲突，我们会尽量小心翼翼，万一引发群众性群体事件是一件很可怕的事情。一般地方性的群体性事件都会回避报道，一是从社会影响上，报了容易出乱子，因为当事人都是在狂热的状态下，非常容易激怒，造成更大的影响；二是媒体出于自保，××晚报的牌子就给人砸过啊。如果事情太大，会由宣传部统一出通稿。

访谈：陈教授，男，原任某市日报社编委，从业20年，后至高校任教。

我觉得自己在报社越做越像个生产队长，日复一日地重复劳动，

① 潘忠党：《学为问，学而知不足》，载王永亮等《传媒论典》，中央编译出版社2004年版，284—285页。

② 戴元光、金冠军：《传播学通论》，上海交通大学出版社2000年版，第194页。

看起来每天的新闻都不一样，但其实都是按照一个路子。遇到重大的敏感事件，我们一般都不敢自己报，要等省报，连标题的大小、图片的位置都要按照省报的标准来，我们俗称“对表”。有时候省报也不敢做，要和《人民日报》“对表”。

媒体尤其是党报、党台在面对敏感事件时基本是按照“惯习”来处理，这些“惯习”正是在权力资源的控制下逐渐形成的。

一 权力控制下的信息失真

当管理者的权力资源可以随时地、无限制地侵入和控制新闻生产的每一个领域、每一个环节时，这种控制就极易导致媒介及其从业者的主体性的丧失，从而导致信息传播的失真。

从1958年初开始的“大跃进”中以“放卫星”为特色的浮夸报道即是这种权力资源控制下的信息失真的典型案例。我们不妨简要回顾一下这段新中国新闻传播史上令人痛心的一页：

1958年6月7日，新华社播发“惊人的高产卫星”：河南省遂平县卫星公社5亩小麦平均亩产3530斤。

1958年6月16日，《人民日报》头条“夏收处处传捷报，一处更比一处高”：湖北谷城王明进亩产小麦4353斤又12两5钱。

1958年6月21日，《人民日报》社论《力争高速度》再次鼓吹高产、高速，并再放一颗“卫星”：河南有8个生产队平均亩产小麦4369斤9两。

1958年6月30日，《人民日报》头版报道河北安国县卓头村小麦“创更新奇迹”：亩产破5000大关。

1958年7月12日，《人民日报》头版头条：河南西平县城关镇和平农业社第4队2亩小麦丰产试验田平均亩产7320斤，“这是河南省今年麦收中放出的小麦亩产3000斤以上的第29颗卫星”。

1958年7月31日，《人民日报》头版头条：湖北应城县春光农业社的一块试验田平均亩产水稻10597斤8两。

1958年8月10日，《人民日报》头版：安徽枞阳县的一个农业社的高产水稻：亩产16227斤13两。

1958年8月13日，《人民日报》头版：湖北建国一社出现“天下第一田”：早稻亩产36900斤。

1958年9月15日，《人民日报》头版：“广东穷山出奇迹，一亩中稻6万斤”，下面一张新闻图片，说明为：“这块中稻田里的稻谷象金黄色的地毯一样，13个人站在上面也压不倒。”还特地说明：“到现场参加验收的有省委书记……”。

……

除了这种“放卫星”式的浮夸报道以外，这一时期的媒体出现了大量的假新闻。新华社报道贵州省试制成功“泥巴造酒”、“白水造酒”，报道详尽介绍酒味如何醇香浓郁，出酒率和浓度如何高。报上出现过广西鹿寨县用炮楼炼铁“一天产铁20万吨”的“惊人消息”，报道过“打铁炉上出钢水”的神话，甚至有“不用粮食的食堂”的“典型”。①

学者童兵在总结这一时期的新闻传播活动时这样写道：“首先，中国新闻媒介的性质发生了畸变……其次，中国新闻工作者的主体地位被逐渐削弱。开始，不少人坚持：新闻媒介是党的工具，新闻工作者不能是工具，新闻工作者应该有自己独立的看法，新闻机构应有一定的独立自主性。继而，改提新闻工作者要做党奋发有为的工具，这‘奋发有为’，仍保留了一定的独立自主性，肯定新闻工作者的主体地位和主体意识。最后，要求新闻工作者必须做党的‘驯服工具’，既是工具且又要驯服，已无一点儿主体意识可言，根本没有什么独立自主的可能。”②

这里的“驯服”一词恰恰反映了政治权力与媒介之间的权威关系。这时，双方的交换已变成了单方的转让。作为行动者的媒介组织在权威关系中，把控制自身行动的权利单方转让给政治权力。“党指向哪里，我们就指向哪里”突出地体现了这种完全没有自主性的单方转让的后果。

“这10年中间的新闻传播活动表明，一旦失去主体地位，丧失独立自

① 童兵：《主体与喉舌——共和国新闻传播轨迹审视》，河南人民出版社1994年版，第87—90页。

② 同上书，第106—107页。

主性，新闻媒介只懂得‘让怎么报道就怎么报道，让报道什么就报道什么’是十分危险的。一旦中央或地方上级党委的决策错了，领导人的作风或个人品质出了问题，新闻媒介没有表示怀疑、否定或揭露批评的权利，其后果是不堪设想的。”①

对于政府而言，媒介被视为其喉舌，势必会受到政府的监管和控制，当这种监管和控制超过一定的“度”时，在信息管理上就会出现高度集中。实践证明，高度集中的信息管理制度往往会引发媒介的集体伦理失范。在我国，2003 年的“非典”危机事发的初期，媒介的集体失语正是这种利用权力高度集中地控制渠道资源的结果。

2003 年“非典”肆虐期间，不少权威传媒刊出严重失实的报道，如《人民日报》2 月 15 日的报道《广东非典型肺炎已得到有效控制，大部分病人痊愈出院》。而实际情况却是“2 月 6 日非典型肺炎进入发病高峰，全省发现病例 218 例，当天增加 45 例，大大超过此前单日新增病例；2 月 12 日上午，省政府新闻办宣布至 2003 年 2 月 9 日，全省报告病例 305 例，死亡 5 例；2 月 28 日全省累计发生病例 789 例”（《羊城晚报》2003 年 5 月 4 日）。再如新华社 2003 年 4 月 4 日报道：“卫生部部长张文康 4 月 3 日在国务院新闻发布会上表示，我国局部地区发生的非典型肺炎已得到有效控制。中国大陆自 2003 年初发现非典型肺炎以来，截止到 3 月 31 日，共报告非典型肺炎 1190 例，其中北京 12 例。”而事实真相是：截至 4 月 18 日，全国累计报告非典型肺炎病例 1807 例，其中，广东 1304 例，北京 339 例。这些新闻和事实相去甚远，但由于《人民日报》、新华社都是依据权威新闻源而发稿，从某种意义上来说是真实地记录了历史。②

访谈：汪记者，男，某市电视台新闻中心外宣部，从业 12 年。

只有中央媒体做到不夸张、不虚构，还原事实，下级媒体才能够做真实的新闻。

访谈：王编辑，男，某都市报时事新闻部主任，从业 13 年。

在我们部干长了就会知道，有些新闻要抢，有些新闻要压，并

---

① 童兵：《主体与喉舌——共和国新闻传播轨迹审视》，河南人民出版社 1994 年版，第 108 页。

② 陈斌、贾亦凡：《2003 年十大假新闻》，《新闻记者》2004 年第 1 期。

不是所有的新闻都能抢时效发出去的。有的新闻我们也想报，可是上面要求压下来，我们也没办法，压到后来，就不了了之，不会见报了。

是否具备这种抢与压的意识，在很多媒体是考察中高层媒介主管业务能力的一个潜在指标。

正如一位学者所言："如果新闻成了权力的婢女，则新闻无客观而言，也无真实性可言。……对政治权力支持的事物只能说好，不能说坏，对政治权力反对的事物只能说坏，不能说好。由于权力的不恰当的干预，新闻不能如实反映事物的本质的情况是常见的。"①

二　权力控制下的信息失衡

美国一位学者 John Merrill 在其著作《环球新闻学》中指称："《人民日报》没有幽默成分，没有文娱消息，也不发表不同的政治见解。"② 这固然是西方对中国传媒有偏见的表现，但也从一定程度上体现了我国以《人民日报》为代表的党报党台等媒体在信息提供上有失平衡，从而给人们产生了这样的刻板印象。

通常，作为政治把关人的管理者，其主要职责包括疏导与淘汰两个方面。疏导即放行、突出、放大；淘汰即阻止或暂时搁置、弱化、删减等。③

在权力的控制下，负面信息容易遭到淘汰，受到搁置、弱化或删减，而正面信息通过媒介渠道的传播一般较为畅通，容易得到放行、突出与放大，这样势必导致信息失衡的格局。

这种信息失衡可以有以下两种表现。

（一）负面信息传播的阻隔

对于负面信息的封锁与阻隔使得公众完全无法在媒体上了解到相关事件的发生、发展与后果。

---

① 杨继绳：《论新闻与权力的关系》，《新闻记者》1988 年第 3 期。

② 转引自吴飞《传媒竞争力》，中国传媒大学出版社 2005 年版，第 110 页。

③ 邵培仁：《政治传播学》，江苏人民出版社 1990 年版，第 208 页。

如1991年的长江洪水给江苏、安徽等地造成严重的灾情。但是，来自管理层的指示却是三不准：“不准报道灾情、不准报道疫情，不准报道水灾原因。”有人专门统计了新华社有关当年洪灾的报道，发现在6—8月三个月共发表了有关灾区的报道308篇，其中绝大多数是反映党和政府组织抗洪抢险和募捐情况的稿件，而灾情报道则微乎其微，而且能给人直观感觉的灾区见闻更是少见。①

1994年12月8日，新疆克拉玛依市发生特大火灾，300多名中小学生被烧死。灾难发生后，许多群众抗议者在市内自发地组织起来，受害者亲属认为官僚们应对此事负责，但这些负面信息没有出现在任何中国大陆的媒体上。②

1995年的湘赣大水灾，《人民日报》的报道原则是：“不具体报道灾情，如受灾面积、伤亡人数、经济损失等。”

2005年年初，某省部分地区发生流脑疫情，该省内各媒体都接到了不准报道的通知。③

……

在经历了2003年的“非典”之后，部分权力资源的掌控者仍然保持着封锁信息的“惯习”，这不能不让人感到权力的强大与媒介找寻专业化的新闻生产框架的艰难。

> 访谈：翟记者，男，某市日报社时事新闻部，从业6年。
>
> 这种情况在业界被视为很正常，受哪些部门干预要视情况、视新闻题材等而定，干预多的很少是新闻编排，主要是新闻选择，在一些部门眼中就是不该报的问题。干预本身就是对新闻工作的一种施压，从新闻专业主义角度来看，本身就不适当。但在现有舆论环境下，干预又是很常见的，干预的主因多半是打着舆论引导的旗号。前段时间我们这里发生集聚型甲流，宣传部门、卫生部门就作出要求，要从维护社会稳定的角度，着力引导市民做好防范，不能渲染个案。

---

① 马季元：《灾难性报道要改一改》，《新闻业务选编》1991年第23期。

② 胡正强：《客观·公正·全面·平衡——论新闻真实性原则的具体化》，《新闻爱好者》2003年第7期。

③ 穆撒：《安徽流脑疫源初探》，《瞭望东方周刊》2005年第6期。

访谈：杨记者，男，某市电视台新闻频道，从业4年。

特别是一些矿难，像××县的矿难，管理层就明确指示只能报道相关的抢救和安抚，其他的一律不要报道，比如矿井的相关管理、资质以及之前出现的安全隐患、与周边村民的纠纷等。

访谈：金记者，男，某省电视台新闻频道，从业10年。

2005年××县棉纺织厂改制，职工安置出现不合理情况，采访结束后，相关部门包括当地的宣传部门、广电部门通过不同渠道找来毙稿，单位领导一直没松口，就在稿子即将签发的时候，职工到省政府上访堵门，由于影响巨大，稿子最终没有播出来。

访谈：肖记者，男，某市日报社时事新闻部，从业6年。

地方舆论监督并不容易，阻力来自各种有关部门。我们报纸有个调查栏目《独立调查》，但没做几期，后来经营困难。做得猛了，很多部门会施压，可能会影响到广告。但适量的舆论监督还是有的……单位对这方面一要看选题，二也会考虑题材出街后的社会承受度。

访谈：章记者，男，某省电视台新闻频道，从业5年。

在我们台，做乡镇曝光轻而易举，做县一级的有点难度，做市一级的几乎没有。

访谈：施记者，女，某市日报社新闻部，从业3年。

有次我们这里发生600辆出租车围堵一派出所，后来市委宣传部将稿子压下了，不得刊发。市政府门前发生的上访群众围堵，一般也很少予以报道。

访谈：林记者，男，某省级日报报业集团，从业4年。

我们这里沿海，每年的台风报道，我们看到的，听到的，往往不是变成铅字的内容，甚至我们把某些灾情捅出去，党政机关还会大发雷霆，这样的事情很多。

我国的党报、党台等媒体在体制上服从同级党委领导，一些地方的权力资源支配者借助手中的权力，往往可以轻易地将地方媒体控制为阻隔地方负面信息传播的工具。

访谈：姚记者，男，某省电视台新闻频道，从业7年。

平时做新闻受到相关关联部门的影响比较大，主要是怕影响相关责任人的利益。2007年，我去暗访长江盗采江沙，在暗访成功之后，台领导指示此稿不得刊发，理由是地方相关部门托人说情。

访谈：米记者，男，某市电视台民生新闻类栏目，从业3年。

政府招商引资的大项目，或者像××（注：当地一家大型主题公园）、××（注：当地一家大型汽车集团）这样作为城市形象的企业，如果出现问题，领导会尽量弱化新闻主题，有时迫于压力过去采访，回来不播。

分析下面这篇报道的内容，我们可以详细观察到地方权力机构对于负面信息传播的控制过程与控制方式：①

2003年3月19日，辽宁省海城市部分小学生及教师饮用豆奶引发食物中毒，造成近3000名小学生中毒、1人死亡。可是针对这起严重的集体中毒事件，当地政府的态度是不断推卸责任，隐瞒实际情况。对老百姓实行信息封锁，没有人正式出面告诉百姓发生了什么和政府在做什么。直到家长们作出堵塞道路等过激举动后的4月4日下午，政府才以信访办的名义，第一次与上千名家长对话。

在处理事故的过程中，地方政府先是宣称豆奶没有质量问题，后来又莫名其妙地宣布在豆奶事件中死亡的女生李洋“死于一氧化碳中毒”。当地政府没有按规定上报国家卫生部（卫生部直到4月8日才从媒体上得知此事件），反而对带孩子进京看病的家长发出“后果自负”的警告，海城往北京方向去的火车票停售，一些学校还安排老师“家访”，看“家里有没有人去北京”。而当2003年11月11日开庭审理此案时，居然不通知学生家长。

此事件因为许多学生家长带孩子到北京看病而引起北京媒体注意并曝光，但是北京媒体和辽宁地方媒体的不同表现耐人寻味。北京媒体旗帜鲜明地站在了学生和家长的立场上，而海城媒体却完全站在地方的立场上。海城市的电视台在事发第二天即称“学生一个都不少地上学去了”，辽宁当地的众多媒体涉及豆奶中毒事件的报道，不但少得可怜，而且内容和形式也很枯燥、单调，几乎每天都在重复着一个

① 人民网专题：《辽宁海城学生豆奶中毒事件》，2003年4月16日。

声音：省、鞍山市领导陆续到医院看望受治学生；鞍山市委、市政府领导多次听取汇报，并召开专题办公会；海城市建立了事件“包保责任制”，近千名机关干部已经深入到学生家长中走访慰问并征询意见，帮助受治学生搞好医疗衔接。除了这种零星的“说明会”似的消息之外，地方媒体上既没有此事件的深入报道，更没有见到一篇评论。

在这一案例中，地方权力成功地掌握了媒介渠道资源的支配权，将地方媒介利用为阻隔负面信息传播的舆论工具，同时，将“负面报道”压下，置换成地方党政领导关切受治学生的“正面报道”。如果不是由于北京媒体身处异地，从而摆脱了地方权力的控制，这一事件可能就此被“大事化小、小事化了”。

与地方媒体所受的权力束缚形成对比的是，级别较高的媒体或是异地的媒体往往能跳出地方权力资源的控制，顺利实现负面新闻信息的传播。

访谈：杨记者，男，某市日报社新闻中心，从业5年。

我手头的负面报道线索有时候自己做不了，会提供给其他媒体的朋友，像中央台的《新闻调查》、《焦点访谈》或者是上海的《新民周刊》等。周刊类的媒体对我们这里的负面题材比较感兴趣，基本上都有标本的意义。

访谈：余记者，男，某市日报社新闻中心，从业11年。

负面报道一般在省级都市报发稿相对容易一些。

访谈：查记者，男，某市晚报新闻110部，从业3年。

我们晚报属于市委宣传部管辖的媒体，本市发生的突发事件，一旦死伤人数比较大或者所谓性质恶劣，市委宣传部会下禁令，刊发通稿。但作为竞争对手的××都市报因为是省委宣传部管辖的媒体，受到的限制比较少，这在客观上造成了我们竞争的不平等环境。现在大多数省会城市的媒体都或多或少存在这种现象。今年7月，长江大桥附近有个男的袭警，2名交警受伤，我们市级媒体不准刊发。但省级媒体都在重点版面进行了报道。

如果说前面的海城案例还只是一个偶发的个案，那么下面这则材料则反映了控制负面信息资源的流通已经成为一些地方权力机构的常规化工作①：

> "控负"——记者近来听到的一个新名词儿。它常被一些政府部门负责新闻宣传的干部挂在嘴边。"以前只要组织策划好正面宣传报道，工作就算完成了；现在多了'控负'这一块儿，压力特别大，因为单位领导特别重视。"一位市级政府部门的宣传处长在与记者的交谈中如是说。
>
> "控负"的含义是"控制对本地区、本部门的负面报道"。据了解，一些部门原先没有设置专门的宣传机构，宣传工作由办公室兼管。只因为领导们感觉到"近年来舆论监督的力量越来越大"，于是专门成立了新闻宣传处，主要任务就是"控制负面报道带来的不利影响"。采访中，许多单位的宣传处长都描述过这样一个"潜规则"：一些领导评价本单位宣传工作做得好坏的标准就是，看能否将本单位的负面报道控制到零。这一业绩评价的"潜规则"，犹如紧箍咒箍在一些宣传处长、新闻科长的头上，令他们对本单位的负面报道随时保持着高度警惕。为了控负，他们常常无可奉告或干脆不接电话，甚至使用"拿不上台面"的手法：一旦记者采访的内容稍有涉及负面的东西，他们便"贴身"跟随，明为"协助"采访实是干扰采访；在媒体中培养"眼线"，在本单位负面新闻曝光前获得消息，动用各种关系去"灭火"；用金钱、贵重礼品收买记者等。

对于这类控负现象出现的原因与实质，学者丁柏铨教授的分析可谓切中要害："某些对新闻传媒负有管理责任并拥有管辖大权的主管部门及工作人员，受思维定式的影响，习惯于对舆论监督加以严格控制。'控负'就反映了这样一种现实。在一些地方，记者受人民群众的委托进行正常的舆论监督，被某些媒体管理者视为必须严控的负面报道。严控批评报道、舆论监督，实际上是严控公民利用媒体行使民主监督的权利。一些地方的所谓'控负'，在很大程度上已构成对公民行使民主权利的控制，与扩大人民民主背道而驰。"②

---

① 任卫东、朱薇：《如此"控负"无异掩耳盗铃》，新华网，2005年9月19日。

② 丁柏铨：《论舆论监督与人民民主关系》，《探索与争鸣》2008年第12期。

访谈：张记者，男，某省电视台公共频道，从业3年。

我们出去做负面报道，经常会发生跟踪采访的，还有找人打记者的，比如说××市××镇就有打记者的传统，记者打了好几拨了，还有更厉害的是限制记者自由。

访谈：殷记者，男，某省电视台新闻频道，从业10年。

现在控负太正常了，所以我们基本上都是偷偷摸摸进去，采访完了马上回家发掉，尽量不惊动当地政府，不然他们就找人找到我们领导毙稿子。我们领导也在面临着压力，所以我们做新闻要快，抢在他前面。

访谈：宫记者，女，某省电视台新闻频道，从业6年。

现在控制负面新闻的方式太多了。我们记者曾经有被打的，有被警车跟踪的，有人跑到台里来闹的。我还见过有人跑到电视台楼上以跳楼相威胁的。

访谈：余记者，男，某市日报社新闻中心，从业11年。

负责控负的单位一般是宣传部。现在有些单位的宣传科，一方面加强与媒体的沟通交流，另一方面也部分行使“灭火”职能。遇到负面新闻时，他们往往直接与报社高层接触，或者通过宣传部直接灭火。但是对于大的媒体机构，地方上往往无能为力。

访谈：王记者，男，某市晚报社新闻中心110部，从业4年。

2009年7月，我市有个区4名小孩淹死。事发地在农村。媒体前往采访。区委宣传部得知，专门派人在村委会守候，所有前来采访的记者，一律被请到村委会，美其名曰开新闻发布会，其实是掌握各媒体记者采访的内容、进展等。送走记者后，宣传部通过各种关系将本地所有媒体的稿件公关掉。事后了解，该区委宣传部认为，此类新闻如果刊发到媒体，会被认为是宣传部工作人员工作不得力，是政治错误。

访谈：姚记者，男，某国家级行业报驻省记者站，从业10年。

我现在的工作一部分职能就是控制负面新闻。我一般在各家媒体包括各个栏目都有耳线，一旦有此类稿件出现，他们会在第一时间通知我，我就会利用各种关系找到相关人员，毙稿。一般都停留在私交层面，当然这当中也有利益交换。

舆论监督类信息面对的是社会的痼疾与创痛，必然会触及某些利益团体或个体的私利，所以，经常会遭遇来自各种权力的阻隔。

访谈：施记者，女，某市日报社新闻部，从业3年。

一般说领导不在，出差、开会，或者不理不睬，实在弄急了就说记者没事找茬。2006年7月，我刚参加工作，发现本地银行排队现象非常严重，当时各大媒体都还没关注此类现象。去银监局采访时，副局长首先刁难，要看记者证，因为当时刚工作还没有办，他们拒绝接受采访，后来单位开了证明，才得以接近这位局长。他责问你，银行排长龙有什么证据，我把自己调查结果给他看，他说光凭我随机走访不能作证据，同时说全国各家银行都是这样，让我不要较真，他们也没办法。在我追问下，他抛下一句"记者没事找茬，添乱"，就走开了。

访谈：查记者，男，某市晚报新闻110部，从业3年。

我们晚报的LOGO是为百姓谋利益，这样的口号其实很讨巧，但实际上，会碰到很多困难，老百姓反映的很多问题很难靠媒体解决。现在记者的采访环境可以说是有恶化趋势，特别是所谓的负面报道，处处受阻。

访谈：余记者，男，某市日报社新闻中心，从业11年。

本地舆论监督十分困难。最主要的原因是，当地主要负责人不愿意自家媒体进行舆论监督。我过去做批评报道，几乎都遇见过公关。他们往往找到你的好朋友或领导，最终让批评报道胎死腹中。现在有时候连村级都不好批评。单位也不主张搞负面报道或舆论监督。由此导致本地的负面报道往往由外地媒体介入，本地媒体完全失语。实际上，像这样对本地舆论监督片面控制，最终会导致这个地方受到更大的舆论损失和形象毁坏。

让我们以《焦点访谈》这档在中国以舆论监督报道著称的电视节目为例，分析地方权力如何通过种种方式阻隔负面信息的传播。

中央电视台《焦点访谈》总制片人梁建增在接受记者采访时说："《焦点访谈》开展舆论监督有其他媒体不可比的优势：领导支持、群众关心，即使如此仍有很大阻力，有时候，'被监督者'的抵触情绪更大，因为他们害怕大量的舆论压力和随之而来的行政监督。”①

以下文字节选自一篇名为《“公关”焦点访谈》的文章，文中详细叙述了节目组所面临的权力压力②：

> 北京新闻界的人都知道，中央电视台门前经常排着两个长队：一个是来自全国各地的群众，向焦点访谈节目反映情况的；还有一个，是住在北京各宾馆里的来自全国各地的干部，向焦点访谈节目公关，不要播批评他们的片子的。（经向焦点访谈同行确认：至少有70%的片子播出前被“公关”，其中不少“公关团”在记者刚到采访地就出发了。）
>
> 光说后边排的这队。
>
> 他们和前边队伍里的人们，其急迫心情都是一样的——一个急切地想播出，一个急切地想不播。
>
> 不一样的是双方的身份和条件。后边这队里的人都代表着组织，在很多时候还不仅是一级组织。譬如说焦点访谈拍了某一个村的坏事，上北京来活动的可能同时就有这个村所在县、地区和省几级党委、政府的人，偌大一支“上访”团体。因为是代表组织出差，并且是出这种不惜一切代价的差，所以住豪华宾馆、请豪华宴席都是“正当防卫”。
>
> 这些都是排在前门队伍里的人所没法比的。尽管前门队里人手里拿的，往往是摁着几十、上百名群众红手印的上访信，但他们也仍然只是些个人。从可信性来说，一级组织肯定比一群个人更让人放心。况且记者们都是厌烦打官司的。按照法律的精神，引用政府及政府官员提供的情况，无论内容真假，记者都不必为此承担责任。所以即使不论公关能力，住在宾馆的人们也具有天然优势。
>
> 两队之间物质条件的差异可以免谈。前门队里，打动焦点访谈的最重要武器也不过是眼泪，后门队里人们则往往携带有昂贵的“土特产”和数额不小的现金。
>
> 另外就是陈述理由。由于焦点访谈录像为证的特点，指责他们失

① 徐一雳：《舆论监督的困境和误区》，《声屏世界》2008年第12期。

② 倪铭：《“公关”焦点访谈》，《中国青年报》1998年11月5日。

实不太容易，所以只能讲别的。先得说当地党委政府对焦点访谈记者所拍的问题是如何重视，“××书记、××市长亲自……”如何。然后讲当地“安定团结的局面如何来之不易”，等等。有时还要加上“我们书记刚刚调来不久、我们政府刚刚换届”之类……

除陈述理由之外，也千方百计找关系。老乡、老乡的同学同事战友亲戚，在本地挂过职的中直干部，等等。由此也在北京培养出了一批胡吹海谤的牛皮大王，专向地方来公关的人们蒙骗钱财。“包在我身上，肯定播不出来!”当年地方官员进京跑批文批项目的时候，就碰到过这类人。

一般来说，直接住进北京宾馆进行活动的，还都是些具体办事跑腿的人。在他们进京之前或者同时，还会有一些更大的干部往北京打电话，找组织或者熟人疏通。这些打电话的，有一些就不一定比中央电视台台长的官小了。至少，他们所找的，都是他们认为能在某一方面制约着或联系着焦点访谈的人。至于那些接电话的人，到底是不是真跟中央台、跟焦点访谈有关系，有关系又是不是真的肯给他们打招呼，打了招呼又管不管用，是另外一回事。

有的地方高官，甚至公开把阻止焦点访谈播本地片子的职责揽在自己身上。“焦点访谈如果上你们那儿采访，马上告诉我，我往北京打电话!”

有一些这么积极的同志在，他们的小电话本上又有那么多可供拨打的号码存着，很多问题就都可以理解了。为什么有些地方很少被“焦点”们给“访谈”着？不是没有可访的事，也不是不常去访，而是访了白访。因为这些地方的工作做得及时，做得到位，因为这些地方在北京的关系网够密……

之所以对焦点访谈格外肯下功夫，据我从一些党政干部们那儿了解，主要是因为很多中央领导都注意看这个节目。……至于这个节目的普通观众多少，倒不是主要因素。晚报、都市类报纸的普通读者也都不少，在那上面登一点儿批评稿，他们就不是特别在乎。重要的是，自己地皮上出的坏事，不能让中央领导知道。

中国目前优秀的报纸之一《南方周末》，发行量上百万份，上面的批评报道很多，其中有些报道，其深刻程度远不是电子类传媒所能够达到的。但有关的干部们绝不会像对付焦点访谈一样，花那么大的力气去阻止它报道。至少出面“做工作”的官不会那么多、那么大。

如果我们将舆论监督报道的过程视为一次媒介交换网络中行动者运用资源展开的较量的话，我们可以基本清晰地勾勒出这个网络中各方行动者所拥有的资源以及资源交换的模式：

《焦点访谈》节目组与其所在媒体中央电视台居于媒介交换网络的中心，掌握的资源是媒介渠道资源，具体而言，是每天晚间在中央电视台黄金档播出的13分钟的《焦点访谈》节目时间。此外，当一期舆论监督报道开始进入选题与采访阶段时，节目组已经掌握了一定的与新闻当事人有关的负面信息资源。随着采访的深入直至完成，节目组所掌握的负面信息资源也逐渐趋于丰富、完整，足以对新闻当事人构成一定的威胁。这种威胁也可以视作是节目所拥有的权威，这种权威的获得来自更大的权威的赋予——中央领导的关注。

前来公关者则利用手中掌握的一定的权力资源，千方百计迫使节目组放弃报道。

当公关者并不直接拥有权力资源时，会通过个人关系网络中的人情资源，建构起与节目组的关系，再以人情资源为中介，获得对节目组构成压力的权力资源。

而受到公关者的委托前来阻止节目播出者，我们姑且称为受托者，受托者通常拥有一定的资源支配权，其或是拥有法理权威，如在职位上比中央电视台台长要更高的官员，或是拥有日常权威，如只是某一节目主管的亲戚或同乡，单从其社会地位与社会角色来看，未必能具有影响《焦点访谈》的权力资源，但从中国社会关系网络的特点来看，有时具有渗透性的日常权威可能比法理权威要更能有效地打通“关系”，因为从资源交换的角度看，日常权威可能拥有更多能够具有中介交换价值的人情资源。翟学伟教授曾在其著作《中国社会中的日常权威——关系与权威的历史社会学研究》中详细论证了清代社会杨乃武与小白菜的故事中日常权威的威力。①

此时，如果有一个更大的权威能为媒介提供“后台”的支撑，则媒

① 翟学伟：《中国社会中的日常权威——关系与权威的历史社会学研究》，社会科学文献出版社2004年版，第148—166页。

介也会得到权力资源转让而来的新的权威。

有文章道出了《焦点访谈》作为一档电视节目而拥有的强大权力的来源①：

> 假如中央领导因工作太忙，或什么其他原因不看《焦点访谈》，《焦点访谈》会是什么样呢？播了也就播了，说了也白说，这是一种结果；《焦点访谈》已被官司缠身，“吃一堑，长一智”，锋芒早已没有了，“辣椒”不辣了，这是第二种结局。
>
> 其实，《焦点访谈》里谈的事情，无论是走私、地方上挪用粮款、公路乱收费、安徽蒙城地税局未交税等等，没有“访谈”前，事情是明摆着的，群众是“怨声鼎沸”，地方上的领导不可能没有发现，可他们就是不管，直到“访谈”了，于是慌了起来，马上雷厉风行地行动起来，去纠错，这是为什么呢？无非是因为上了《焦点访谈》，中央领导、省里领导知道了。……闻“焦”色变，其实这并非《焦点访谈》有什么厉害。而是看《焦点访谈》的领导“厉害”。

舆论监督需要依靠高层政治权力的保障才能得以顺利地开展，这不应成为媒介新闻生产的一种常规化实践。

（二）正面信息的选择性传播

正面信息的选择性传播是指拥有权力资源的管理者在允许报道的议题中，规定可以报道的具体领域与不可以报道的内容。有研究者从叙事学的视角将这种信息失衡的格局称为“断点失当”。②

如有关2005年安徽池州的“6·26”事件的报道，就是以当地宣传部

---

① 彭建军：《捍卫〈焦点访谈〉》，《南方周末》1998年11月27日。

② “断点失当”是指由于结构性或内容性原因，在文本中出现的影响完整准确传达新闻事件内容的断点。新闻报道中的断点如果处理不当，会使读者在阅读时产生一种“再创造”，即对新闻作品的“误读”。与虚构作品不同，这种“误读”违背了新闻报道传播完整准确信息的初衷。这种“失当”既有“暂时断点”的（结构性）失当，也有“永久断点”的（内容性）失当。研究者陈一把中国当代灾害新闻报道当作一类有高度相似性的文本，分析了其中“断点失当”的问题。参见陈一《中国当代灾害新闻报道中的“断点失当”研究》，http：//www.66wen.com/05wx/xinwen/xinwen/20060621/17057_2.html。

门的通稿为准：

> 6月26日下午至晚上，安徽省池州市发生一起群体性事件。在安徽省委、省政府的高度重视下，这一事件已基本平息。6月26日14时40分，池州市城区翠柏路菜市场门口，4名乘车者与行人刘亮发生争执，将刘亮殴打致伤，引发群众不满。当地派出所把4名打人者带至派出所进行处理。在少数不法分子的造谣煽动下，一些不明真相的群众在九华路派出所门前聚集，要求派出所交出车上4人。随后，不明真相的群众越聚越多，在少数不法分子的煽动下，打砸抢烧，造成多名武警官兵和公安民警受伤，4辆车被毁，九华路派出所门窗被砸，一超市被抢。事件引发了大量群众围观。记者从现场录像看到，在现场的武警和公安民警保持了极大的克制，在多人被打伤、砸伤的情况下，依然骂不还口，打不还手，围观群众无一受伤。事件发生后，安徽省委、省政府高度重视，安徽省主要领导多次指示要求妥善迅速处置这一事件。安徽省副省长何闽旭、公安厅厅长崔亚东当天连夜赶赴出事地点，6月26日晚11时多，围观人群被疏散，事件基本平息。目前，殴打刘亮的犯罪嫌疑人已被当地公安机关拘留，参与打砸抢的不法分子已被抓获10名。事件还在调查处理之中。①

这篇通稿是一个研究当代中国有关敏感事件报道方式的颇具价值的文本，因为它体现了我们在一些媒体上常见的敏感事件的标准报道模式。除报社的文字稿使用通稿外，部分省内电视台有关此事的报道也是配通稿贴画面的标准处理方式。

应当肯定的是，与一些地方的媒体主管部门直接禁止报道类似事件相比，管理者允许公开报道此新闻的态度尊重了公众的知情权。但通稿处理新闻信息的模式化手法又显然导致了报道中群体性事件本身的“低度再现”。

在开篇的导语“安徽省池州市发生一起群体性事件”之后，受众首先应当关注的是“发生了何事”，即新闻“五W一H”中的“What”。但通稿在导语的第一句话之后紧接着安排的是“在安徽省委、省政府的高度

---

① 本通稿资料由笔者访谈的一位记者提供。

重视下，这一事件已基本平息"。这一叙事逻辑首先从正面向公众展现了高效的政府形象。

在接下来的报道中，被反复强调的不是事件的经过，而是从正面报道武警与公安民警的克制态度与政府的迅速及时反应，相关事件的来龙去脉与前因后果在整个通稿中并未得到清晰的交代。4 名乘车者与行人刘亮之间为了何事发生争执、"不明真相"的群众为何对派出所产生不满、事态如何发展成打砸抢烧的暴力事件，这些信息受众无法在通稿中获悉。

为了建构出一个完整的事件链条，受众就会根据自己的设想进行判断和推理，这种通稿报道的方式与公众主观推理的过程使得客观事件、媒介呈现的事件和公众理解的事件成为三个既有交叉又有分歧的不同版本，从而很可能将公众引向真正的"不明真相的群众"。

应当说，造成这种"断点失当"的原因不能简单归咎为记者的职业水准与媒体的不作为。党的喉舌的身份定位使媒介组织自觉形成不给政府添乱的意识，而管理者对权力资源的控制也使一些敏感事件的报道"绝对不允许自由发挥"。

> 访谈：李记者，男，某省电视台新闻频道，从业 9 年。
>
> 对待一些群体性事件，宣传部会直接下文，告诉我们报不报，或者直接出通稿，比如说上次××市的爆炸事件，会有统一口径的新闻发布会。
>
> 访谈：陈记者，女，某市晨刊新闻部，从业 1 年。
>
> 我们这里一边呼吁做民生稿，一边毙稿，规避敏感话题。
>
> 访谈：娄记者，男，某市级电视台生活频道，从业 5 年。
>
> 通常涉及与地方政府相悖的言论都要靠边站。市政府的重点工程绝对不能碰，只能说好不能说坏。为了政府形象，连车祸死亡人数在三人及以上的突发事件都会被毙掉。影响恶劣的事件都是宣传部的新闻通稿。

一些党报、电视台在热点与敏感问题的报道上甚至采取主动回避的做法，这在客观上进一步导致媒介的信息失衡。部分党报由于受到管理者权力的约束，从"不能报"最后发展成自设雷区的"不敢报"。

访谈：王记者，男，某市日报社新闻中心，从业11年。

遇到重大突发事故、重大刑事案件、重大贪污腐败案件之类的敏感新闻，我们这儿的记者一般都不会主动去采访，要在相关主管部门的统一安排下进行采访。因为毙稿太正常了，现在我们这儿的记者一般都不会提前写稿了，要按照新闻通稿的口径去写稿，再经过相关部门的审查通过后才能发稿。

正面信息的选择性传播还集中体现在时政报道的保守上。

时政报道包括党和国家重要法规、政策、举措的决策制定过程、执行过程和执行结果；各级党政领导岗位的人事变动；党和国家领导人的外交国务活动；等等。这些报道对国计民生、公众和社会方方面面都有着不同寻常的影响力。如果说新闻报道是新闻媒体的核心部分，那么时政报道就是新闻报道的核心部分。① 由于与时政报道相关的信息资源绝大部分控制在各级党政机构，因而可以说，权力对信息的控制是导致时政报道保守的最重要的原因之一。

访谈：杨记者，女，某市电视台新闻中心外宣部，从业3年。

我每天的工作是选取适合省台新闻联播播发的采访内容，外出采访，编辑画面，形成稿件，最后向省台供稿。上级压力使得你即使发现问题也不能随便曝光，除非有上级的许可。时政新闻以正面报道为主，负面新闻在联播这一块，基本没有用武之地。据我所知，一些地方台的《联播》很少有能够按照事件发生的原生态，不经过艺术处理进行报道的新闻。任何时候都有宣传的重点，只有按照宣传重点进行采访组稿，才能有机会上稿。

访谈：肖记者，男，某日报社时事新闻部，从业6年。

有些新闻属于敏感问题，被“和谐”掉是常有的事。一是悬而未定的政策、方针等，包括一些机密性的内容；二是突发性的事件，如灾难、群体性事件，尤其是上访等；三是官员的“潜规则”或风传，如坊间传省委书记××与×××的不和，只有境外媒体会直面相问。

---

① 李良荣：《当前中国新闻改革的基本特点——纪念新闻改革25周年》，《现代传播》2004年第5期。

访谈：袁记者，男，某省电视台公共频道，从业7年。

新闻联播改版了，但是时政报道的改动不可能一下子有太大的变化，因为现行体制啊，慢慢来吧。

访谈：何记者，男，某市电视台新闻频道，从业12年。

台里的时政报道中，领导的报道太多了，而且单纯是以领导级别大小来判断新闻价值。时政报道要减少一些领导人活动，减少一些会议报道，这应该是个大方向。

李良荣教授曾经撰文指出：

当今时政报道的基本问题是：通稿一统天下：党和国家领导人的重大国务外事活动由新华社一家发通稿，地方党政领导人的活动也由各地宣传部发通稿，各家照此刊登，形成百台一声、千报一面的局面；领导、会议占据显要地位：时政报道本来是关乎国计民生，是受众最关注的新闻之一。但时下的时政报道，看的人却极少。打开电视机，翻看从中央到地方各级党报，头版新闻几乎清一色的领导人活动以及各种会议。关键信息缺乏：领导人活动也好、会议也好，许多都关乎国计民生，有公众关心的信息。但在通常的时政报道中，这些关键性的信息都隐而不报。比如每年一次的人大报道，我们只看到浮光掠影的面上动态，诸如代表们的表态、领导人报告，而代表们会内讨论的实质性内容，对政府官员的质询等公众真正感兴趣的内容，都只能从小道消息中获知一二。时政报道是中国新闻报道中最后一个堡垒，一旦时政报道能突破，中国的新闻传媒可以与世界任何媒体抗衡。但毋庸讳言，时政报道的突破决非新闻业圈子里的问题，涉及到中国的政治体制改革和民主政治建设。①

时政报道的保守问题表面看来是新闻媒体的责任，只关注面上的动态信息，不深入挖掘意义、背景、内幕、来龙去脉等更为重要的信息，其实质却是权力资源对媒介的不当控制导致的信息失衡。

① 李良荣：《当前中国新闻改革的基本特点——纪念新闻改革25周年》，《现代传播》2004年第5期。

在访谈中，很多记者都有强烈的回避“敏感新闻”的意识，虽然新闻学理论中没有“敏感新闻”这一概念，但众多记者对“敏感新闻”的框架与理解却具有高度的默契与一致：

访谈：史记者，女，某市晨刊新闻部，从业4年。

市委市政府近期工作重点中出现的纰漏疏忽，或者招商引资企业出现问题，或者影响政府形象的负面新闻，都属于敏感新闻，遇到敏感问题先请示领导，领导决定从什么角度采访，或者不报。但这些新闻，《新安晚报》（注：安徽日报报业集团旗下的晚报）驻我们这儿记者站的记者就可以报道，他们喜欢做一些猛料。还有安徽市场报的记者也是。

访谈：郭记者，男，某市日报社新闻中心，从业10年。

对本地有负面效应的新闻，比如官商勾结、不作为、司法腐败、明显违规违纪现象等，这方面的新闻一般由市里主管部门统一发布。遇到敏感新闻，我们一般要作请示，允许后才能采访见报。这么多年我从来没有出现过因为涉及敏感问题被毙稿，原因很简单，如果觉得敏感，一般选择不做。

访谈：胡记者，女，某商报新闻部，从业7年。

敏感对象对很多事情都很敏感，高考期间的教育新闻就很敏感，假期补课和开学初期的乱收费、分班等都会被教育主管部门看做敏感时期的敏感新闻。遇到敏感新闻我会特别慎重，从选题、采访到写作，在新闻事实上绝对不出错。

访谈：管记者，女，某日报时事新闻部，从业2年。

有些敏感信息是不许发布的，像我们这里的进出口企业所反映的问题。

访谈：王记者，男，某市晚报新闻110部，从业4年。

往年年终，为民工讨薪是媒体的规定动作。2008年年底因为金融危机，企业生存面临困境，为民工讨薪就成为了敏感题材。袭警也是敏感题材。

曾任中宣部部长的朱穆之有一句形象的描述：“你想说的都说了，我想知道的你都未说。”权力资源过度控制媒介的渠道资源，不仅会导致市场份额的损失，还会由于受众注意力资源的流失而进一步失去舆论引导的主动权。

当然，我们也应客观地看到，近年来，以中央电视台、《南方周末》为代表的一批媒体的时政报道已有较大的改进，时政报道的禁区有所缩小，突破口正在渐渐扩大，从近年的两会报道中即可略见一斑。

访谈：齐记者，女，某商报社新闻部，从业1年。

很多同行都觉得像中央电视台、《南方日报》这些媒体表现不错。中央电视台现在舆论监督类报道大大加强了，这两个媒体有着独有的震慑力和锐气。

访谈：李记者，女，南方某时报时事新闻部，从业3年。

新闻的天花板，哪里都有。为什么一定要触碰那些高压线呢？就算是中国最牛的《南方周末》上面也是有天花板的啊。只不过，幸运的是我觉得我们这里的语言环境相对很好。市委书记很少审稿子。一年半来，好像就看过3次。而且他从不改细节，他只是看大方向，偶尔要是他有在现场没有表达完的话，会填上。

三 新闻寻租：权力资源的不当延伸

当媒介缺乏独立性，媒介的功能被单一化为舆论宣传工具时，媒介也从作为政府代理人的管理者那里交换到了延伸的具有政治意义的权力。媒介的政治体制会赋予不同层次的媒介组织以巨大的权力，这种权力往往成了党政权力的延伸和补充。媒介的权力成为政治权力的延伸，极易导致媒介权力过度膨胀。媒介腐败、权力寻租问题正是在这一土壤中滋生出来的。

一位资深媒体人这样描述在新闻界存在的权力寻租问题：

新闻腐败的存在，已由早年的软文宣传，发展到收受红包、车马费，甚至于利用舆论监督“代租”公众知情权；也由记者个体，发展到记者站甚至代表报刊最高意志的编辑部的集体行为；随着技术带来的革命，并无采编资格、仅依靠特殊环境垄断新闻二手传播的各类门户网站，亦成为权钱交易之重镇……在一些地方，记者已不再是

> "无冕之王"，而是集公务员、维权者、检察官、审判长、获利人于一身的怪物。变异的制度环境正是成就这一怪物的土壤。①

"公务员"、"检察官"、"审判长"，这些看似与记者并无关系的身份与角色，却变成了记者在特定情境下所获得的另一种身份。这种身份的变异正是来自权力资源向媒介的延伸。

正是由于现行体制下媒介与党政部门角色的部分混同，导致原本属于党政部门的权力资源向媒介延伸，从而为媒介的权力寻租提供了可能性。

原本属于媒介正常的社会功能之一的"舆论监督"在这一场域被置换成媒介特有的权力资源，并能进一步进入"渠道—经济"资源交换场域，以进行经济资源的交换。有学者分析道，现在我们传媒的舆论监督带有党政权力的延伸和补充的性质，记者的采访"权利"含有一定的"权力"，例如各级权力机构组织的各种检查、评比活动的文件，均明文规定传媒要如何配合。传媒的职业权利与这种党政权力的混同，使得它容易成为违法乱纪者重点行贿的对象。传媒从业者自身若缺乏基本的职业精神，传媒内部缺少监督机制，手中的这种"权力"有可能被用于牟私利。② 舆论监督表面的合法性是维护公众的知晓权，但却被变相为权力的利器。

当媒介从业者手握这种延伸的"权力"时，媒介从业者的社会地位便不取决于从业者是否敬业、是否有较高的专业技能与专业成就等，而是与所在媒介的权力级别有显著相关性。如在较高级别的党报工作的媒介从业者到某一地方采访就会获得特别的接待待遇，一般都会受到当地宣传部门的"隆重安排"。级别越高媒介的从业者越具有延伸权力资源的优势，因为他所拥有的权力资源保证了其在媒介交换网络中的高等地位。

陈力丹指出当前对舆论监督的认识中的"混淆"情况："现在各种权力组织似乎有一种倾向，在以权力组织的名义掀起的各种运动中，越来越多的下发文件，要求组织新闻单位，配合进行'明察暗访'、'组织新闻曝光'。将党政权力与媒介权力结合起来，对某些违法行为和违法人物进行批评，这到底是媒介监督、舆论监督，还是党政行为，都很难说。……

---

① 罗昌平：《拆解"新闻寻租链"》，南方传媒网，2009 年 3 月 16 日。http：//www.nanfangdaily.com.cn/cmyj/200903160122.asp。

② 陈力丹：《健全自律机制 内化传媒人职业角色》，《电视研究》2004 年第 1 期。

媒介批评的权力不是一种特权，不应成为以媒介面目出现的另一种党政权力。”①

在商品交换过程中，每个行动者通过交换为他人（也为自己）带来好处。因此，人们通常认为这种交换不仅是自愿的，而且双方获利。但一旦非经济类型的事件成为交换资料，交换可能进入非自愿的、强迫行动领域，威胁和允诺都被看作交换。例如，一个小孩把衣服扔在地上，家长威胁他，如不拾起衣服就打屁股。孩子拾起了衣服，使家长的利益得到了满足。于是，作为交换，家长暂时放弃了打孩子的权利（家长凭借体力和对孩子的法律地位拥有这种权利）。②

在媒介交换网络中，管理者对舆论监督的不当干预即属于这种威胁式交换。不同的是，这种威胁更多的时候不用家长这种明白的语言表达出来，而是通过相互理解的方式让媒介感到压力。

同样，在新闻寻租的过程中，威胁与允诺也成为媒介或新闻从业者的一种交换方式。“通过采访对事件另一方或第三方形成影响和压力，目前已在新闻界形成‘明规则’。不少中央级媒体的记者甚至需要上万元的出场费。”③

而由管理者利用其对媒介渠道资源的控制权，进行新闻寻租，则是影响最为恶劣的一种威胁式交换。

如在下面的案例中，新闻监管者即利用控制媒介报道的权力寻求交换关系的建构④：

> 湖南省郴州市宣传部长樊甲生主政郴州宣传工作期间，找到一条发财门道：当一些非法开采的小煤矿发生严重矿难事件后，樊甲生常常要求在第一时间对消息进行封锁，而后可获得矿主赠送的干股或现金回报。其间，他以市委宣传部的名义下发了一个“三不准”文件：即不准给外来媒体提供新闻线索；不准接待外来媒体记者；不准与外

① 陈力丹：《关于舆论监督的几个认识问题》，载展江主编《舆论监督紫皮书》，南方日报出版社2004年版，第80—81页。

② ［美］詹姆斯·S. 科尔曼：《社会理论的基础》（上），邓方译，社会科学文献出版社2008年版，第37页。

③ 罗昌平：《拆解“新闻寻租链”》，南方传媒网，2009年3月16日。

④ 同上。

来媒体记者串联、合作等。故人称“三不准”宣传部长。

2007年11月5日，樊甲生因受贿、行贿、巨额财产来源不明三罪并罚，被判处19年徒刑，其与妻子盘丽艺受贿所得赃款200余万元及不能说明合法来源的家庭财产400余万元予以追缴，上缴国库。法院认定，主管宣传工作的樊甲生，其中多笔贿款涉及矿山办证与开采。

跟樊甲生案颇为类似，在网络报记者关键被拘一案中，河北省张家口市一位宣传主管官员，是以“中间人”身份周旋于媒体与煤矿之间，一方面对媒体施高压之手；一方面又替矿主行贿媒体及其从业者。这种特殊的身份转变，已使“禁止报道”不仅仅再是引导、控制舆论的执政工具，而已异化为资本左右新闻的权钱交易。

管理者对媒介的适当控制是保障新闻传播业健康有序发展的有效手段。但如果过于放大管理者对新闻传媒的控制权，以至于无视新闻传播的内在规律而任意干涉，其结果不仅是在某一次的新闻实践中损伤了媒介的公信力与影响力，而且可能会对媒介系统造成长远的、破坏性的后果。“新闻的普遍规律包括新闻内在的规律和新闻受外部条件影响的规律。……新闻的内在规律与受外部条件影响制约的规律并不是可以机械划分和截然分开的。后者中所包含的政治影响，往往规定着新闻媒体的方向、导向，而且大量地进入新闻内容的层面。……而不顾新闻媒体和新闻业还有自身的内在规律必须遵循，那么受众疏远乃至抛弃新闻媒体和新闻业，也是情理之中的事情。”①

在权力与媒介的关系上，“无论两者的传播目标如何混杂在一起，任何一方都需要另一方并调整以适应另一方。政治家需要掌控在大众媒介手上的传播渠道，包括他们所提供的理想的受众信息接受情境。这样，政治家们必须调整他们的讯息以适应某个媒介组织所制订的规格和样式，以及与之相关的语言风格、故事模式和受众形象”。② 这段话清晰地阐明了权力与媒介之间应该遵循的互动规范，即权力逻辑与专业逻辑各有自身的游

① 丁柏铨：《党报与新闻规律》，《新闻界》1997年第1期。

② ［美］杰伊·布卢姆勒、迈克尔·古列维奇：《政治家和新闻界：一篇有关角色关系的论文》，《媒介研究的进路》，汪凯、刘晓红译，新华出版社2004年版，第130页。

戏规则，权力可以适度地控制媒介，但不能完全无视媒介自身的传播规律。

附：一个关于地方权力不适当地控制媒介渠道的案例[①]

陕西渭南干部借抗洪“作秀”事件始末再调查（节选）

10月14日中午，陕西省渭南市市政府的干部王明（化名）走进办公楼，发现气氛跟上午有些不一样。一些同事在偷偷地相互打听，“今天的《渭南日报》被收回重印，是咋回事?”

细心的王明感到很奇怪，他找来了重印前后的两份报纸。比较后发现，新老版本基本一致，唯一的差异是4版刊登的一篇新华社记者署名的时评:《干部三浮之风不可长》。新版报纸删掉了原文中的一段话：就连抗洪救灾这样的紧要关头，有些地方也忘不了搞个形式主义的仪式。报载，陕西省渭南市抗洪一线曾发生这样一件怪事，已于9月10日成功封堵合龙的罗纹河入渭河口，11日上午又进行了一场封堵“表演”仪式，目的仅是配合专程赶来的当地有关领导参加的合龙仪式。

《渭南日报》的投送有两个时间档：报社附近的一般上午就送到了，远的地方要下午3时才能送到。这次事件中，上午送到的报纸有一部分被紧急收回，但下午投送的报纸基本上都被截住了。经过重新排版、印刷的新版报纸从中午起，开始陆续送到读者手中。

同一天内，一份报纸出现两种版本。报社的一位工作人员表示，这在《渭南日报》的历史上还没有先例。

这位工作人员还透露：当天上午，渭南市委一位主要领导跑到报社，拿着报纸大发雷霆，“这样的报道你也敢登”！熟悉这位领导的人说，“还从来没有见过他发这么大的脾气”。

收报事件在渭南市引起轩然大波。十多天来，街头巷尾议论纷纷。没有来得及收回的报纸在一些场合被悄悄传阅，不少人还把它视为“奇货”收藏留念。

就在渭南发生“收报风波”的当天，新华社记者刘书云接到了一

① 刘建平、李岩:《陕西渭南干部借抗洪“作秀”事件始末再调查》,《南方周末》2003年10月30日。

位热心干部打来的电话。听闻此事，他的感觉是，“愕然，啼笑皆非”。刘书云和新华社的另外两名记者储国强、毛海峰，正是渭南“封堵决口表演仪式”报道的采写人。刘书云等3名记者采写的报道题为《渭南抗洪怪事一桩：封堵龙口竟搞“表演”仪式》。报道称：已于10日晚成功封堵合龙的罗纹河入渭河口11日上午又进行了一场封堵“表演”仪式。从9时30分起，上千名解放军和武警官兵在烈日下列队站在大堤上等候。9时35分，10多辆小汽车声势浩荡地来到渭河大堤。但原定于10时举行的仪式直到11时21分才开始。报道说，拖延的原因是“场面”准备所花时间太多。组织者准备好沙袋，以备有关领导投放，并不断向周围的人解释领导站在什么地方，旗帜如何插等琐碎的事项。11时30分左右，渭南市有关领导在早已合龙的河口上宣布：“罗纹河倒灌入水口封堵成功!”随后，仪式转移至渭河大堤继续进行，先是介绍领导，接着是领导宣读嘉奖令，念贺电，最后是领导讲话。就在仪式进行中，渭南境内尚有另外两处决口等待封堵。

9月11日，新华社播发了这篇电讯。12日，国内140多家报纸予以刊登，一时舆论哗然。随即，批评声四起。领导不到场，堵口不算数，河口竟然“合龙”了两次！某网站观察评论员以调侃的口吻说：“既然如此喜欢‘表演’和‘作秀’，这样的领导应当去当演员。”

9月15日晚，中央电视台“央视论坛”播出了一档节目：《抗洪前线一出戏》。受邀评论的专家对渭南市领导在封堵仪式上的表现进行了激烈的批评，称此事“骇人听闻”，“有关部门应追究领导责任”。

9月16日晚，渭南市委紧急召开常委扩大会议。会议认为，市委、市政府正面临“一场特殊的、严峻的考验”。9月17日，渭南市召开全市副科级以上干部参加的700人大会。市委书记刘新文在会上说：“新华社的报道是片面的、失实的，央视论坛的评论是不负责任的。”两次会议的内容均于次日在《渭南日报》头版头条公开报道。据新华社一位老记者回忆，地方党委机关报在头版头条指责新华社报道“失实”，这在陕西省还从未发生过。

此时的渭南市已是满城风雨，“议论什么的都有”。一些干部说，

“新华社的这一报道算得上渭南抗洪的‘第四次洪峰’”（注：当时渭河第三次洪峰刚过）。9月16日，渭南市举行了一次新闻发布会，邀请包括新华社在内的40多家内地媒体和个别香港媒体参加。市委书记刘新文在会上宣布，当事记者“已向他们作了道歉”。

闻听此言，参加新闻发布会的一位新华社记者愤而离席。回来后，这名记者立即找到了本社记者储国强，质问他“报道又没有错，为什么向他们道歉”。储国强听后一头雾水：“谁说的？我们根本没有道歉啊！”

9月17日，在全市700人干部大会上，刘新文要求：“从现在起，要通过我们自身的媒体，采取答记者问、专访等多种方式向群众说明情况。要主动向媒体发送说明材料，以求得理解。”

“会后，市里各部门的抗洪宣传报道就多起来啦！”渭南市一位机关干部告诉记者，“我们局领导当天就开始布置专门人手搞报道，加大报道任务，说是领导要求尽早将新华社的报道冲淡”。

记者向村民们打听，知不知道封堵“表演”仪式的报道？村民们都说“知道”。问他们信不信，村民黄照耀说：“信！”再问理由，村民们只说：“电视上都已经放了，有啥不信？”

本章小结

管理者的政治权力资源不仅在相当程度上控制了媒介新闻生产的总体原则与目标方向，而且有时会深入新闻生产的日常细节中，控制新闻素材的选择、新闻内容的制作甚至新闻呈现的方式。媒介在这种约束下尽管会受到种种限制，但也同时获得了权力资源的延伸与赋予，从而成功地将管理者的权力转移成了媒介的权力。

当管理者的权力可以随时地、无限制地侵入和控制新闻生产的每一个领域、每一个环节时，这种控制就极易导致媒介及其从业者的主体性的丧失，从而易造成信息传播的失真。

在权力的控制下，正面信息通过媒介渠道的传播一般较为畅通，容易得到放行、突出与放大，而负面信息容易遭到淘汰，受到搁置、弱化或删减，这样势必导致信息失衡的格局。这种信息失衡可以有两种表现：一是负面信息传播的阻隔，二是正面信息的选择性传播。

媒介的政治体制会赋予不同层次的媒介组织以巨大的权力，这种权力成了党政权力的延伸和补充。原本属于媒介正常的社会功能之一的“舆论监督”在这一场域被置换成媒介特有的权力资源，并能进一步进入“渠道—经济”资源的交换场域，以进行经济资源的交换。而由管理者利用其对媒介渠道资源的控制权，进行新闻寻租，则是影响最为恶劣的一种威胁式交换。

第五章

“渠道—经济”资源交换场域中的新闻伦理

在“渠道—经济”资源场域中，行动者由控制渠道资源的媒介与控制经济资源的广告商或其他利益团体组成。在双方的交换过程中，经济逻辑决定着交换规则。

我们可以将“渠道—经济”资源交换场域中的行动系统理解为如图5－1所示的结构。

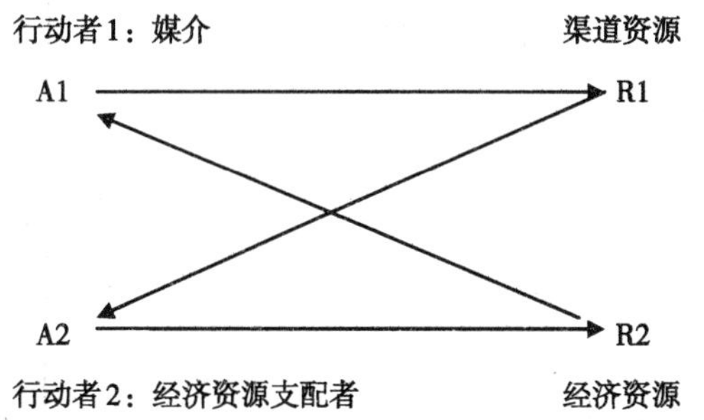

图5－1　“渠道—经济”资源交换场域的行动系统

在这一行动系统中，有些交换行动是常规化的媒介生产，如通过正当的媒介经营，以正常的广告版面与广告时段交换企业主的广告费，这为媒介组织的可持续发展提供了巨大的经济保障，也为市场化的媒体获得相对独立的话语权提供了可靠的经济后盾。

而与此同时，另一些交换行动则是由于各种类型的经济资源支配者以经济补贴的方式，控制了媒介传播新闻信息资源的渠道，从而与媒介进行了不适当的资源交换，产生了相应的新闻伦理问题。

媒介台湾资深新闻记者杨宪宏曾在一次研讨会上指出十项在台湾新闻

界存在多年但一直未解决的伦理问题：①

1. 记者采访过程中，受访对象主动或被动提供车马费或报酬，媒体主管有无处理原则？

2. 记者本身有买卖股票的投资，其负责路线与股市可能相关或不相关，媒体主管有无设定处理规范？

3. 记者接受邀请出远门访问，其所需费用若由邀请者支出，媒体主管是否有常规的处理原则？

4. 记者与政治人物之间的交往，与他处理此一政治人物新闻之间的尺寸掌握，记者本人与媒体主管之间是否有一常规处理原则？

5. 记者接受礼物馈赠，媒体主管是否有设定处理上限？

6. 媒体对于记者经手广告的问题，有无限制的规定？

7. 媒体刊载医疗广告是否注意到这些广告的内容与官方核准内容一致？

8. 记者在处理犯罪新闻时，特别是侦察中案件，是否对于嫌疑者采取"还未经判决者以无罪相待"的报道态度？对于报道受害者时，有无尽到保护的责任？

9. 媒体是否存在以"工商记者"为名义，进行广告新闻化的业务采访？编辑部与业务部的分离规范是否常规处理？

10. 媒体对于纯净新闻与评论的分离规范是否有常规处理？

仔细分析上面列举的这十项，我们会发现，其中第1、2、3、5、6、7、9项都是直接发生在"渠道—经济"资源交换场域中的利益冲突。比照笔者的相关深度访谈结果，我们发现在"渠道—经济"资源交换场域，两岸的新闻伦理问题有着诸多相似之处。

访谈：杨记者，男，某市电视台新闻频道，从业4年。

收不收红包全凭记者的良心。这个很难管。同事之间也会承认收红包的事，很正常，单位给，有钱的老板给，只要不影响自己的思

① 罗文辉、张瓈文：《台湾新闻人员的专业伦理》，见陈韬文、朱立、潘忠党《大众传播与市场经济》，炉峰学会1997年版，第115—116页。

路，没什么大问题。但是普通百姓的，收买人的东西，昧良心的，自己也不能收。

访谈：毛记者，男，某省电视台公共频道，从业4年。

记者不是官员，但是经常出现在上层社会，看到花花世界，不动心的人，很少。有些记者品质有问题，要么天天在外面做人情稿，赶场子，拿红包，要么到处曝光，要挟人家，间接赶场子。

在这一场域中，遭受最严厉批判的新闻伦理问题主要是有偿新闻、有偿不闻和广告新闻化。其中，前两者主要是发生在媒介与消息来源之间的交换，广告新闻化则主要是发生在媒介与广告投资者之间的交换。

一 形象的整饰：经济资源主导下的“有偿新闻”

20世纪90年代初期，有偿新闻的萌芽形态“饭票新闻”已经出现。[①] 90年代中期，“有偿新闻”在我国一再蔓延，已经是一种较为普遍的现象，而且成为新形势下市场争夺中的一种法人行为、企业行为，小集团利益、个人利益、国有企业利益、新闻媒介利益等各式各样的利益纠缠于其中。[②]

---

① 新闻界业内人士戏谑地将我国兴起于20世纪90年代初期的有偿新闻称为“饭票新闻”。高金萍在《新闻记者》上发表的《正气与铜臭的较量——论有偿新闻对记者职业道德的影响》一文中记述了当时盛行于记者采访活动中的不正之风：有的以纪念品名义收受礼品；有的利用采访软硬兼施拉广告要赞助；有的接受采访单位“三包”（包吃、包住、包旅游）；有的私下领取采访单位赠送的“红包”……部分记者在采访中热衷于吃喝，热衷于新闻发布会，眼睛盯着广告和回扣，有的甚至强索“报道费”、“采访费”，人民群众将这些记者称之为“金元记者”、“乞丐记者”，称他们的报纸为“豺狼虎报”、“两霸一报”。一时间“防火防盗防记者”的说法不胫而走。1993年4月23日，美国华文报纸《世界日报》刊登署名文章《大陆记者生财有道》，详尽描述作者昔日的记者朋友们，或津津乐道炒股发财，或筹备公关公司专事广告业务，或以稿子的“含金量”自诩身份了得。作者感慨深长：“像这样不论三七二十一，拿新闻像猪肉似地换钱的做法，在全世界恐怕不多见。”5月10日，香港《联合报》也刊登文章《记者不耐清贫，金元新闻风行大陆》，对中国大陆有偿新闻的泛滥进行了客观的批评。5月下旬，中央宣传部新闻局原局长钟沛璋、新华社中南总分社原社长戴邦等十位著名老新闻工作者集体上书中共中央，大声疾呼“新闻事业正在滑向‘拜金主义’的泥沼”，强烈呼吁禁止有偿新闻。

② 胡端宁：《论禁止“有偿新闻”》，《天津师范大学学报》1995年第1期。

中国人民大学舆论研究所和全国记协国内部曾在全国范围内进行了《中国新闻工作者职业意识和职业道德》的大型抽样调查。调查中有56%—78.8%的被访者认为有偿新闻在中国新闻界很普遍，同时又有近八成的被访者不同意或非常不同意有偿新闻的做法。调查报告对此进行分析时说，这种观念与行为的反悖表明，目前职业道德领域的某种混乱和失衡，并不是人们的道理不明，标准不清，而是有着更为深刻的媒介运作机制建设方面原因，如果这一深层的问题得不到解决，所有关于职业道德的问题的宣传管理和教育充其量不过是治标之术。①

在一项有关《传媒人的媒介观与伦理观》的调查中，部分受访者认为，近几年"有偿新闻"之风一方面的确有所好转，另一方面"有偿"的方式却比几年前多样，如"免费旅游"较5年前为盛，涉及金额也大大提高，这种现实会造成从业者在职业道德上的"负疚感"减轻，因此表现在对这一类问题的看法上，认同度略有升高并不奇怪。就新闻工作者是否能够接受"新闻来源单位安排的免费旅游"、"新闻来源单位赠送的礼品"和"被访单位的现金馈赠"的问题，大多数被访者持"非常不同意"或"不同意"的明确态度，但对于是否能够接受"被采访单位或个人的招待用餐"，则态度比较中立。但是，尽管新闻从业者自身在职业道德认知上具有明确的正确态度，同时我们也发现，仍有多数受访者认为这些现象在新闻界是比较普遍的。② 这与中国人民大学舆论研究所的结论——新闻职业道德"观念和行为的反悖"是非常类似的。

在我的深度访谈中，当问及是否认同接受被采访单位或个人的招待用餐时，九成以上的受访者都表示认同一般的宴请，但拒绝负面报道的用餐，极少数受访者表示选择性地参加少量的宴请：

> 访谈：王记者，女，某市日报社新闻部，从业4年。
>
> 这种情况很普遍。用餐毕竟能够进一步接触相关单位，与他们不仅是工作上的关系也可以做朋友，又多了一个提供新闻线索的渠道。

---

① 中国人民大学舆论研究所：《中国新闻工作者的职业意识与职业道德》，《新闻记者》1998年第3期。

② 陆晔、俞卫东：《传媒人的媒介观与伦理观——2002上海新闻从业者调查报告之四》，《新闻记者》2003年第4期。

但如果是负面新闻，我会拒绝用餐。

访谈：林记者，男，某省级日报报业集团，从业4年。

看情况，如果是舆论监督稿件，一般会拒绝；如果是常规宣传内容，适当聚餐，反而有利于新闻深度探讨；招待现象很普遍，而且级别越低、思维越封闭的地方，越普遍；一般情况下，这种招待不会影响我的稿件。

访谈：方记者，男，某市电视台新闻频道，从业3年。

有的时候不去吃饭显得太清高，别人说你不入流，以后就不带你玩了。

访谈：汪记者，男，某市电台交通台，从业9年。

一般情况下这很正常，吃饭也是工作啊。为了下次合作更愉快，吃顿饭，喝点酒，也有必要。但曝光的饭我是不吃的。

访谈：吴记者，女，某市电视台新闻中心，从业8年。

车马费、红包在南方城市比较普遍，在我们这里，采访结束后，一般都是大家一起吃个饭，但很少有车马费之类的灰色收入。

访谈：胡记者，女，某快报新闻中心，从业5年。

吃饭啊？极普遍的，在我看来，正面报道可以接受，对新闻报道的立场影响不大，负面报道坚决拒绝，因为吃了别人的嘴软。

访谈：章记者，男，某省电视台新闻频道，从业5年。

采访后吃饭？一半对一半吧。政府职能部门的参加的多，对采访对象印象不错的参加。其他的拒绝的多。政府职能部门的不参加，会顾忌下次采访有阻碍。

访谈：李记者，男，某市日报社城市新闻中心，从业3年。

不参加的更多，一是时间紧，要赶稿子，二是觉得场合不对，没必要吃饭，三是作负面报道时，对方的宴请一概拒绝。也是为了保护自己。

在“97调查”的5年之后，对于来自采访对象的“免费馈赠”这类本应在道德认知上很清晰的问题，被访者总体上的“同意度指数”竟然都略高于“97调查”，有关“现金馈赠和免费旅游是否在新闻业内很普遍”的“同意度指数”也略高于“97调查”。与“97调查”的结论类似，受访者认为，有偿新闻禁而不止，并非单纯的从业者职业道德和职业素养问题，其中关系到新闻媒介运作机制的深层次原因，是无法回避的。①

在我的访谈过程中，有关车马费、红包的认知，新闻从业人员的回答再次验证了上述调查的结论：

访谈：晋记者，男，某省电视台公共频道，从业7年。

你是学院派，不能一概而论的，建议你媒体实践一段时间。一点车马费，不会影响报道的，你请人修个电器，还会递支烟吧？

访谈：裴记者，男，某市电台交通台，从业7年。

一些单位和企业为了宣传自己，而给些劳务费，这个无可厚非，只要记者能做出新闻点。一般表扬稿的红包，会收的心安理得一些。其他稿件一律不收。

访谈：储记者，男，某市电视台新闻频道，从业5年。

一是大环境如此，二是和记者的个人素质有关系。有时候，这个礼你收不收，结果是一样的，不收的话，今后更加不好办事。

访谈：王记者，男，某市日报社新闻中心，从业11年。

会以专题报道的形式去给相关单位歌功颂德，对方掏钱。领导对此当然是支持的。有关正面报道的，我看到的所有记者都拿吧，一般都不会公开，大家都习以为常了吧。

访谈：张记者，女，某市日报社新闻部，从业7年。

红包之类的收入是大多数记者收入的一部分，平均下来，大概占月收入的15%吧。

访谈：陈记者，女，某市电视台新闻频道，从业5年。

本单位有的部门记者收红包很普遍，一般占到月收入的三分之一。

以下材料是一位记者的自述，从中我们可以看到，在弱市场化媒体中，以“车马费”为典型表现形式的经济资源补贴成为新闻从业者常规化的收入组成部分：

① 陆晔、俞卫东：《传媒人的媒介观与伦理观——2002上海新闻从业者调查报告之四》，《新闻记者》2003年第4期。

我工科毕业，在长达七年的新闻旅行中，早三年从中国商报起步，新京报、财经则各两年有余。中国商报是一份带有典型事业单位特色的弱市场化媒体，那是我新闻事业的起步，那里并无系统的新闻技能培训，也无职业操守的界限，只不过一份工作而已。所以，300元以下的“车马费”（边缘媒体一般就是这个价）一度构成我收入的一部分。

以经济学原理解释：人们一旦做出某种选择，惯性的力量使之如同走上一条不归之路，这就是路径依赖。良性或恶性的路径依赖，即决定了人的不同命运。当我痛下决心从市场化媒体重新开头，幸运地被新京报与财经修正了我一度误入的歧途，重归一个职业新闻人的道路。①

在多位访谈对象的描述中，“车马费”已然成为各类利益团体向新闻从业人员公开支付的经济资源补贴，并且已形成了一定的价格标准，区别只是在经济水平不同的城市价格会上下有所浮动：

访谈：郭记者，男，皖北某市日报社新闻中心，从业10年。

在我们这个经济欠发达地方，红包不大盛行。对于少有的红包，大家习以为常。我们单位有一些具体规定，但几乎是一纸空文。对于这种事情，大家见怪不怪。

访谈：王记者，女，皖南某市日报新闻部，从业4年。

这在新闻队伍中是常规动作，基本上都属于合理行为。我所收取的红包一般在100—300元，两三个月左右能收到一次。

访谈：王记者，男，浙江某报新闻中心，从业6年。

在我们这里，一般的标准在300元左右。比如一家民航公司召开新闻发布会，公布招聘空姐和飞行员的消息，到场记者都会有的。

访谈：储记者，男，武汉某报社，从业3年。

本市一座蔬菜批发城规划新闻发布会，级别比较高，请到了副市长和各媒体老总，到场记者是500元，这个发布会本来就有相当的新

---

① 罗昌平：《拆解“新闻寻租链”》，南方传媒网，2009年3月16日。http：//www.nanfangdaily.com.cn/cmyj/200903160122.asp。

闻性。

访谈：计记者，男，北京某财经类媒体，从业9年。

在北京，企业宣传的新闻发布会，记者出场费一般600—2000元不等。

访谈：吴编辑，女，北京某杂志社编辑部副主任，从业9年。

××（注：某房地产企业）组织去外地考察所拿的土地，带有公关性质，一般是2000元。

访谈：付记者，男，深圳某报社，从业3年。

××（注：某啤酒企业）新闻发布会在深圳举行的时候，到场记者500一位。

访谈：王记者，男，皖北某报社，从业11年。

我们这儿有个酒厂在成都搞了一个新品推介会，省一级媒体的红包在1000元以上，地方级媒体每人500元。

访谈：赵记者，男，上海某报社，从业7年。

××汽车参展上海汽车展，记者出场费1000。最近，我同事参加全国××40城市行，每天补助150元，食宿全包。

除了不同城市、不同利益方会形成不同的补贴标准外，不同的新闻部门与新闻报道领域也会形成一定程度的差异：

访谈：张记者，女，某市电视台民生新闻栏目，从业4年。

民生栏目的红包很少，都是跟老百姓打交道。偶尔碰上大型活动，媒体代表人手一份的，就拿呗。没有什么顾虑，大家一般不是很忌讳，但也没大方到自我宣传。

访谈：李记者，男，某市日报社城市新闻中心，3年。

我们做社会新闻的，红包不多。一般，企业或者政府部门召开的新闻发布会，红包比较多。新闻发布会上发布的消息，因为基本上都是正面，而且别的记者都拿，所以我会收。不收的情况也有，比如做负面报道时，对方想利用红包拉拢，放其一马，这样的事情坚决不收。一是做人的原则，不能把新闻当成手中的工具；二来，也是出于保护自己的目的，一旦被别人抓住把柄，工作可能会丢掉。同事和同事之间，偶尔会开开玩笑，但一般不大讨论这个话题。因为每个人跑的线不同，能收到红包的频率也不同。这还是一个敏感的问题。

访谈：孙记者，男，某省级日报报业集团，从业12年。

按记者分工不同，比如我们报社，经济记者红包最多，远超过报社收入，估计比例占到70%；其次是文体，再次是时政、医疗、教育，社会新闻记者红包收入，一般不会超过报社收入。

在很多记者心中，“正面报道收、负面报道不收”、“如果给就收，不会主动要”成为对待车马费、红包等灰色收入的一般行动准则：

访谈：殷记者，男，某省电视台新闻频道，从业10年。

庆典、总结、年会、工程典礼、会议等基本上会有。这一类的基本上都收。舆论监督的坚决不收，那不是红包，是收买和贿赂。同事之间彼此心知肚明，私下也会交流。

访谈：汪记者，女，某省级日报报业集团，从业5年。

现在同行普遍接受的价值观是，普通车马费，拿了也就拿了，但不能多拿，以免触及刑律，得不偿失；但遇到舆论监督性质的稿件，手一定要干净，不然是自己给自己挖陷阱；一般情况下，相比食宿招待，拿了车马费，对稿件影响要大很多。

访谈：齐记者，女，某商报新闻部，从业1年。

偏广告性质的或者指定的选题报道，会有红包，这类的收下没关系，同事间也会公开承认的。监督类稿件和爱心助学等稿件，坚决不吃饭、不收红包。

“别人都收了，你也必须得收”、“否则会不给对方面子”这样类似的表述在访谈中有多位记者提到：

访谈：钱记者，男，某市电视台经济频道，从业5年。

宣传类的新闻稿，广告稿，一般只要不是为了平息事件塞的红包，就会收。否则会不给对方面子。

访谈：计记者，男，某财经类媒体，从业9年。

对宣传对象有利的选题会给红包，如果同事都收了，你也必须得收。对这些，行业内都心知肚明，没有具体规定。但是如果因为收了红包而影响节目的客观性，或者被对方所利用，千万千万不能收。

访谈：张主任，男，某公司新闻中心主任，从业12年。

以前在电视台时，制度上有规定不得收取，但基本没人遵守，也没人受到查处，关键是没人真正意义上去执行，也没有真正管理起来。后来栏目规定可以收，但要上交，执行了一段时间，不了了之。大家基本上都知道行情，什么样的采访肯定有红包，什么样的采访可能有，什么样的采访绝对没有，大家基本上心里都明白。我现在在公司，负责对外媒体新闻发布与危机公关，这一块基本上是我安排，相对灵活。请吃饭，送纪念品、开会给红包比较正常，不给反倒是很不好意思。

送红包的觉得“不给很不好意思”，收红包的觉得“不收不给对方面子”，这里充分体现了中国人在社会交换的方式上注重关系结构的平衡性，新闻从业人员也未能例外。翟学伟教授曾分析过中国人关系网络的建立方式：“当个体处在三人以上的某一序列群体中，如亲属群体、同事群体等时，其社会交换方式是以关系结构上平衡性为原则的。虽然在三个人以上的社会互动中，互动的原则仍然可以是在两个人中产生，但这个原则将影响第三者。只要第三者想成为其中的互动者之一，他就得按照这一原则进行交换，否则就会导致人际关系结构上的不平衡，产生互动者不希望出现的矛盾和冲突。”① 在此，人情作为一种中介资源，侵入“渠道—经济”资源交换场域，进一步促使互动的参与者心安理得地完成彼此间的交换。

从访谈中可以发现，一般接受正面报道对象主动提供的红包，记者有较为一致的认同；而对于记者向采访对象“主动索取”红包的行为则受到新闻从业人员的否定，但也承认圈子内存在这样的现象。

试以下列这则报道作为分析的文本，观察媒介在有偿新闻产生过程中的运作机制：

“有偿新闻”滋扰河北某村支书　麻木之余只好认可（节选）②

河北省邢台市某村是多年的先进典型，然而，这个村的村支书却

① 翟学伟：《人情、面子与权力的再生产》，北京大学出版社2005年版，第104—105页。

② 范世辉、张立文：《“有偿新闻”滋扰河北某村 支书麻木之余只好认可》，http：//news3.xinhuanet.com/focus/2004－10/28/content_ 2135269.htm。

因成为典型而整天心神不宁：近两三年来，他不得不时常接待一些搞有偿新闻的记者造访，这些记者打着新闻报道的旗号收受“节目制作费”、“工本费”，有时还以曝光相逼强迫村里做广告、搞形象宣传。几乎每天，这位村支书都会接到此类联系电话。

老支书非常气愤地给记者介绍了最近发生在他们村的三件事。他说，6月份来了一位自称是国家某部委主办的杂志的记者，采访了解治安防控体系方面的内容。这位记者是经市里某部门一位同志推荐过来的，开始说并不收费。可采访完后第三天，这位记者给他打电话，说稿子写好了，给他传过来过过目，然后回传。继而又来电说，稿子是不收费，不过希望村里花3万元出份增刊。当老支书委婉地拒绝说他只有300元的“权力”，做不了主时，这位记者又表示可以便宜点，18000元出份增刊，实在不行花2000元在杂志上做个彩页也行，对此，老支书还是进行了委婉的拒绝。不料，过了几分钟后，这个记者又打电话说：“老书记，不好意思，我接到你们村群众几封上访信。”问及上访信的内容时，这位记者却避而不谈。

老支书明白他的敲诈意图后生气地说：“那稿子别发了，就发群众的上访信吧。”本以为事情就这样完了，没曾想，不久这位记者又打来电话，说群众去信告村里有没按计生政策生育的，村集体账目不清，得反映反映。随即，这位记者就把写好的初稿传给了他。稿子有三部分内容：第一、二部分是说治安防控体系的，可第三部分却瞎写了一些偏离稿件主题的东西，诸如村里制定的章程与法律法规不符、群众反映财务不清等。而且记者表示三天之内必须对稿件作出回信儿，否则就视为村里认可而见报……同样是6月份，一个自称是国家某机关下属新闻单位驻石家庄站的记者给他打电话，说他们村是省级文明单位，想给总结一下经验，写个专题报道。问及是否收费时，这位记者倒是坦白地说收费8000元。当老支书表示钱太多做不了主时，这位记者又把收费降到了5000元。遭到老支书再次拒绝后，这位记者立刻变了脸，说要查查村里计划生育有没有违规，财务公不公开，是不是名副其实的文明单位，而且相关费用还得由村里掏……老支书还介绍说，某电视台几位记者，开始联系采访一个系列报道时也说不收费，可片子播出一集后记者给他打电话说，得收工本费3000—5000元。当他表示花几百元钱把剩余片子买下不再播出时，记者表示还得照常播，不过由于他们是自负盈亏的单位，几次打电话希望他“再考虑考虑，支持一下他们的工作”。由于采访期间结下了不错的关系，这件事弄得他很难为情。

这位村支书说，他几乎每天都要应酬这样的电话乃至记者来访。每每村里某个典型经验上了报纸，联系采访有偿新闻的电话就会明显增多，一般四五天后达到高峰，每天要接七八个。村支书统计了最近一个月的情况发现，平均每天接到的电话达两个以上。据他介绍，即便一段时间内村里没有典型经验上报，这些联系采访的电话也有说辞，有的假借过节办活动的名义，有的说是要出专刊、增刊。而且是上面抓啥工作他说啥，一接通电话就对你大肆夸，趁你美滋滋的时候提出要给你“好好宣传宣传”或者“有空聊聊”，你一旦答应，他们便二话不说“随即赶到”，采访完了才说是“收费的”。

让人感到惊讶的是，这位村支书的遭遇并非个案。据他介绍，这种现象在一些典型村、典型企业非常普遍，他们附近有四个村也搞得不错，有的村支书还是全国人大代表，在一起开会的时候听说有的村接到的此类电话比他还要多。无独有偶，在赴邢台市采访途中，记者恰好遇到一位专门搞有偿新闻的记者，据他讲，他们所办的杂志专门登载一些形象宣传之类的东西，只要掏钱就给做，他的同事都是搞有偿新闻的，他们单位本身就是靠搞有偿新闻“谋生”。据他所知，不少新闻单位也是像他们一样“靠有偿新闻吃饭”。这样一来，基层出现众多搞有偿新闻的记者也就不足为奇了。

经历了太多有偿新闻的滋扰后，这位老支书现在对新闻的看法非常偏激。当记者问他是否痛恨有偿新闻时，他竟然说搞有偿新闻本身没有什么不合理，不过他希望这一行也要“平等交易”，如果收费的话应该提前告诉，接受不接受采访村里根据自己的情况定。不要像现在这样，要么说不收费，要么什么都不说，设个套让人往里钻，等上了套以后再提收费的事来“敲诈勒索”。

据基层普遍反映，当前有偿新闻最主要的表现形式就是记者打着新闻报道的旗号收受“节目制作费”、“工本费”，甚至是以曝光相逼，强迫基层做广告、定刊物、搞形象宣传。有偿新闻之所以大行其

> 道，业内人士分析主要有两方面因素：一方面原因是个别记者职业道德败坏，把新闻当作自己牟取私利的工具；更重要的一方面是，当前，好多报纸、杂志创办的宗旨就是单纯追求经济利益，靠给企事业单位做形象宣传索取酬金，或者靠曝光恐吓被采访者花钱“买曝光稿”等方法获利。
>
> 有偿新闻导致虚假报道盛行。搞有偿新闻的记者都有这样一个逻辑：给钱就报道好的一面，不惜夸大其词，不给钱就骨头里挑刺，百般刁难。基层由于惧怕和新闻单位关系闹僵往往是花钱买平安，苦水往肚子里咽。记者此前采访的一个乡镇为了保住自己的“典型”，不得不花了3000多元在某重要媒体做了半版的形象宣传。

在上文中的案例中，先后出现的消息来源有“多年的先进典型——邢台市某村”、一些“典型村”、“典型企业”、“邻近的四个也搞得不错的村”以及记者“此前采访的一个乡镇”，它们具有的共同特征是“典型性”角色，而这种“典型性”角色产生的根据或者说具备的基础是通过媒介对其进行了正面形象的整饬与塑造。如果没有媒介的报道，这些消息来源可能就不具备“典型”的媒介角色形象。由于这一媒介角色形象是很多消息来源愿意主动或被动扮演的角色，这样，消息来源利用媒介渠道资源塑造典型角色形象的需求就成为一部分媒介组织与媒介从业者交换经济资源并能从中得到满足的动因。上文中出现的“国家某部委主办的杂志的记者”、“国家某机关下属新闻单位驻石家庄站的记者”、“某电视台几位记者”以及记者路遇的那位“专门搞有偿新闻的记者”和众多“基层搞有偿新闻的记者”将正常的新闻报道转化为“有偿”交换行为，无不是建立在对消息来源正面角色塑造需求心理的利用基础上。

媒介组织与从业者将本应满足受众信息需求的渠道资源作为向消息来源索取经济报酬的交换条件，这已成为一部分媒介组织与新闻从业者常规性的实践活动，这一运作机制必然直接导致有偿新闻的发生。由于在“渠道—经济”资源交换场域，双方行动者可以经过直接的交换而产生对交换双方有利的相应利益，因而，这一场域中的交换行动者都会按照既定的交换模式维系这一结构的稳定性。

但是，这一场域的交换活动的最终完成还需要依赖第三方的间接交换，即媒介渠道资源并非经济资源支配者最终的目标资源，其最终目的是需要通过渠道资源的使用权赢得受众的注意力，而媒介自身并不天然地拥有广告商或消息来源所需要的受众注意力资源，它需要通过信息资源的生产与受众交换。因而，受众作为交换的第三方，其地位不容忽视，如图5－2所示。

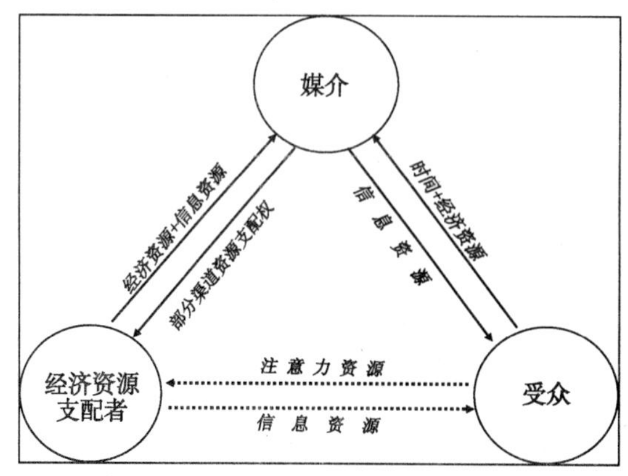

图5－2 “渠道—经济”资源交换场域中的间接交换关系

图中的实线是指行动者双方产生的直接交换，虚线是指行动者经由第三方为中介而实现的间接交换。整个交换的流程可以解释为：

第一步，经济资源支配者向媒介提供经济资源和可以加工成正面报道的新闻原料信息，媒介则回馈以部分地转让渠道资源支配权；第二步，媒介向受众提供制作好的新闻产品信息，受众支付相应的经济资源与时间成本；第三步，完成间接交换，即经济资源支配者向受众提供有利于自身的信息，受众回报以相应的注意力。

在以下情况下这一场域稳定的交换结构有可能被打破：

一是直接交换关系中的一方认为所获报酬与付出不相称，从而退出交换场域。

二是间接交换关系的第三方发现所获报酬与付出不相称，从而退出交换场域，导致原有的直接交换关系最终不能完成。

分析“渠道—经济”资源交换场域中的互动结构，我们才不难理解，有偿新闻禁而不止，远非简单的从业者职业道德问题，也远非依赖从业者的道德自律就能自行解决。唯有从制定互动规则的角度打破现行的交换结构，阻隔行动者的交换条件，才有可能使这一新闻伦理问题找到解决的答案。

我们看到，在一些市场化程度相对较高的媒体中，相关制度的约束形成了一道有效的“防火墙”：

访谈：韩记者，男，某商报社新闻部，从业6年。

成都商报的记者收红包一律交报社，不管是红包还是封口费，如果记者收取，会面临很严厉的处罚。好的制度还是管用的。

访谈：章编辑，男，某财经类媒体华东新闻中心主任，从业19年。

车马费、红包之类，我们规定不能收取。报社有人因此受到查处。我们采编严格分离，记者不许经手广告，即使因为记者的关系而来的广告，记者也没有提成。

访谈：李记者，女，南方某时报时事新闻部，从业3年。

如果有，当然可以收。在广东，收红包很普遍，这跟广东地域文化有关系。广东人连结婚，新郎新娘都愿意封红包给来宾。只不过前提是，这个不涉及新闻报道，只是礼节性的。我知道南方周末对此有明文规定，收了，被发现就辞工。

访谈：杨记者，男，某日报社新闻中心，从业5年。

我认识的南方周末的记者出去不接受吃请，相反，他们单位还让记者有相关采访经费去请被采访对象，其他费用都是实报实销。

访谈：陈编辑，男，北京某财经类媒体，从业10年。

我们现在的报社要求所有的记者、编辑拒收红包，有威慑作用。我们的国内采访要求我们报社自己负担费用。我们的编辑部与广告业务完全分开，有一定的防火墙。

正如有研究者所言：“若想彻底禁绝有偿新闻，还得确诊其病根所在：有偿新闻之所以有市场，不单纯是职业道德或精神文明出了问题，主要是经济上有需求、管理上有漏洞。如果把有偿新闻作为一个经济现象来研究分析，就不难找出根治的药方。”①

① 曹鹏：《媒介业出现新现象和新问题》，《新闻记者》2002年第2期。

二　真相的隐匿：经济资源控制下的“有偿不闻”

有偿新闻与有偿不闻，一个是以经济资源为代价传播正面信息，一个是以经济资源为补偿封锁负面信息，看似两个不同的方向，其实质却都是渠道与经济资源交换而产生的新闻伦理问题。由于两者同样受制于经济资源的利用，因而在媒介交换网络的运作中常常是相伴相生地出现。

具体而言，“有偿不闻”是指新闻当事人以经济资源的交换封锁负面信息资源的流通。这种封锁有两种常见的形式：

一是媒介主动封锁广告客户负面新闻的常规化行为。

访谈：王主任，男，某日报社广告部主任，从业11年。

有大客户的负面消息，首先通知对方，让他们紧急处理，然后将稿子压下来。大小客户区别很大。

访谈：江记者，男，某市日报社城市新闻中心，从业6年。

我们是采编分离的，新闻部门和经营部门分开。一般显而易见的大客户，比如房地产商的新闻，我们不大会去碰，因为知道他们最后肯定会找各种关系。

访谈：汪总，男，某市晚报社副总编，从业22年。

报社的确有生存压力，一些涉及大客户尤其是房地产的负面报道，我们会慎重考虑。

访谈：郭记者，男，某市日报社新闻中心，从业10年。

遇到广告客户的负面新闻，一般就地枪毙。

二是负面信息当事人危机公关的临时性行为，后者用以补偿的经济资源被业内形象地称为“封口费”。

访谈：肖记者，男，某市日报社时事新闻部，从业6年。

给封口费的事，我本人没有碰到过。有同事碰到过，本地一个镇工厂发生事故，工厂给到场记者出了一些钱，我知道本报记者没有收，但后来相关新闻也没能见报。

访谈：金记者，男，某省电视台新闻频道，从业10年。

封口费？经常会遇到，在××市矿难那一次，宣传部给了好厚一个红包，当然，这个绝对不能收。

访谈：计记者，男，某财经类媒体，从业9年。

有企业给过封口费，我们直接请示报社，把封口费寄回了企业。有些记者可能会收。

访谈：李记者，女，某时报时事新闻部，从业3年。

不收钱就无法接近新闻核心，收了钱，但交了公，稿子照登，报社表扬，钱分给记者一半。

2008年，山西霍宝干河煤矿发生矿难，为封锁矿难消息，企业为前来采访或讨要封口费的真假记者发放数额不等的封口费。这一事件因性质恶劣而引发广泛谴责。涉案的60人被依法处理，其中包括4名收受封口费的持证记者，而有中央媒体的记者站亦被直接撤销。

国家新闻出版总署相关负责官员在接受记者采访时坦言，那些在向市场转型过程中经营不善、管理混乱的媒体，是这类恶性事件发生的“温床”，也是一些所谓“灰记者”的主要来源地。

如《绿色中国》杂志社的工作人员王某以记者的名义来到矿上，提出要2万块钱的“会员费”，最后还价到1万块钱。在接受国家新闻出版总署调查时，王某完全否认封口费的事，认为是正常拉广告。中国教育电视台《安全现场》栏目组人员拿着询问事故死者丧葬事的录音来到矿上，最后卖给矿上四套光盘，拿了1.92万元，实际上这个公司并不具有销售光盘的资质。这一栏目是由国家安全生产监督管理总局主办、北京巨头传媒文化发展有限公司承制，在中国教育电视台播出，关系非常复杂。这也在一定程度上决定了这个栏目管理上的真空。①

对于发生在封口费事件背后的深层原因，一位国家新闻出版总署新闻报刊司的负责官员如此分析：“首先是媒体的采访权被一些没有职业道德的记者滥用了，也被社会上一些闲杂人员利用，假冒记者敲诈勒索。其次，一些媒体在面向市场化发展的过程中，因经营不善、管理不当，被一些人利用去搞敲诈勒索。第三是一些地方长期存在各种违法经营的问题，

① 马昌博：《“封口费”事件幕后》，《南方周末》2008年12月4日。

给一些不良记者和假记者提供了大量所谓搞舆论监督的机会。”①

在这一典型案例中，除了收受封口费的当事记者存在职业道德缺失的问题外，更深层次的原因依然是存在于“渠道—经济”资源交换场域中的游戏规则使然。一篇关于山西繁峙矿难中记者受贿的报道写道：“一些报社的做法是记者仍然要承担广告和发行任务……演变到最后，驻站记者的主要任务变成了拉广告，写稿成了次要的任务。‘在了解了山西报业和记者之后，你就会明白记者受贿不是简单的职业道德的问题。’山西报业一位资深人士说。”②

在这一典型案例发生的三年前，河南汝州发生一起矿难，因为瞒报，共有100多家媒体的480名记者登门“采访”，总计领走20万元“封口费”。③

访谈：金记者，男，某省电视台新闻频道，从业10年。

经常碰到，昧良心的钱不会收的。××棉纺织厂那一次，封口费在万元以上。当时没有收，手感上感觉有这么多。××饲料造假案、××假药案、××血吸虫案都遇到过。其中××案，后来××（研究者注：某以舆论监督著称的媒体）记者接到线索前来采访过。采访结束后，主管部门出面灭火，追到机场将记者手中的磁带买下，毙稿成功。××假药案，记者采访结束后，相关部门挨个找假药商收钱，每家3000—5000元，汇总后收买记者。

当经济资源与渠道资源、信息资源在同一个场域中混合流通时，功利主义的利益最大化就会成了交换各方自然选择的行动原则。新闻当事人以经济资源作为报酬，交换给媒介的信息必然带有特定的利益倾向，当事人在支付经济资源补偿的同时，也自动获得把关媒介内容的权利。

访谈：夏记者，男，某市晚报新闻110部，从业5年。

---

① 马昌博：《“封口费”事件幕后》，《南方周末》2008年12月4日。

② 鲍小东：《记者受贿：不是简单的职业道德问题》，《南方都市报》2003年11月8日。

③ 罗昌平：《拆解“新闻寻租链”》，南方传媒网，2009年3月16日。http：//www.nanfangdaily.com.cn/cmyj/200903160122.asp。

我在新闻110部，每周一、三、五、日值本埠热线突发班，主要负责突发、监督和热线服务新闻的采写。在突发新闻的采访中，遇到最多的就是封口费问题，大多突发事件在事件所牵涉的相关部门看来是负面新闻，此类新闻见报会影响他们的政绩、形象。在稿件见报前，这些政府部门、企业就会想方设法地枪毙稿件，特别是一些涉及广告或者发行客户的新闻，让记者左右为难。不拿封口费的话，这些相关部门也会通过各种利益关系枪毙稿件，稿子自然很难见报；拿封口费的话，反正也没什么风险。面对这种畸形生态，记者如果没有底线，很容易心态失衡，因为记者不拿封口费，稿子也发不出，采写劳动付之东流。

下面这两则案例向我们展示了对负面信息资源的掌控可以被从业者转化为交换的砝码，换取一定的经济报酬，并成功地实现有偿不闻向有偿新闻的置换。

一

据《中华新闻报》2003年3月31日报道，年初，上海波力食品有限公司总监来到中国记协举报中心，举报一家食品质量报以曝光相要挟，敲诈钱财。在公司安排两位记者食宿花掉8000多元后，记者提出可以把批评稿改成典型报道，条件是该公司担任报纸的理事单位，每年需交纳30万元的费用；付8万元广告费，由记者写一篇正面报道。后公司被迫付了8万元广告费，报纸在4版以整版篇幅刊出记者撰写的题为《质量“波力”的永恒主题》的长篇通讯。①

二

《网络报》首席记者关键，于2008年12月1日赴太原采访时离奇失踪。14天后张家口市警方电话通知其家属关键正在受审。此案是因张家口市一位宣传部长落马后，供出与关键的相关事宜。网络报总编辑任鹏宇承认，该报曾报道过张家口市蔚县的负面新闻，蔚县宣传部曾于2008年9月25日、10月9日在《网络报》上做了两个版

① 田发伟：《媒体市场化对新闻伦理道德的冲击》，《新闻与写作》2003年第7期。

的形象广告，文字作者都是关键。①

分析这些案例中信息资源与经济资源以及受众注意力资源流通的程序，我们可以得到一个交换流程图（如图5－3所示）。

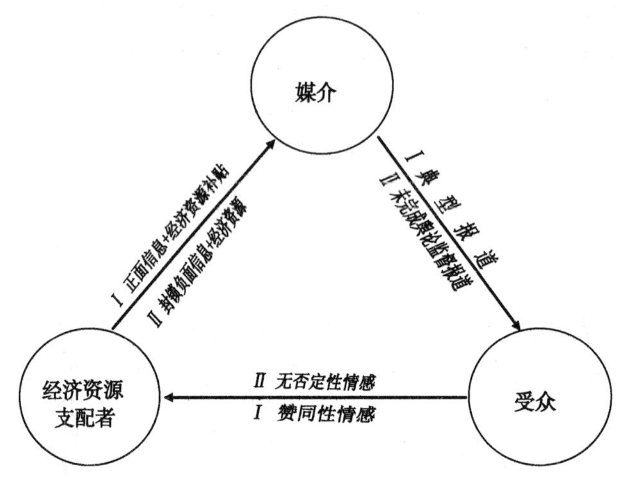

图5－3　有偿新闻与有偿不闻的交换流程

在图5－3中，流程Ⅰ是“有偿新闻”的资源交换流程，流程Ⅱ是“有偿不闻”的资源交换流程。

“有偿新闻”与“有偿不闻”的幕后交易从本质上说，还是由于“事业单位，企业化经营”的传媒体制造成了一些媒介自身角色认知上的混乱与分裂，致使信息资源的流通与经济资源的流通共用同一个通道，事业性质的宣传行为变成商业化的企业行为。一些媒介组织与媒介从业者在“以正面报道为主”的内容生产框架下，进行企业、组织和个人的“典型报道”。当被报道者不愿意提供相应的经济资源作为交换时，负面信息资源的传播就会被一些媒介作为不支持交换行动的“代价”。

访谈：汪总，男，某市电视台频道总监，从业16年。

说出来不要见笑啊，对于小一点的客户，加大曝光力度，因为报得越狠，他来年的广告费给得越多。对于大型的客户，少报，惹毛了

① 罗昌平：《拆解“新闻寻租链”》，南方传媒网，2009年3月16日。http：//www.nanfangdaily.com.cn/cmyj/200903160122.asp。

不在我们这里投了，反正他名气大，在哪投都一样。

访谈：解记者，男，某省级日报报业集团，从业3年。

去年，我年底的时候，为了报社订报，我连作了两家民营医院的舆论监督，说实话，去采访的时候，都是抱着写新闻去的，但回来之后，对方会主动过来沟通，而我的稿子，也变成了广告和报纸，如果没记错，大概换了100万个广告和1000份报纸吧。

一个不容忽视的事实是，一些门户网站作为新兴媒体，已出现利用其在传媒系统内二次传播的渠道垄断地位交换经济资源的趋势。

在2008年震惊中外的“三鹿毒奶粉”事件中，已经庭审的消息显示，三鹿为防止“毒奶粉”消息影响公司销售，曾先后重金收买了湖南、湖北等地的媒体，以致这些媒体已采写的报道均未能如期发表。占据垄断地位的搜索引擎，其独立性和公正性在商业力量的围剿中已显得苍白无力。在2008年9月，有网民将三鹿集团的一个内部文件上传到论坛，称该公司计划投放300万元，寻求百度协助屏蔽关于三鹿集团的一切负面新闻。9月13日出版的《21世纪经济报道》，以三鹿“真假公关战”为题报道了三鹿危机公关与百度之间的瓜葛。有记者用网上广为流传的热帖标题“三鹿，在小朋友的生命健康面前请不要表演”作为关键词搜索，9月12日下午：Google显示11400篇，而百度仅能显示11篇。9月13日上午：Google显示11800篇，百度仅54篇。一名面向中产阶级的财经门户网站的副总坦称，他们经常利用负面新闻与所涉企业直接洽谈广告合作，通常是删除多少条新闻支付多少现金。①

不过，值得注意的是，在2008年的山西矿难封口费事件中，真正市场化程度高的报刊没有出现在领取封口费的名单中，这证明在市场竞争环境下，这些市场化良好的媒体是能保持新闻职业操守的。市场化并不必然导致新闻伦理滑坡，反而是市场化程度不高的媒体表现欠佳。

如在南方一些经济发达地区，新闻环境相对宽松，媒体的市场化也相对较为充分，往往经济资源充裕，有更强的实力，敢于针对许多受众关注的问题率先推出报道。

---

① 罗昌平：《拆解“新闻寻租链”》，南方传媒网，2009年3月16日。http：//www.nanfangdaily.com.cn/cmyj/200903160122.asp。

访谈：肖记者，男，南方某市日报社时事新闻部，主跟市委书记，从业6年。

像《南方都市报》、《新快报》、《信息时报》、《广州日报》等，做监督报道的力度都比较大。在广东，相对来说管理比较轻松，我写书记的报道很少有审稿，都是自己把关，很多地方还做不到。

从媒介交换网络的运作规则来理解，市场化程度高的媒体遵循的是另一条交换规则：媒介组织按市场的逻辑生产受众需求的信息资源，以交换受众注意力资源，并以此在广告市场中获得更为丰厚的经济资源。受众对事实信息的渴求，构成了对市场化媒体的约束，使其保持了对新闻职业伦理的坚守。因而，将所有的新闻伦理问题简单归因于传媒的市场化改革是有失公允的。

内地一些以民生为主打的电视新闻节目，同样是通过按市场的逻辑生产受众需求的信息资源，创造了高收视率高回报率的良性循环机制：

访谈：娄记者，男，某市电视台生活频道民生类栏目，从业5年。

我们栏目现在在本地很牛啦，因为经常曝光，被称为“小焦点访谈”。台里另外两档节目，一个叫“车来车往”，专做汽车的，一个叫“美好家园”，专门做房地产的，虽然都是能直接带来创收的栏目，但他们的效益还是没我们好。因为我们节目收视率高，吸收的广告也就多。

访谈：查记者，男，某市晚报新闻110部，从业3年。

领导要求我们多做监督稿，本报监督稿很有名。如果料足够猛，能赢得市场或者可以获得省级以上新闻奖，报社甚至会撕破脸皮去刊发监督报道。在这一点上，报社还是以做新闻为重。

一批市场化媒体的记者曾在MSN上提及自己所在媒体相应的自律机制：

《南方周末》的傅剑锋介绍，南周的薪酬比较体面，采编人员的差旅费要求必须报社出钱，不能由当事人支付。这跟财经的制度相似。更大的约束来源于精神传统，大家都以职业记者自许，所以南周办报25年好像未听到过记者收钱的事。

东方早报的简光洲说，编辑部平时讲得较少，个人感觉这主要靠自律，有多少制度都是不太管用的。

新京报时政记者李静睿说，没留意过是否有文字规定，但好像是一旦发现即开除处理。

成都商报驻京记者廖卫华表示，该报社书面规定，凡是记者收红包都必须上交，若不上交被发现后，第一次罚款红包数量的3倍至5倍，第二次就要辞退！

中国新闻周刊执行副主编陈海说，该刊无制度上的安排，全靠记者自觉。“制度上最好的安排是给采编人员一份体面的薪水，不会为这个月少发稿而影响生活发愁。”①

以上这些记者所供职的媒体在我国传媒业皆属于影响力与公信力较大的市场化媒体，正如资深媒体人罗昌平所言：“无论是个案分析，还是随机调查，一个较为公认的现实是，完全市场化媒体的记者，其职业操守要比完全体制内媒体的要好。”②

与这些媒体所在记者的描述构成相互验证的是业内对于这批媒体的高度认可与赞同：

访谈：王记者，男，某市晚报新闻110部，从业4年。

平时在同行的交流中，一般公认南方周末、新京报、成都商报这几家媒体做得比较好。这些报社杜绝红包稿件，无论是表扬稿红包还是封口费，必须上交。报社有很好的制度保障记者因此受损的利益。

访谈：施记者，女，某市日报社新闻部，从业3年。

经济越发达地区，市民阅读兴趣较大，《南方周末》和《南方都市报》，舆论监督氛围比较浓，报纸有权威性、影响力，不用担心广告效益，这成为一种良性循环。

访谈：殷记者，男，某省电视台新闻频道，从业10年。

① 罗昌平：《拆解“新闻寻租链”》，南方传媒网，2009年3月16日。

② 同上。

新闻调查、南风窗、瞭望东方、凤凰周刊，他们都有相对完整的文化体系、道德标准、相对独立自由的话语空间。

三　新闻的伪装：经济资源导向下的广告新闻化

1983年7月13日，上海《文汇报》在四版开辟新栏目《商品广告》，以小半版篇幅刊登商品求购类信息。新栏目的发刊说明表示："本报新辟这个专栏，作为改革商品广告宣传的一种新尝试。欢迎各地厂矿企业提供类似的商品介绍广告稿。"这个栏目，既有商品信息，又有商品使用知识，被称为"广告新闻"。在这个专栏刊登消息的厂家根据版面面积大小，适量缴纳版面费，而版面费作为奖金被分掉。作为党报，这是中国新闻史上报纸首次刊登工商广告，它也为日后的有偿新闻提供了一条小径。这个栏目仅仅存在一个多月，就被报社下令取消了。①

在1985年前后，各类冠以"经济动态"、"经济信息"等名目的"新闻广告"出现在各类报纸、电台、电视台上，且呈日见增多之势。这类"新闻广告"的收费标准一般为广告收费标准的80%。②

虽然此后出台的《中国新闻工作者职业道德准则》明确规定：新闻单位不得用新闻形式做广告，不得向编采部门下达"创收"任务，记者编辑不得从事广告或其他经营活动，但广告新闻化现象几乎一直伴随着媒介的发展而渐趋普遍。

广告新闻化现象直接表现为以"新闻广告"或"软文"的方式制作与传播广告信息，这一现象正是媒介渠道资源与广告商的经济资源直接交换的产物。只是其交换的过程中同时伴生了将商业广告信息包装成实用新闻信息换取受众注意力的交换过程。

因为从传播效果来看，实用新闻信息的形式比直接提供商业广告更能吸引受众注意力，更易获得受众信任，因而更受广告商的青睐。整个交换的过程中，媒介与广告投资者获得了双赢，而受众却遭到了利用。正如彼德·布劳所说："社会交往中的某一平衡是由同一交往在其他方面的不平

---

① 高金萍：《正气与铜臭的较量——论有偿新闻对记者职业道德的影响》，《新闻记者》2000年第11期。

② 黄瑚：《新闻伦理学》，新华出版社2001年版，第97页。

衡造成的。”[①] 媒介与广告商之间达成了利益交换的平衡，而受众与媒介之间却形成了不平衡的交换关系。

访谈：袁记者，男，某省电视台公共频道，从业7年。

我们的大客户每年都有这样的活动，很正常啊，我去过很多次，来回机票买好，饮食全包。做的新闻基本上是赤裸裸的宣传稿，但是我们肯定要寻找第二落点。就是把原先的新闻主干作为由头，寻找更深、更广、更不为人知的东西，也就是化无聊为有趣。

访谈：晋记者，男，某省电视台新闻频道，从业7年。

2008年全国××（研究者注：国内一家大型乳品企业）全民健身行活动在我们台投广告，晚间档的新闻栏目负责每天制作一条包含这家企业广告内容的稿件。栏目领导很配合，因为广告部会分钱的。

在一些媒介组织内部，媒介会对从业者实施压力，如给部门和采编人员规定创收目标，迫使他们采取不负责任的手段转让渠道资源的支配权，如出卖版面（时间）、拉广告等。电视节目制片人负责制带来的负面问题之一即是制片人忙于拉广告。这种“编业合一”（即采编人员与广告发行等经营性业务人员合一）的倾向势必导致渠道资源与经济资源的交换合作。

在已经实行编营分离的媒体，媒介组织虽不明确要求记者拉广告，但对能拉到广告的记者给予丰厚的提成，这一经济资源的回报制度直接构成了一部分记者参与到“渠道—经济”资源交换场域的动力。

访谈：陶记者，女，某市晚报新闻110部，从业5年。

我们没有广告任务，但单位是鼓励记者拉广告的，拉到以后有提成。

访谈：陈记者，女，某市晨刊新闻部，从业1年。

我们报社正在人事改革，透露可能以后广告经营与晨刊记者收入直接挂钩。

---

① ［美］彼德·布劳：《社会生活中的交换与权力》，孙非等译，华夏出版社1988年版，第32页。

访谈：翟记者，女，某省级日报报业集团，从业7年。

我们没有明确记者的经营任务，但如果能拉到广告或者专版，会有一定的奖励。如果有机会拉广告，肯定要的，如今的报社，会拉广告的人，比我们这样会写稿子的人，吃香很多，也富足很多，属于名利双收的事，而且一般不会犯纪律。

即使在一些实行广告代理制的媒体，新闻从业者有时也需要以新闻的方式配合广告部门完成相应的资源交换：

访谈：张记者，男，某省电视台公共频道，从业3年。

我们记者不允许接触广告，我们统一实行广告代理制，这一点相对要纯洁好多。但是也要配合广告部门做一些正面宣传。去年××集团（注：该省一家著名的白酒企业）在广州搞了一个广州商会联谊会，我只能做成在金融风暴影响下，企业如何树立信心，克服困难。像这样的联谊会，一般到场记者出场费不多，也就300元劳务费，再送两瓶好一点的酒做纪念。但它是我们的大客户，一年怎么也有几百万的广告费，在我们广告协议里面有一年一次大的正面宣传。

访谈：韩记者，男，某商报新闻部，从业6年。

比如配合安利或者可口可乐做活动，需要广告部与新闻部协调，新闻部的记者参与报道，明确写的是广告软文，按广告费收费。记者按照比平时新闻稿低一点的分数打分，这属于部门间正常合作，但领导希望以本职工作为主，偶尔为之。

在传媒内部，“记者站”这一特殊的组织常常扮演成新闻广告的联系者与炮制者。一位记者如此分析记者站的使命：“从‘事业单位，企业运作’之日起，记者站就承担了媒体‘开辟财源’的重要使命。在广告‘买方市场’的压力下，市场化并不充分的新闻单位通常大量聘用本土‘能人’负责发展记者站，其主要任务就是拉广告和组织写‘软文’。这类记者站的出现与决策，正是代表报社最高意志的编辑部集体买卖。”①

① 罗昌平：《拆解“新闻寻租链”》，南方传媒网，2009年3月16日。http：//www.nanfangdaily.com.cn/cmyj/200903160122.asp。

记者站中的从业者，兼具了市场营销人员与新闻采编人员的角色，经营体制与新闻运作不能有效分离，最终，本应单纯从事采集与加工新闻信息资源的记者必然成为媒介组织谋求经济资源的合法代理人。

> 访谈：姚记者，男，某国家级行业报驻省记者站，从业10年。
>
> 现单位有考核，将广告款的数额作为评优的基本条件。我们记者站记者的任务包括采访、通联、广告三大块。

今天，“广告新闻化”对新闻侵蚀的方式更为隐蔽，也更为多样化。电视广告时常以新闻访谈、人物访谈的方式出现，平面媒体上的广告呈现方式也有了与新闻报道样式更加难以区分的手法，在经济资源的压力下，众多媒体容许了这些新型广告创意方式的运用。如2009年4月21日，多家知名的市场化媒体刊登了雪佛兰一款新车的大篇幅广告。除了以往常见的图文广告样式外，在《南方都市报》的头版上半版，《新闻晨报》头版的上下正中位置，广告使用的字体字号、排版方式都更像是一条重磅新闻，甚至还有“详见××版”的导引，与正常报道浑然一体。①

> 访谈：陈记者，女，某市电视台新闻频道，从业5年。
>
> 沃尔玛超市的母亲节活动，单位领导派我们去报道，要求站在观众视角，采取多样化的报道方式，力求达到广告客户接受、观众满意的双赢。
>
> 访谈：强记者，男，某市日报社经济新闻部，从业8年。
>
> 这类新闻多半做得很隐蔽，我曾经写过一篇数码企业进军本市的新闻，结合现有市场情况写了篇比较有深度的稿，文章侧重提到了××数码（注：某知名数码企业）的内容。严格来说，可以说是广告新闻化，也可以说不是。

媒介组织获取了广告投资者的丰厚回报，却将商业广告信息制作成新闻产品信息交换给受众，显然，在交换过程中受到损失的是受众一方。从维系交换关系长期稳定的合作来看，这样的交换势必随着受众一方的媒介

---

① 徐达内：《媒体日记》，FT中文网，2009年4月21日。

认知素养的改变而发生变化。当公众认识到了这种不平等交换之后，公众在减少对相关媒介注意力资源的支出的同时，也就减少了对该媒介的信任。失去公众信任的媒介，将逐渐被淡化到媒介交换网络的边缘，最终将无法参与到媒介交换网络的运行系统中去。

至于虚假广告，则是在经济资源利诱下媒介与广告商合谋对受众的欺骗性交换行为。只有随着受众的信息鉴别能力的提高与相关法制的逐步完善，这类行为才会由于找不到交换的渠道而有所消减。由于虚假广告系广义的媒介伦理问题，本书暂不作分析。

本章小结

在“渠道—经济”资源交换场域中，遭受最严厉批判的新闻伦理问题主要是有偿新闻、有偿不闻和广告新闻化。其中，前两者主要是发生在媒介与消息来源之间的交换，广告新闻化则主要是发生在媒介与广告投资者之间的交换。

媒介组织与从业者将本应满足受众信息需求的渠道资源作为向消息来源索取经济报酬的交换条件，这已成为一部分媒介组织与媒介从业者常规性的实践活动，这一运作机制必然直接导致有偿新闻的发生。由于在“渠道—经济”资源交换场域，双方行动者可以经过直接的交换而产生对交换双方有利的相应利益，因而，这一场域中的交换行动者会按照既定的交换模式维系这一结构的稳定性。

这一场域的交换活动的最终完成还需要依赖第三方的间接交换，即媒介渠道资源并非经济资源支配者最终的目标资源，其最终的目的是需要通过渠道资源的使用权赢得受众的注意力，而媒介自身并不天然地拥有广告商或消息来源所需要的受众注意力资源，它需要通过信息资源的生产与受众交换。因而，受众作为交换的第三方，其地位不容忽视。

在以下情况下这一场域稳定的交换结构有可能被打破：一是直接交换关系中的一方认为所获报酬与付出不相称，从而退出交换场域。二是间接交换关系的第三方发现所获报酬与付出不相称，从而退出交换场域，导致原有的直接交换关系最终不能完成。

有偿不闻是指新闻当事人以经济资源的交换封锁负面信息资源的流通。对负面信息资源的掌控可以被从业者转化为交换的砝码，换取一定的经济报酬，并成功地实现有偿不闻向有偿新闻的置换。

广告新闻化现象是媒介渠道资源与广告商的经济资源直接交换的产物。其交换的过程中同时伴生了将商业广告信息包装成实用新闻信息换取受众注意力的交换过程。整个交换的过程中，媒介与广告投资者获得了双赢，而受众却遭到了利用。在交换过程中受到损失的是受众一方。从维系交换关系长期稳定的合作来看，这样的交换势必随着受众一方的媒介认知素养的改变而发生变化。当公众认识到了这种不平等交换之后，公众在减少对相关媒介注意力资源的支付的同时，也就减少了对该媒介的信任。失去公众信任的媒介，将逐渐被淡化到媒介交换网络的边缘，最终将无法参与到媒介交换网络的运行系统中去。

第六章

“渠道—信息”资源交换场域中的新闻伦理

在“渠道—信息”资源交换场域中，行动者由消息来源与媒介构成。

“消息提供人是记者的面包和黄油，依靠他们能写出许多错综复杂的东西来。”① 这个形象的比喻以一种生动的方式描绘了信息资源对于媒介及其从业者的价值。

在整个媒介交换网络中，如果暂不考虑媒介与其他行动者之间的利益关系以及受到这些关系的影响而表现出来的媒介生产行为的种种复杂性，我们可以将媒介新闻生产的流程简单概括为采集信息、整理和加工信息以及通过媒介渠道传播信息。在这三个环节中，最重要的是第一个环节——收集信息，因为这直接影响并决定着媒介新闻生产的最终产品的内容与品质。

作为行动者一方的消息来源，会采用特定的角度和叙述方式来建构信息资源，不仅向媒介提供其个人或组织偏好的信息，也提供了一套界定信息资源价值与意义的框架，媒介得到的则是经消息来源运用其框架加工过的信息。消息来源通过交换信息资源的方式，合法地获得对媒介渠道资源的支配权。

记者作为媒介组织活动的代理人，不仅需要依赖消息来源提供新闻原料信息，在处理新闻原料信息时，也会依赖于消息来源所作出的价值判断。与此同时，记者选择谁作为消息来源、选择消息来源提供的哪一类型信息以及对这些交换来的信息以何种类型的新闻生产方式进行加工，仍然具有相当的主动权。

---

① ［美］克利福德·G. 克里斯蒂安等：《媒介公正：道德伦理问题真的不证自明吗?》（第五版），蔡文美等译，华夏出版社2000年版，第77页。

因而，在“渠道—信息”资源的交换场域中，媒介与消息来源是具有竞争格局的交换双方。在双方的交换或者互动过程中，媒介与消息来源相互竞争，不断使用各种策略以影响对方的行动，从而使交换朝着有利于自身利益的方向发展。同时，双方都尽力保护自己的资源，如消息来源尽力封锁不利于自身的信息，记者也尽力免于渠道资源被不当利用。而新闻生产就是在这样一种竞争与合作机制下渠道与信息资源交换而来的结果。

一 媒介与消息来源的关系

从新闻生产理论看，新闻制作是社会现实的建构。一般认为，消息来源位于新闻制作的起始端，是媒介传播内容的直接来源。因此消息来源和媒介的关系直接影响到媒介叙事的内容、风格和立场。

有关媒介与消息来源之间的关系问题，海外已有相当多的研究予以关注过。学者们发现，在新闻生产过程中，消息来源是媒介的一项功能性需求。[①] 新闻媒体其实无法单独完成报道工作，需依赖消息来源提供以获得接近信息资源的机会。消息来源才是社会事件的“第一手建构者”，新闻工作者只是次级建构者。德国学者 Baerns 则更进一步指出，消息来源对新闻媒体的影响力极大，不但能决定哪些话题重要，更能影响新闻报道的内容。借由对新闻稿发送时间的控制，消息来源掌握了新闻的时效性，因此也间接性地掌握了新闻议题发展的空间与方向。Baerns 在结论中强调，新闻记者并无能力决定“真实”，只有消息来源单方面才会影响真实呈现的方式与面向。[②]

Sigal 发现，官方消息来源在新闻的产制过程中占有举足轻重的地位。他分析 1949—1969 年华盛顿与纽约时报的头版新闻，结果发现美国及外国政府官员占所有消息来源的四分之三。Gans 分析美国 CBS 和 NBC 两家电视网及两家新闻杂志，结果发现无论电视新闻或杂志的主要消息来源，都是显著的知名人物，如总统、总统候选人、政府官员及违法乱纪的政界

---

① ［美］Bernard Roshco：《制作新闻》，姜雪影译，台北远流出版事业股份有限公司 1994 年版，第 42 页。

② 转引自臧国仁、钟蔚文、黄懿慧《新闻媒体与公共关系（消息来源）的互动：新闻框架理论的再省》，见陈韬文、朱立、潘忠党《大众传播与市场经济》，炉峰学会 1997 年版，第 141—142 页。

人士。这些知名人物分别占电视与杂志新闻消息来源的71%与76%。Brown等人分析1979年与1980年的美国各地六份报纸，发现不论是全国性或地方报纸均以政府官员为主要消息来源，而政府官员中又以行政主管成为消息来源的比例最高。①

休·卡伯特森指出："不署名的消息源被称作民主的安全网，也是良心的庇护所，但同时，它也是那些懒惰、马虎的记者的拐杖。"②

Wulfemeyer指出，每个人都想巴结新闻人员，因为新闻人员可以让他们增加曝光率，让他们更有权力和影响力。而消息来源巴结新闻人员最常用的手段就是免费馈赠，因为每个人都喜欢免费的东西，新闻人员也不例外。新闻人员可能获得免费馈赠式样相当多，包括免费餐饮、交通、住宿、书籍、唱片、门票、礼物、特别折扣、礼金及免费使用各种设备等。③

新闻人员接受消息来源提供的"免费馈赠"后，不仅新闻报道的公正客观程度会受到质疑，连其个人的尊严也将受到伤害。因此，免费馈赠是新闻人员应极力避免的利益冲突之一。④

Simon Cottle主编的《新闻、公共关系与权力》一书，探讨了公共关系视野中的媒介与民主问题，深入地理解了权力在媒介消息来源和新闻界之间扮演的复杂关系。编者展示了运用公共关系的消息来源场域的二元视野——支配性利益集团和挑战者利益集团，以及各种消息来源运用公共关系来影响媒介发出自己的声音、展示自己的形象、争取自身的利益。⑤

从框架分析的角度，塔奇曼认为，新闻赋予事件一种公众的性格，所以新闻从根本上说具有一种机构的属性。第一，新闻是一种向消费者发布信息的机构方式。第二，新闻是合法机构组成的联盟。国务卿可以在媒体

---

① 罗文辉：《新闻记者选择消息来源的偏向》，见臧国仁主编《新闻工作者与消息来源》，台北政大新闻研究所1995年版，第18页。

② ［美］克利福德·G. 克里斯蒂安等：《媒介公正：道德伦理问题真的不证自明吗?》（第五版），蔡文美等译，华夏出版社2000年版，第77页。

③ 转引自罗文辉、张瓈文《台湾新闻人员的专业伦理：1994年的调查分析》，见陈韬文、朱立、潘忠党《大众传播与市场经济》，炉峰学会1997年版，第119页。

④ 转引自陈韬文、朱立、潘忠党《大众传播与市场经济》，炉峰学会1997年版，第119页。

⑤ ［英］Simon Cottle主编：《新闻、公共关系与权力》，李兆丰、石琳译，复旦大学出版社2007年版，第9页。

上散布某种观点，“普通”之人则无法办得到。“普通”公民也不像有合法地位的政界人士和官员们那样，有权力把自己对新闻的态度转化为公共政策和公共计划。第三，新闻是由以组织方式而进行工作的专业人员来采制和传播的。所以，新闻必然是新闻工作者通过机构程序并遵循机构规范而生产的产品。所谓机构规范必然包括按照常规从事新闻报道活动的各个机构之间的协商。所以说，新闻是某种社会机构的产物，因而与其他机构存在着必然的联系。①

赫伯特·甘斯（Herbert Gans）在分析了有关新闻生产者的一系列评注之后，得出结论认为，消息来源的干预要在同新闻媒介的“拔河”中胜出，会依赖如下因素：他们的动机、权力、提供适当信息的能力、与新闻记者在地理上和社会上的接近度等。②

学者们对于消息来源的理解更多侧重于其权力与影响，因而具有更鲜明的理性批判色彩。与此构成显著不同的是，新闻从业者对消息来源的认识一般更为现实，也显得更为友好：

访谈：钱记者，女，某市电视台生活频道，从业3年。

对于我们做民生新闻的人来说，消息来源就是我们的衣食父母。我们制作的新闻80%来自老百姓。我一般在新年时都会给他们寄贺卡或者发短信，联系感情。这样人缘熟了，以后遇到新的动态，就会想到记者。

访谈：翟记者，男，某市日报时事新闻部，从业6年。

好朋友是一个信息站，结识的采访对象成为朋友后，会有很多帮助。通常会互相沟通信息，交流话题，人际来往等。

访谈：李记者，男，某省电视台新闻频道，从业9年。

个人的社会关系网很重要，记者和消息来源的关系就像鱼水一样。做新闻久了就成油子了，在不伤大雅的情况下，能倾斜就倾斜。

---

① ［美］盖伊·塔奇曼：《做新闻》，麻争旗、刘笑盈、徐扬译，华夏出版社2008年版，第32页。

② ［英］Simon Cottle主编：《新闻、公共关系与权力》，李兆丰、石琳译，复旦大学出版社2007年版，第17页。

从以上访谈中我们可以清楚地了解到，新闻从业者十分重视与消息来源之间的关系，且普遍较为认同建立双方长期稳定、共赢合作的交换关系。正如彼德·布劳在《社会生活中的交换与权力》所写：“社会交换是由两个标准规定的，一个是基本上取向于外在而不是纯粹内在报酬的交往，另一个是相互的而不是单方面的交易。在反复相互交换外在利益的过程中，相互信任的伙伴关系发展起来了。这种关系对伙伴们具有某种内在意义并把一种内在成分投入社会互动之中。”①

在消息来源与新闻从业者之间，长期稳定的互利交换使得双方建立了相互信任的伙伴关系，一旦这种关系建立起来，参与的双方都会尽力维护这一关系的平衡性与持久性。

二 人情：“渠道—信息”资源交换场域的特殊资源

在中国，人情可以理解为人与人进行社会交易时，可用来馈赠对方的一种资源。在中国社会里，别人有喜事，我赠送礼物；别人有急难，我给予实质的帮助。这时，我便是“做人情”给对方。对方接受了我的礼物或帮助，便欠了我的人情。此处所谓人情，指的是一种可以用来交易的“资源”。②

黄光国将中国社会中个人可能拥有的人际关系区分为三大类：情感性关系、混合性关系和工具性关系。其中混合性关系是个人最可能以人情和面子来影响他人的人际关系范畴。这类人际关系的特色是：交往双方彼此认识而且有一定程度的情感关系，但其情感关系又不像主要社会团体那样浓厚到可以随意表现出真诚的行为。在这类角色关系中，交往双方通常都会共同认识一个或一个以上的第三者，这些彼此认识的一群人，构成了一张张复杂程度不同的关系网。从旁观者的角度来看，一个人可能同时涉入几个不同的群体中，而置身数张不同的关系网内。从当事者的角度来看，每个人都以自己为中心，而拥有其独特的社会关系网。每个人关系网内的

---

① ［美］彼德·布劳：《社会生活中的交换与权力》，孙非等译，华夏出版社 1988 年版，第 375 页。

② 黄光国、胡先缙等：《面子：中国人的权力游戏》，中国人民大学出版社 2004 年版，第 11 页。

其他人又各有其关系网，这些关系网彼此交叉重叠，构成了复杂的人际关系网络（如图 6－1 所示）。①

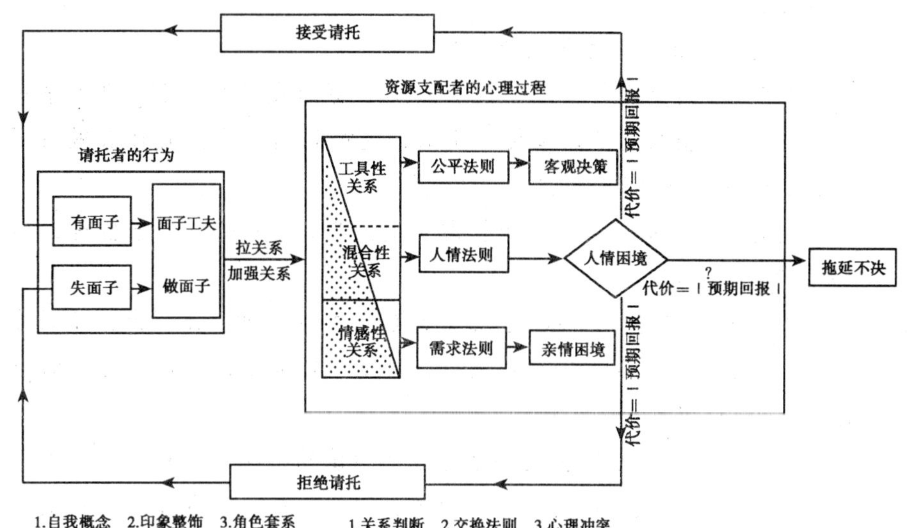

图 6－1　人情与面子的理论模式

资料来源：黄光国、胡先缙等：《面子：中国人的权力游戏》，中国人民大学出版社 2004 年版，第 4—10 页。

新闻从业人员与消息来源之间的关系容易从工具性关系转变为混合性关系。

以下材料来自《南方日报》社珠三角新闻中心的一位记者②：

> “哎呀，省领导来了！”一个中年男人快步从办公台走出来，用力握住我的手，然后拍着肩膀说：“兄弟，可以啊，这么年轻！”
>
> 这个男人是和平县某镇的镇党委书记，因为读者投诉其非法征地问题，我前去采访。
>
> “来，喝茶，喝茶，朋友刚拿过来的，好茶！”领导把我按在凳子上，忙活开来。

① 黄光国、胡先缙等：《面子：中国人的权力游戏》，中国人民大学出版社 2004 年版，第 4—10 页。

② 闫业伟：《记者的身份立场与报道风险》，南方传媒网，2009 年 3 月 6 日。

我正要说明来意，书记马上递来香烟：“不急，不急，你这么大老远跑过来，先休息一下，唉！我们做基层工作，见你们省领导一次不容易啊。”

我赶忙纠正，自己不是省领导。

“你们的报纸不是省报吗？省报的记者就是省领导！”他大手一挥：“当然，报纸也是以宣传为主的，啊？我们工作上有什么做得不够，省领导你多批评，我们一定改。”

这时，门口有人敲门。书记厉声道：“没见有省领导来检查工作吗？有什么事晚些再说！”

正是书记这句话，我有些相信此前农民的哭诉。他们说，镇领导跟他们说：“你们告到中央也没用！地是一定要征的，谁不签字谁就拿不到一分钱！”

但此刻，我却很难将这些话与眼前的镇领导联系起来。

那就磨吧，我也不赶时间。于是，镇领导告诉了我镇里工作的难处，“普九”时举债做学校达标、一些大项目引不进来，经常有个别农民挑事，他做了差不多20年基层工作很累很累……

后来聊到我想知道的事情，镇领导有充足的理由申诉他的不易。我甚至有些动摇。

但我是个局外人，他们即使有充分的理由招商引资，也不能损害群众利益。

立场既定，两个人开始彼此“忽悠”。镇领导不断说着他的难处，我也不断用“理解”“理解”回应。说到吃饭的时间，两人俨然成了多年的朋友。

出门、上车、吃饭。一到饭桌，我才发现坐了满满一桌子人，镇里的宣传委员，县里的宣传干事，甚至我的一位同乡也被他找来，特意安排在我的旁边。

“我们这里有些人经常搞事，我也没办法，这次让省领导亲自跑一趟，我向你赔罪。”一杯白酒。

“你们的报纸是省里的，影响大，有些事最好还是慎重些，我们这些穷地方招商不容易啊，这杯酒算我罚自己的，兄弟一定要给我个面子。”又一杯白酒。

镇领导永远不缺敬酒的理由，我坐在一旁，逐渐把自己当成了他的朋友，省里的朋友。

如今，我不再惊诧谁再称呼自己是“省领导”，因为，这只是“无冕之王”的一个别称而已。令我忧心的是，越来越多的同行也把自己真的当成了“省领导”。也许因为记者容易受到优待，也许因为采访对象的同化作用够强，但工作姿态一旦沾染上封建“官气”，哪里还能静下心来写一篇报道?

有前辈说，记者要考虑总理的事。但心怀天下的记者不能拥有总理的姿态。以此类推，省报的记者要考虑省长的事，市报记者要考虑市长的事，如果有人真把自己当成省长、市长，那是新闻事业的不幸。

通过这位记者的叙述，我们不难发现，不同级别的媒介会获得相应级别的权力资源的延伸，因而“省报”的记者也就相应地被“赋予”了“省领导”的角色与身份，同时拥有了“检查工作”的特权。而基层官员在接待记者的晚宴中，也颇费心机地安排了记者的同乡陪座，此时，同乡的身份显然已经成为人情资源的受托者。

从“兄弟一定要给我个面子”的话语表述中，我们可以看出，该官员熟悉的是中国人权力游戏的社会机制。他与记者原本只是工具性关系，即为了完成一次新闻报道而建立的采访者与被采访者的关系。记者希望通过采访，获得有关该镇非法征地问题的信息；而官员希望通过接受采访赢得记者的同情与理解，从而避免记者在其媒介渠道上发表于之不利的批评报道。

从官员一方来看，官员通过寒暄、诉苦、酒席款待以及安排同乡陪坐等行动希望能将与记者的关系从采访者与被采访者之间的“工具性关系”发展成类似于朋友之间的“混合性关系”。如通过“省领导”的称谓给记者以“有面子”的感觉，通过宴请来加强彼此之间的情感关系，因为依照中国人的“人情法则”，“吃人家的嘴软、拿人家的手短”，资源支配者接受了别人的宴请或礼物，欠了对方人情，便有回报的义务。宴会愈丰盛，礼物愈贵重，欠下的人情也愈多。当对方开口要求帮忙时，资源支配者便难以回绝。① 事实上，这位官员的行动也的确产生了一定的效果，如记者

① 黄光国、胡先缙等：《面子：中国人的权力游戏》，中国人民大学出版社2004年版，第22页。

两次提到双方俨然朋友关系："说到吃饭的时间，两人俨然成了多年的朋友"，"我坐在一旁，逐渐把自己当成了他的朋友，省里的朋友"。

令人庆幸的是，这位记者清醒地区分了双方的立场与关系。否则，我们可能既看不到相关的批评报道得以发表，也看不到这段关于采访体验的回忆式文字。记者在经历了一番权衡之后，确立了自己是个"局外人"的角色，即决定以公平法则来建立与消息来源的互动规则，而不受人情因素的左右。

从一般的新闻伦理道德规范来看，记者不应当接受有利害关系的当事者宴请接待，但这位记者仍然参加了官员安排的酒宴，很显然，在记者看来，为了获得想要的信息资源，通过参加类似的酒宴拉近与被采访对象的距离，与之建立临时性的"混合性关系"，是合情合理的行动选择。

上面案例中的"省领导"记者在确立了立场之后，开始了其称为"忽悠"的过程。即并没有立即向消息来源表明自己的立场，而是对消息来源的诉苦表示了"理解、理解"。这种"理解"的表述其实是对对方人情策略的一种拖延，因为直接的冲突显然不利于接下来的采访的完成，记者既不愿意妥协放弃这次批评报道，也不愿意当场表明批评立场，所以采取了拖延的策略，不给予对方肯定或否定的具体答复。这种拖延策略是很多记者在应对采访对象的要求时表现拒绝的一种方式。

《南方人物周刊》北京记者站的一位记者提到他在采访中总会面临的困惑问题①：

> 各地的宣传部门的新闻科一般负责接待记者，几乎每个地方每月都有一定的招待费，这些多是用来接待媒体的……写这篇文字的时候，我正在豫西一个穷县采访。河南酒风甚盛，我的采访需要当地政府协助，不希望破坏与他们的关系。因与当地媒体同行一道，第一天，当地官员接待我们，我只有向他们彻底交心——主要是喝酒，领导敬你的酒，你只要意思一下，一个意思了，其他的领导也免不了。你只有彻底向领导交心了，他才会帮你介绍人接受采访，否则，人家觉得你有敌意，不合他们的口味。
>
> 我的采访总面临一个困惑的问题：我与官员吃饭吗？我应当与他

① 谭翊飞：《红包断想》，南方传媒网，2009年3月6日。

们吃饭，因为吃饭期间我能获得很多信息。但是，我很不愿意他们以我的名义吃饭（许多次都是他们以记者的名义，叫上各种他们自己的朋友海吃一顿）。我很烦这种吃喝的风气，虽然我知道不少地方的账本上记载着“接待某某报社记者”的字样。

我不愿意跟他们吃喝，但却要让他们彻底相信我是“安全的”，不是来做批评报道的，在中国，这似乎难以两全。

记者通过“喝酒”的行动证明“交心了”，其实质是通过交换“信任”建立带有情感因素的工具性关系或是临时性的混合性关系，这将为记者的采访带来诸多便利。“交换关系的建立涉及产生对另一方义务的投入，因为社会交换要求相信其他人会报答，所以原始的问题是证明某人自己值得信赖。”① 让对方相信自己是“安全的”，才有机会交换到重要的信息资源。

在“渠道—信息”资源交换场域中，新闻从业人员与消息来源之间的关系由工具性关系发展成混合性关系，是一种常见的过程：

访谈：江记者，男，某市日报社城市新闻中心，从业6年。

个人的社会关系网大一点，新闻线索或者新闻刺激就会多一些。我和新闻来源加深关系的方式很多，打打电话，发发短信，在网上多沟通，有时间一起吃吃饭，反正要加强沟通。

访谈：赵记者，女，某市电视台生活频道，从业2年。

个人关系网真的很重要。我每次采访都会递名片或联系方式，争取建立起长期的联系。

可见，参与建立这种稳定的混合性关系，新闻从业者与消息来源双方的主要考虑都是交换潜在的相互支援。新闻从业者并不知晓下一次消息来源可能会为其提供什么样的新闻原料信息，但会期待在适当的时机对方会有适当的信息回报。同样，消息来源也并不明确每一次向记者报料（付费的报料热线除外）会有什么样的利益或报偿，但会期待记者在自己需要媒

① ［美］彼德·布劳：《社会生活中的交换与权力》，孙非等译，华夏出版社1988年版，第115页。

体帮助的时候承担回报的义务。双方在通过交换建立混合性关系的过程中彼此会产生责任、感激和信任感。

也正因为此，很多记者明确地形成这样一种关系原则：当需要获取负面信息资源时，不与将要作为新闻当事人的消息来源建立混合性关系，这样才可能避免承担回报的义务。在访谈中，很多记者都将此原则作为一条与消息来源相处的底线。

在此原则下，如果记者坚持以工具性关系与消息来源进行互动，当需要获取负面信息资源的时候，记者往往要付出比一般性的采访多出数倍的代价。

以下资料节选自一位《南方都市报》的深度记者所写的采访经历①：

我是一个胆小鬼。

比如7月2日，我住在安徽省阜阳市的A宾馆，下午，我又在B宾馆开了一个房间，为的是当晚见一个叫做张治刚的人。

晚上9点多钟，张治刚来了。当地朋友周道付不放心，他隔着一条街，观望着我窗口的动静，直到深夜11点多钟采访结束。

而我打开了一支录音笔，塞进床底，另一支录音笔关闭着，随意地摆放在桌面上。我对张治刚的采访就在这样的场景下进行的。

张是安徽省阜阳市颍上县城建局局长、工业园党工委书记。其实，这个人并不可怕，可怕的是他的家族，他的家族中，有多人在当地身居要职。如你所知，在一个小县城里，假如谁家有多人身居要职的话，那么如公安、工商等国家机器往往就是私有的。

实际上，这些也未让我十分害怕，让我真正害怕的是张治刚的三弟。在当地，几乎无人知道他的真名，但都知道他的绰号“三毛”。在多人的表述里，这是一个无恶不作的黑社会头目，比如曾在光天化日，在人数众多的医院里，不慌不忙地掏出刀子，在某人的屁股上连捅几刀，等等。

这些未经证实的传言，一直压抑着我，甚至决定了这次报道的采访方式以及采访成本的增加。

我之所以赴阜阳市，是因为张治刚的堂哥张治安，他原来是阜阳

① 鲍小东：《想象最坏的结果，规划采访方案》，南方传媒网，2008年10月13日。

市颍泉区党委书记。我和张志安曾在去年见过一面。那时，因日本《产经新闻》报道称，颍泉区有钱建豪华办公楼，却无钱修建杨庄小学的危房，杨庄小学只好向日本驻上海领事馆申请国际援助。

张志安没有接受我的采访，但安排了颍泉区委办公室主任张西海等人，请我吃饭，他于中途出现，连敬了我四杯白酒后，和张西海离开了。张志安没有再回来，张西海回来了。饭后，几个人一起回到我房间。

张西海打了一个电话，司机便拎着一只手提袋进来。张西海说，是几条内裤。我说，这是我老婆关心的事情。

我拒绝了“内裤”，也就拒绝了安的盛情。不能做朋友，就只能是敌人。安找到了得力的关系，我的稿子因此被压住不发。但是经过我4个月的努力，稿子终见天日。

……

7月2日前，我的采访都潜伏在地下，我先后换了10次宾馆，每次都用当地人的身份证登记住宿。我还接受各位受访者的建议，住在阜阳市区，但多日包车去颍上县采访，因此，这次采访包车费用高达2200多元。

6月17日，我包车去颍上县，当地人谢守辉带着我，以游人的身份，实地了解迪沟镇的生态园、竹音寺的情况，这都是张治刚在迪沟镇主政时期，挪用了煤矿对塌陷区农民的赔偿款以及其他很多专项资金建成的。

尽管我们小心翼翼，但最终还是被张家人发现了。晚上，我和司机刚刚准备回阜阳时，就发现有人跟踪，一辆车速度十分缓慢地时前时后，也许是犹豫了很久，最终放弃对我们采取什么行动，消失在我们身后的夜色里。

不久，我的采访对象谢守辉、靳亚章等人，均打电话告诉我，张治刚已经打电话询问他们，是不是有记者来采访。他们都假装不知道。

但第二天，张治刚和一个姓郭的律师，来到阜阳市区，找到我的朋友周道付，要请他吃饭。张治刚、郭律师和周道付一起吃饭时，竟然掏出了我的名片，并称我是一个很难缠的记者。他想让周道付约我见面，还说如果我不和他见面，他也会找到报社的。而且还说，他和新闻出版总署的某领导熟悉云云。

接下来的几天，我不断接到多个来自广州的电话，他们有的是我的同事，有的是在别的媒体工作的安徽籍人士，他们分别受人之托，了解我在阜阳做什么，是单位委派还是个人行为，等等。

他们还约了几个在广东政坛工作的安徽籍人士，要请我吃饭，问我何时回广州。我说，很快了。6月27日，《南方都市报》深度新闻部在广州开会，陆晖要求所有出差的记者都必须回到广州。所以6月27日中午，我得以在广州和几个在粤工作的安徽籍人士一起吃饭。

因为都是安徽人，所以氛围很轻松，大家相互敬酒、相互介绍，就消耗大量时间了。其间，一位负责联系的人约我到旁边的沙发上小聊。称阜阳市市长托他找我，他们是大学同学。他说，我们都是安徽人，不要做太多安徽的负面新闻，尤其是阜阳，近年，因为负面新闻太多，形象受到很大影响。吴让我“手下留情”。我坚持不戏弄人的原则，所以我没有说放弃这个报道，但我十分诚恳地表示，我会非常慎重的。并说，这个报道，《南方都市报》不做，也会有其他媒体关注，与其让媒体在信息不对称的状态下“乱做”，不如双方坦诚沟通，将负面影响降到最低。

其实，当天上午，我的朋友、新华社安徽分社记者周立民已经打电话给我，他也是受阜阳市市长之托，想让我“手下留情”，我同样表达了和市长直接沟通的愿望。但这个愿望最终没有实现。

深度新闻部的会议结束后，我立即回到阜阳，采访仍然是秘密进行，但很快广州的电话又打过来了，他们询问我是不是又到阜阳了。

7月1日，我又包车一整天，将张家两代人兴建的几个大工程，全部实地调查了一遍。当我从张庄公园出来时，司机说，有4辆车同时跟踪我们，在我们的车前停了十几分钟后，又一起离开了。

之后，我又接到报社执行总编辑庄慎之的电话，颍上县委书记通过同学关系，间接找到了他。庄了解我的采访内容，并提醒我，因涉及拆迁，采访一定要扎实。对于一个出差在外的记者来说，这就是最大的鼓励。

再继续地下状态已经没有意义了，我想通过庄慎之约见颍上县委书记，但没能如愿。与此同时，我开始约见张治刚。

7月2日晚，我们第一次见面。张治刚带了6条中华香烟，很随意地放在我房间的电视柜旁边。采访结束后，我极力让他把香烟带走。

在他离开十几分钟后，我这才离开B宾馆，打了一辆的士，到白京汉宫酒店，又换了一辆的士，回到我住的A宾馆。

此后，我又和张治刚见面4次，交流的内容越来越多。他详细打听我的经济状况，比如我在安庆有没有房子，在广州有没有房子，有没有车子，以及按揭情况，我的收入，等等。

最后一次见面分手时，他向我的出租车里塞进一包“土特产”，从手感判断，那是报纸包着的一叠人民币。我退还给了他。

经过一个月的跌跌撞撞，这个报道终于在7月15日见报了。总结得失时，想起林语堂的一句话，大意是，中国人一般不能享受进食的快乐，因为我们追逐食物的过程太过艰辛。世事多艰，多少采访都必须如此曲曲折折地进行，从外围渐渐逼近核心。其实，采访并无技巧，只有沟通。

从这段具体细致的描述中，我们可以观察到记者为获取负面信息资源而与消息来源之间所发生的种种关系。消息来源大体上由当地受访者和新闻当事人组成。其中，与负面信息有直接利益关系的新闻当事人首先试图以物质报偿建构与记者的直接交换关系。当这种关系的建构宣告失败后，紧张与冲突便由此展开。正如莱维—斯特劳斯所指出的那样：“从现在起，它必须变成一种不是亲密便是敌对的关系。”[①] 与此同时，消息来源也试图接近记者的社会关系网络，希望经由社会关系网络，以“面子”和“人情”资源为中介权威，迫使记者放弃行动。

在整个过程中，作为经济资源出现的报酬先后有中华烟、包装成“内裤”与“土特产”的人民币等；受到委托的人情资源支配者与记者多为混合性关系，先后有朋友、同事、同乡、在政坛工作的同乡、同在媒介系统工作的朋友，直至记者的领导——报社总编。其中，记者个人多次对人情的拒绝请托是采访得以顺利完成的重要原因，而媒介主管——总编对人情请托者的拒绝行动也给予了记者极大的支持，否则这一报道不可能顺利

① 转引自［美］彼德·布劳《社会生活中的交换与权力》，孙非等译，华夏出版社1988年版，第115页。

见报。记者文中提到的第一次采访即是受到“得力的关系”干预而被压住四个月未能发表。

记者在新闻采集的过程中，如果遇到社会关系网中的某一个人要求其给予报道（正面宣传）或不报道（负面曝光）的资源支持时，记者往往会陷入人情困境中。如果坚守新闻规范，拒绝给予对方帮助，则势必会影响到与对方的关系。因此，在这种情境下，记者不得不遵循人情规范，给予对方特殊的帮助。

下面这一事例是笔者在访谈中所了解到的一则小案例。一名个体户的发廊由于不慎着火，烧掉了店中的两台某知名品牌空调。该个体户正处于创业阶段，两台空调的损失对其个人而言堪称惨重，因为空调会有利于她在夏季或冬季招徕更多的顾客，以获得个人的生活资源。她试图与厂家联系，看看能否得到补偿。按照正常的商业规范，空调因失火而毁坏不属于厂家责任，因此厂家不可能给予补偿。但厂家暗示他们愿意无偿提供两台空调，条件是获得当地媒体的报道。

按照正常的新闻规范，这条社会新闻价值不大，且有广告新闻化之嫌，新闻媒体通常会在把关过程中自动过滤掉。但是这名个体户找到了一个亲戚，由于该亲戚曾在当地某报社实习过，因而与报社新闻部主编建立起“关系”。新闻部主编考虑到店主的亲戚曾在其部里工作过，因而决定给个“面子”，同意发表一条新闻，主题是空调厂家热心救助家境贫困的创业者。

至此，这条原本无论是遵循商业规范还是遵循新闻规范都不可能发生的新闻最终在“渠道—信息”资源交换场域中受到人情规范的支配，从而得以占据报纸版面。在这一过程中，发廊老板成功地获得了新的生活资源（两台空调）；空调厂家获得了一次低成本（与通常的广告费相比较而言，这次宣传的成本仅是两台空调，显然更为低廉，且从传播效果上看，更优于花广告费买下的版面广告）的宣传机会；而发廊老板的亲戚则欠了新闻部主编一个“人情”，这将成为在两人下一次交往中可以流通的资源。

三　社会关系网络与信息资源网络的重合

媒介从业者个人编织的社会关系网络会影响到其信息资源网络的建

构，甚至会发生很大程度的重合。

很多记者在进入新闻媒体后，会很快意识到搭建一张宽阔的人际关系网络的重要性，这个网络的大小与疏密程度会影响到他的新闻网络的结构。

访谈：何记者，男，某市电视台新闻频道，从业12年。

有自己的关系网，遇到采访内容需要相关权威部门解释的时候，会方便很多。

访谈：韩记者，男，某商报新闻部，从业6年。

个人的社会关系网对于采访非常重要。采访的时候要是碰巧有老师、同学、七大姑八大姨，那关系会更好。不过，水能载舟，亦能覆舟，有时候关系太熟悉了，有些稿子反而不能写。

访谈：杨记者，男，某市日报社新闻中心，从业5年。

朋友多了，新闻线索也就多了。我会通过多帮对方发稿件的方式加强联系。

访谈：朱记者，男，某市日报社经济新闻部，从业15年。

干记者时间越长，越能感觉到人际关系对于采访有多重要。我自己一般除了采访没什么事情托人，但有时候老家来人办点事，有小孩上学啦，转户口啦，找工作啦，托个采访时认识的朋友就好办多了。

在中国社会，联结人们社会公务关系的因素除了法律和契约，还有很浓重的私人情感和身份地位成分。社会结构就像是由一根根私人情感联成的网络，子女、亲戚、朋友、老乡、同事组成一个个互利互惠的小圈子。[①] 这一点对媒介从业者也有重要的影响。以情感和身份为联络纽带的社会交往方式造成了记者的信息资源网络与社会关系网络发生很大程度的重合，私人关系与工作关系纠结在一起，处理不好就难免会产生情感与利益上的矛盾。

媒介从业者是否在某一条块建立起了个人关系网络，也会直接影响到媒介最终制造出的新闻产品信息的内容、结构与质量。如《北京青年报》的“精确新闻版”每期的题目，就在很大程度上取决于该版编辑的社会

① 陆学艺、景天魁：《转型中的中国社会》，黑龙江人民出版社1994年版，第42页。

关系，已经建立起这种关系的调查机构，也容易想到为该版提供自己搜集的资料。从另一角度说，一家新闻单位，如果它的新闻从业人员和广告业务员在某一领域尚未建立起“关系”，那么这一领域就很难在该报的报道中有醒目的表现。①

不同媒介组织可能因为从业者个人的社会关系网络的不同，而导致信息资源采集的渠道不同。

北京电视台的一位编导这样说道：

> 做电视节目时间长了，也会熟能生巧。一方面技术成熟了，拍片子撰写稿件也驾轻就熟；另一方面，记者逐渐积累起自己的人脉，也就不愁新闻源了。电视台和报社一样，记者是分口跑新闻的，如果分到很好的口，比如卫生医药等，有时甚至不需要外出采访，就会收到对口单位制作好的成品，只要简单加工就可以播出了。所以，赚取稿费还是比较容易的。但是，如果分到一年出不来几个新闻的口，那就得靠自己拼命了。②

我国传统的绝大多数主流媒介建构信息资源网络的框架是“跑口”的模式，即按照社会行政权力划分的方式，将媒介从业者的工作职责进行相应的划分与对应，如“文教口”“政法口”“工商口”等。

> 访谈：刘记者，男，某市日报社城市新闻中心，从业10年。
>
> 长期跑一个口子，积累多见识广，有江湖地位，不过跑长了有时也会大意。
>
> 访谈：宋记者，女，某市晚报社新闻部，从业5年。
>
> 我有自己的专线，和里面工作人员很熟悉，他了解我的采访思路，知道我需要什么材料。同时有些单位每年有些固定工作，季节性的稿子心里清楚。不过同选题的稿子每年都做，难以有新眼光去对待，审美疲劳吧。

---

① 潘忠党：《“补偿网络”：作为传播社会学研究的概念》，《国际新闻界》1997年第3期。

② 王珊珊：《新闻行当里的“新闻民工”》，http：//www. rencaijob. com/friends/fr_ bbsshow. php? id =1234。

访谈：郭记者，男，某市日报社新闻中心，从业10年。

我主要负责政法报道和大的时政报道。长期跑口，能够建立稳固的合作关系，但是很难在固定口子里做舆论监督。

访谈：胡记者，女，某商报新闻部，从业7年。

我工作7年一直跑教育口。长期跑一个口子，能培养记者的专业化技能，写出深度思考的文章，记者也更容易准确把握口子里一些重大的、有延续性的稿件，但是太熟了，有惰性，常规的稿件不愿意动脑筋。

访谈：谢记者，女，南方某时报时事新闻部，从业4年。

每天早上起床，浏览所有同城媒体报纸，进行同题比较。然后在百度新闻栏里搜搜，看看世界对本地新闻的报道，也是为寻找新闻线索。之后，浏览所有关于线上的网站。如果今天没什么采访任务，上午要给所有“线”打电话，跑线。

访谈：刘记者，男，某市日报社城市新闻中心，从业10年。

主要做社会新闻，也有自己的条线。可以省去找线索的烦恼，而且关系熟，不论是采访还是日常生活，都可以互相关照，但会增加人的惰性。

通过跑口子的方式，媒介组织拉起了一张巨大的信息资源网络，正是通过这张网，媒介组织的庞大机器得以常规化地展开新闻生产。但设置这种运行模式的弊端在于，对口子内的新闻容易产生司空见惯之感从而忽视某些客观上具有新闻价值的选题，记者个人关系网覆盖之外的区域会被直接忽略，口子之外的社会其他重要领域与社区的信息资源也往往被忽略。一些改革中的媒介于是通过改变内部组织结构的方法以力求塑造更为严密的信息资源网。如有些单位设置“新闻中心”“突发新闻部”“要闻部”等，以应对捕捉在某一社会领域随机出现的信息资源。

但这样建构起来的信息资源网络仍然是塔奇曼所说的“事实性网络”，由于信息资源的筛选往往首先取决于它在社会各部门的最初提供者，因而覆盖面远远不能达到一个完整的、结构化的信息资源网络的要求。这张网络的疏密程度往往取决于不同记者个人社会关系网络的建构能力，因而一个媒介信息资源网络建构的合理性往往很大程度上依赖于从业者个人社会关系网络结构的合理性。如在2002年世界杯期间，《体坛周报》就因为成功挖掘了与米卢社会关系密切的女记者而获得了“零距离”

信息。而其他媒体由于未能建立起类似的社会关系，就很难在这一领域获得同样有价值的信息。

在新一轮大众化媒介的浪潮下，一部分媒介开始设置报料热线，以经济资源为报酬换取来自社会公众的信息资源，这在一定程度上弥补了信息资源网络的覆盖面不够严密的缺陷。

> 访谈：储记者，某市晚报社新闻中心110部，从业3年。
>
> 我主要跑突发，现在大多数线索是通过报社热线电话，也有自己的线人，网络论坛，还有博客。有些线索报社是要付钱的，市场经济嘛。
>
> 访谈：林记者，男，某省级日报报业集团，从业4年。
>
> 报社会解决付费的问题，有的给稿费，有的给报料费，我觉得这很正常，现在这个社会，信息就是资源，就是财富。
>
> 访谈：米记者，男，某市电视台民生新闻类栏目，从业3年。
>
> 我们给提供线索并能采用的人线索奖。采访对象不需要付费，不愿接受采访坚决不采，在小城市，付费采访还没有市场。

这里，一个具有争议性的问题出现了：媒介是否应该付费购买信息资源？从交换的角度来看，媒介从消息来源那里得到的新闻原料信息，经过加工后制作成新闻产品信息，可以在交换网络中作为流通的资本，从而获得经济资源的报酬，那么媒介支付给消息来源一定的酬劳作为生产成本似乎是十分公平的交换规则。问题是：付费的采访可能会直接导致变相的“有偿新闻”①，甚至会导致对信息资源的垄断性拍卖，这会使公民无法正常实现其信息知晓权。

我们认为，对信息资源需要作进一步的细分。事关公众利益的公共信

---

① 在西方新闻界，媒介付费从消息来源手中购买新闻是另一种形式的有偿新闻。这种新型的“有偿新闻”已经是一些媒体日常生产成本开支的一部分了，这种被称为“支票本新闻”的交换行为已经从媒介从业者的个人行为转化为媒介组织行为。英国著名的报业集团汤姆森集团下属的汤姆森基金会编著的《新闻写作基础知识》中涉及“金钱报酬”的新闻报道时指出：“有些重点的揭露性报道是由总编辑付钱给揭发人以了解内情后才公之于众的，有时要付给很大一笔钱。”这种支票本新闻在英国受到新闻理事会的严厉谴责。参见张殿元、张殿宫《三种传媒道德问题的跨文化思考》，《国际新闻界》2002年第5期。

息资源应当无偿提供，对政府部门而言，信息公开应该是一项日常的行政义务。而非公共领域的信息，尤其是个人的意见性信息或隐私性信息，则要考虑信息主体的意愿。

另一个同样有争议的问题是：是否应当对信息资源提供者进行匿名保护？持支持意见者认为，在很多涉及敏感话题的采访中，消息来源往往以记者承诺在报道中不披露其真实身份为提供相关信息的前提。持反对意见者则认为，事实准确可信是新闻报道需要遵从的重要原则，为此记者不仅需要从消息来源处尽可能准确和充分地获得相关事实信息，也需要在报道中尽可能地披露消息来源的身份以强化信息的可信性。[①]

我们仅从媒介交换网络的日常运作规律来看，如果不能适当地保护消息源，媒介所依赖的消息来源最终就会枯竭，媒介所需的信息资源也将无处获取，这将导致媒介失去最重要的资源成本。

四 “渠道—信息”资源交换场域中的偏向

（一）偏向的表现

有相关研究统计显示，媒介的消息来源总体上呈现偏向情形：在职业上，政府官员、专家学者、经济精英以积极而主动状态被呈现在新闻报道中，成为消息来源中的强势者；而一般民众作为消息来源的概率极少，而且往往角色单一、模糊与被动。在强势来源中，官方占据绝对的优势，是新闻事件中的主要定义者；专家来源越来越多地出现在媒体上，但却往往是在代表政府和资本权力而非社会公众说话；精英来源在新闻报道中会以一种“策略同盟”的方式来定义国家的主要问题，而民众则越来越无力去影响这种媒介议程。即使这些弱势来源走进媒体，却常常是被他者言说，有时更要付出特别的牺牲与代价。[②]

我们可以从“渠道—信息”资源交换场域中的偏向切入，探讨媒介交

① 陆晔、俞卫东：《传媒人的媒介观与伦理观——2002上海新闻从业者调查报告之四》，《新闻记者》2003年第4期。

② 王芳：《当前我国大众化报纸消息来源偏向研究》，博士学位论文，武汉大学，2007年，第1页。

换网络中各种利益和权力的实践如何透过对信息资源的控制，以实现策略性地交换与使用媒介渠道资源。

就我国媒体新闻生产的运作流程来看，以下两类消息来源在媒介交换网络中较易受到媒介的青睐而成为主要的交换对象：

其一，垄断性的官方机构与精英阶层。

就我国的新闻体制的实际状况来看，各级政府部门往往控制着大量优质的信息资源。媒介能否顺利采集到，可能并不取决于媒介组织及其从业人员的新闻采访能力，实际上更主要地取决于同时拥有权力资源与信息资源的政府部门的意愿。政府管理者对权威信息资源的控制程度与控制方式，会影响到媒介收集信息资源的广度与深度。

政治权力通过刚性的宣传管理和柔性的信息补贴，直接影响了新闻报道及消息来源的选择，特别是当政府新闻发言人成为一项制度性机制时，政治权力对媒介的影响更为微妙而细密。①

在一些政府机构人员的定义中，新闻媒体作为党和政府的喉舌，理应扮演传声筒的角色，在这种定位下，记者应该向官方要求搜集哪些信息，包括如何提问、问哪些问题，通过哪些官方渠道，都有一套独特的运作规则。只有熟悉这套交换规则，记者才能与官方机构保持良好的合作关系。官方以信息资助的方式交换媒介渠道资源，从而发展有利于自身的新闻报道。

精英阶层在我国现行体制中，往往带有较为浓厚的官方或半官方色彩，这类消息来源由于具有垄断权威信息资源的优势，在交换网络中占据主导地位，对于媒介渠道资源享有经常性的使用与支配权。

其二，策略性的利益团体。

各类型的目标明确的利益团体通过策略性的手段，对信息采集和信息处理施加影响，以干预和利用媒介渠道资源实现自身利益。

以上所列的两种消息来源，既各自独立地与媒介进行渠道资源的竞争与接触，又有时表现为合作式地共享新闻接近使用权，如有地方保护主义倾向的地方政府与地方企业之间的联结，共同策略性地利用媒介。

---

① 王芳：《当前我国大众化报纸消息来源偏向研究》，博士学位论文，武汉大学，2007年，第1页。

（二）偏向的动因

对于“渠道—信息”资源交换场域中出现的消息来源偏向，分析其产生的动因，可从以下几方面中加以探寻：

第一，管理者的控制。

这涉及“权力—渠道”资源交换场域渗透过来的影响。在媒介的“喉舌”角色中，媒介组织客观上需要承担一定的舆论宣传任务，在以“正面宣传为主”的方针指引下，一些官方消息来源将其片面理解为“只提供正面信息资源，少提供或不提供负面信息资源”，这客观上导致了媒介建构的信息资源网络的不均衡。

第二，信息资源交换者的主导霸权。

一些强势的信息资源拥有者习惯于利用信息补贴的方式换取对渠道资源的占有。如需求增加知名度的政治、经济或娱乐圈的公众人物，他们总是熟谙以信息资源交换渠道资源的方式与规则，在整个交换场域中处于强势的主导地位。

第三，复杂交换关系的多元化需求。

这一原因已涉及另一场域对此场域的影响，即“信息—注意力”资源交换场域中的交换规则影响了媒介对消息来源的选择性偏向。主要表现为，在“信息—注意力”资源交换场域中，媒介需要考虑占有最具有交换注意力潜质的信息资源，才能最大限度地在这一场域中获得交换的优势。而媒介组织自身并不天然地拥有信息，所以需要在“渠道—信息”资源交换场域先行交换，因而受众的多元化需求就成为媒介在选择消息来源时不得不考虑的重要因素。

第四，媒介交换规则的强化。

主要表现为新闻生产截止时间的限制和信息价值判断的标准。

媒体新闻生产周期性的截稿时间促使记者选择最便利快捷的通道交换信息资源，因而，通过跑口分工、条线设置等常规化的制度，媒介组织认可了官方机构与精英阶层在交换信息资源时作为选择对象的优先权。

此外，通常新闻专业规范中认可的新闻价值标准如重要性、显著性（包含人物、地点、事件的显著性）、时新性、接近性等要素，都在一定程度上强化了信息资源与渠道资源交换时的规则。

第五，媒介从业者的视角固化与社会关系网络的建构。

一方面，媒介从业者整体所属的阶层处于社会中间阶层甚至上层，多年来所受的精英式教育以及在新闻媒介组织内部所接受的专业化训练都可能导致受社会主流意识形态影响较深，在选择消息来源的过程中无意识地倾向于依赖与信任社会上层人士与精英阶层。另一方面，新闻从业者个人的社会关系网络的建构也对消息来源的偏向产生一定的影响，即媒介从业者对已建成的关系网中的资源交换方惰性依赖。在媒介从业者的关系网络中，人情资源作为嵌入“渠道—信息”资源交换场域中的中介资源，客观上产生一定的影响。媒体从业者与消息来源的关系网，与信息资源网络也会在特定的范围产生某种程度的重合。在网络重合的结合部，人情成为嵌入这一场域的一种中介资源，被策略性地运用到媒介与消息来源的交换之中。

（三）偏向导致的新闻伦理问题

消息来源的偏向会导致“渠道—信息”资源交换场域中出现诸多新闻伦理问题，主要表现为以下几点。

1. 正面信息资源的主动交换与过度交换

当消息来源与媒介处于合作共生的关系时，对消息来源有利的正面信息资源就会以主动呈现的方式参与进交换场域。就目前我国媒介普遍采用的模式而言，通常采用“跑口”或部门分工的方式，一个记者长期负责跑一个部门或几个部门，这会有利于熟悉这些部门的情况，形成相对稳定的消息来源，也有利于他们积累相关知识，向相关方面的专业型记者发展；同时，这种管理方式也是保证媒体正常运作效率的有效途径。

但这种机制很容易导致记者与他们相对固定的消息来源之间形成一种互利关系，记者希望从消息来源那里得到更多可供报道的新闻；消息来源希望能通过记者发布有利于自己的信息。正如约翰·赫尔顿所分析的那样：“这种共生关系对于读者观众是有害的。他们以为他们得到的新闻是真实情况的报道，而其实只不过是消息提供者与记者串通一气，共同商定的那些可以让他们知道的情况。”①

在迪斯尼世界诞辰 15 周年的庆典上，一共有 10500 名客人受到邀请

---

① ［美］约翰·赫尔顿：《美国新闻道德问题种种》，刘有源译，中国新闻出版社 1987 年版，第 91 页。

参加三天的庆祝活动。他们中的一半是来自媒介的代表，而另一半则是这些代表们每人的一位朋友。迪斯尼公司、航空公司以及当地政府等机构为这项活动共报销 800 万美元。迪斯尼公司没有公布参加庆祝会的人中有多少分文未花，部分提出付费要求者按规定只交了 150 美元，只有少数新闻单位付了费。而迪斯尼公司估计，在这次活动中，来自电台、电视台的那群人至少向美国的各个角落播出了 1000 多个小时的新闻报道。同时，作为迪斯尼公共关系部门的礼物，媒介工作人员走时带走了此后几个月可能用作报道的材料。迪斯尼的管理层正确推测媒介的报道结果必是极其积极的。正如一位报人所说：“没准这些年他们已经在迪斯尼建造核武器了，但绝不会有人操这份闲心的。”①

在这个交换网络中，没有什么是免费的，机构或组织签了账单是希望他们的投资会有所回报。像迪斯尼这样的主办单位花了钱是为了获得相对来说并不昂贵但却有效的公共关系网。

媒介从有合作关系的消息来源处获得的信息，必然在内容的使用与材料的组合上更多地倾向于资源提供方。同样的例证是，在我国的很多媒介，在“保护投资环境、保护民族工业”的政策指引下，媒介组织会与地方政府合谋将宣传信息加工成新闻报道。对地方民企发展典型的报道极易受到当地政府的保护。

2. 负面信息资源的偏向式呈现

一方面，媒介与消息来源长期稳定的交换合作关系，会导致媒介不愿去主动发现不利于作为合作者的消息来源的信息，即使发现了不利于密切关系对象的信息，也不会贸然对外报道，因为这将不利于媒介与消息来源长期稳定的交换网络的构筑，也即交换关系会产生冲突。所以，这种情形下，媒介通常偏向于主动封锁与淘汰不利于有合作关系的消息来源的信息。

访谈：胡记者，女，某商报新闻部，从业 7 年。

因为我负责的口子是教育部门，经常接到学校或者教育主管部门希望不见报的要求，比如，学校假期补课、乱收费之类的。

① ［美］克利福德·G. 克里斯蒂安等：《媒介公正：道德伦理问题真的不证自明吗?》（第五版），蔡文美等译，华夏出版社 2000 年版，第 49—50 页。

访谈：杨记者，男，某市电视台新闻频道，从业 4 年。

有关消息来源的负面新闻，绝对不会主动曝光。以后还怎么打交道？

访谈：王记者，女，某市日报社新闻部，从业 4 年。

我有一批经常合作的消息来源，比如说口子上的单位。遇到不利于他们的新闻，还是会淡化一些的，毕竟要经常和他们打交道，要是有负面新闻，他们会中断和你联系。

另一方面，除了封锁合作者的负面信息外，由于负面信息总是能够轻易吸引受众的注意力，因而具有与受众交换注意力资源的潜质，媒介会出于市场化考虑而过分关注其他领域的负面信息，从而造成媒介负面信息的偏向式呈现。

与正面的信息资源往往是消息来源主动构建与传递不同，负面信息资源作为受众十分关注的信息类型，媒介想要获取却十分困难。为了获得来自其他领域的负面信息，媒介会采取暗访、偷拍等伦理上具有争议性的方式。

访谈：夏记者，某市晚报社新闻中心 110 部，从业 5 年。

平时经常暗访，没具体统计过，大概有 30% 多吧。

在一次研讨会上，央视《焦点访谈》的节目制片人透露，刚刚研究过的一批节目选题中，有三分之二是运用偷拍采访。[①] 这说明，在以《焦点访谈》为代表的舆论监督节目里，偷拍正在成为主要的获取负面信息资源的手段。

《中国青年报》曾载文批评室内真人秀电视节目《完美假日》让 12 名陌生男女共处一室，24 小时被 60 台监视器全程拍摄，“满足少数人的偷窥欲”；北京一家著名媒体曾每日连载央视记者偷拍的故事，作者写道：偷拍在电视业“已成燎原之势”。[②]

① 陈力丹、徐迅：《关于记者暗访和偷拍问题的访谈》，《现代传播》2003 年第 4 期。

② 同上。

下面这段资料记述了笔者所熟识的一位电视台记者的暗访经历：[①]

> 2006年，得知合肥市场出现大量的注水牛肉出自政府定点屠宰场，暗访。暗访时间为下半夜屠宰之时，时值初春，天下阴雨，夹杂碎雪。为装扮像买肉的贩子混进屠宰场，脏衣垢脸，头发臭味难闻。第一天，没能进去，不信任。第二天，雇个民工同往，遂进，但时间已晚，屠宰结束。第三天，身上恶臭难闻，进去，成功暗访。高兴撤出，但暗访设备故障，无果。第四天继续，重复头天问题，仍旧到处走动，引起怀疑，屠刀在眼前直晃，三五人围来。镇定之后，从容买肉，三五言语打消怀疑。当日，前往明访，相关部门表态没有问题。后节目播出，相关责任人判刑，成为安徽因制售假劣商品罪被依法刑事处理的第一人，也推动政府职能部门出台一系列政策补救。

从上述案例中可见，暗访与偷拍在无法通过正常消息来源获取事关重大公共利益的信息时，有其独特的无可替代的作用。

但大面积的泛化尤其是大量运用在获取个人隐私信息时则有悖新闻伦理。在一个人的隐私权和公众的获知权之间，媒介似乎总是更乐意于选择满足后者，原因正是由于公众的注意力天然地易于被隐私类信息所吸引，即受到“受众集体偷窥的心理快感”所驱动。

保护某个人的隐私对媒介而言，并不能换取相应的报酬，而在现行的交换规则下，揭露隐私也并不需要付出多高的成本代价。两相权衡，“完全市场新闻学”导向下的媒介组织或从业者极易选择以隐私类信息交换受众的注意力资源。

3. 策略型信息资源的生产

为了利用媒介渠道形成有利于消息来源的舆论影响，一些消息来源人为生产制造出具有交换价值的信息，这类信息我们姑且称为“策略型信息”。可简单将之分为两类：一是“媒介事件”，即通过制造新闻点，策划出有利于自身形象的事件利用媒体渠道进行宣传；二是不惜生产出他们自己的“假事件”，此类事件并不具有真实性，但也通过“事件推动者”的运作，成功获得媒介使用。

---

① 本段资料由暗访亲历者提供。

前者如1999年春季，西安流传生猪有“口蹄疫”，致使西安市民三个多月不敢消费猪肉。这时，西安方欣公司策划了一则新闻，推出“放心肉”。与此同时，该公司还组织给护城河清淤泥的子弟兵送“放心肉”的大型活动。一时间，几乎陕西所有媒体都争相报道“放心肉”。此后，方欣公司肉联厂的生猪屠宰量直线上升。①

后者如至今疑云重重的“正龙拍虎”案。2007年10月4日，陕西省镇坪县农民周正龙宣布其拍摄到野生华南虎的照片。10月11日，陕西省林业厅组织野生动物专家和影像专家鉴定照片，结论为“真实”。12日，陕西省林业厅公布了该照片。15日，陕西省欲申报建立陕西镇坪华南虎“国家级自然保护区”。接着，不断有网友和专家质疑照片的真实性。20日，一记者欲上山探寻真相被扣留。22日，陕西省林业厅重申周正龙是“拍”虎英雄。孰料，2008年1月14日出版的2008年第1期中国科协学术会刊《科技导报》，发表了来自国防科技大学专家的论文《“华南虎”照片的摄像测量研究》。该论文表示：周正龙所拍摄的老虎为纸老虎。2008年6月29日，陕西省新闻办召开新闻发布会，宣布虎照系周正龙造假，并发布了“华南虎照片事件”调查处理的有关情况。②

2008年11月30日，《晋商包机进京抄底团购豪宅》、《山西煤老板包专机进京购豪宅选购300万至1000万元楼盘》等相关新闻在网络上开始热炒，随之不少媒体纷纷跟进。《山西晚报》记者进行了调查采访，发现事实并非如此——没有一个人是煤老板；也不存在包机，而且买的还是低价折扣票；是看房团而不是购房团……但对于事实的真相，却几乎没有人去追究，记者接触到的当事者除了表示愤慨外，都没有提出要进一步交涉。而“煤老板包专机购豪宅”的传播，却被评价为“一次地产营销的成功案例”。近年来，类似这样由媒体发起、组织的商业炒作不胜枚举，但新闻界却见怪不怪，习以为常，甚至以能分一杯羹为幸事。③

2014年4月17日，某都市报第二版中，出现了巨幅“寻狗启事”的广告，广告中一名自称陈女士的业主声称：爱犬“查理”不慎走失，如

---

① 张韬：《法律保障你的“红顶”长青——北京惊天律师事务所律师陈惊天访谈》，http：//home. donews. com/donews/article/4/47567. html，2003－06－17。

② 《华南虎照片疑云》，http：//news. sina. com. cn/z/hnhzhpyy/。

③ 《新闻记者》编辑部：《八年新闻打假，留下五大困惑》，《新闻记者》2009年第1期。

有好心人寻得，愿意用刚订的一套××××（某楼盘名称）的房子作为交换。有网友表示要放下手中的工作帮忙寻狗；也有细心的网友发现启事中所提的走失地点正是楼盘所在地，因而质疑该启事实质是房产广告。

访谈：强记者，男，某市日报社经济新闻部，从业8年。

现在很多企业学会喂料给媒体，比如某位领导来到某企业考察，此前，企业就通知了一些媒体，借机大做免费广告。

访谈：宛记者，女，某市晨刊新闻部，从业3年。

有一次我写了区妇联正在搞免费妇检，为5.4万妇女做检查免费。本来这个稿子是很好的选题，但后来由于妇检的医疗卫生单位故意夸大病情，导致90%妇女都被查出或多或少存在妇科病，而接受打着免费检查幌子的这个医疗机构进一步治疗。医疗机构是狠赚了一笔，许多妇女发现真相后来投诉，让我觉得原本的好事变成了坏事。

访谈：胡记者，女，某商报新闻部，从业7年。

中考之后，学校预估分数线。这是很抢手的新闻，只要能要到学校的预估分数，稿子一定能发，而且发在显著位置。但是，学校提供的预估分数不一定是真的，很可能会低估一些，让更多的考生填报。这样的稿子写出来害人。所以，后来我必须自己估，学校给的分数只能做参考。录取后公布的分数线，我估的比学校估的准多了。

访谈：吴编辑，女，某财经类媒体编辑部副主任，从业9年。

在证券媒体行业，经常会有庄家要出货，故意在媒体上放风，当年K先生朱大户操纵中科创业就是很好的例子。

在策略型信息资源的生产过程中，既有消息来源单方制造信息，再利用媒介渠道加以传播，也有媒介从业者与消息来源共谋达成资源的交换，甚至有媒介组织主动发起，与当事方共同生产出策略型信息资源。

4. 信息资源网络的非均衡构建

一个合理的信息资源网络应该能同时容纳结构完整的事实性信息与多元均衡的意见性信息。媒介要能建构全面、均衡反映社会宏观结构的信息资源网络，如社会的重大时政信息和重要的公共信息资源，都应当及时出现在媒介的信息资源网络中。媒介提供的信息资源网络本身应是结构化的、具有内在逻辑性与整体性的，而不是碎片化与倾斜的网络。媒介构筑的镜像世界越接近于受众期待的客观世界，越能获得受众的注意力资源。

但在我国当前媒介的日常运作流程中，媒介的信息资源分类标准时常出现不稳定性，或者说，不同媒介组织的信息资源网络的结构时常发生变化，可塑性很强。哪一类型的信息资源最具有交换价值，则媒介在这一类型的信息资源的获取渠道上也会相应地投入更大的资源成本。将信息资源整合成何种形式可以得到最大限度的交换价值，是很多改革中的媒介最常思考的问题。

分层的交换网络会导致媒介在过度依赖精英阶层与权力机构提供的信息的同时，忽略了作为弱势群体的消息来源。以《人民日报》对农民工的报道为例。①

研究人员收集了《人民日报》有关农民工议题的报道一共 1050 条样本，对样本分析的结果表明，有关农民工报道的主要消息源来自官方和意见领袖，而作为报道主体的农民工充当消息来源的不足 20%。因而，“边缘人”的报道是按主流人群的观点态度来选择事实、剪裁事实和叙述事实的，其中充斥着政府、官员、专家的叙述和论断，农民工的声音却难以通过媒介表达（如表 6－1 所示）。

表 6－1 相关农民工新闻报道线索来源分布表

来　源	数量	百分比
政府部门、政府官员	472	45%
专家、知名人士	220	21%
农民工或其子女	168	16%
企业或企业主	63	6%
法律援助中心等民间组织	47	4.5%
学生及其他	52	5%
不明	26	2.5%

媒介与消息来源长期共生的合作关系会促成媒介对消息来源的信任感的建立。消息来源在社会结构中的位置也会影响媒介对信息价值的判断。

正如李普曼在《舆论学》中所阐述的，现实环境如此巨大、复杂而

① 王芳、刘海霞、李卓琳：《大众传媒与农民工的关系研究——以人民日报对农民工的报道为例》，《开发研究》2007 年第 1 期。

又稍纵即逝，根本不可能被直接获知。人类在这个环境中生存和行动，必须将其重新建构成一个更为简单的模式，大众传媒恰好完成了这个任务。与媒介传播的关于这个世界的图景相比，我们对这个世界的直接观察是如此微不足道，我们依赖媒介而生活，未被报道过的就是不存在的。我们经历的环境只是通过媒介简单化之后的虚拟环境，这种环境是否真实姑且不论，重要的是我们不能不基于这种环境去期待、去行动、去奋斗，这种行为不仅有其自身真实，并伴有真实的结果。从这个意义上说，虚拟环境创造了新的真实。①

消息来源的偏向导致信息资源网络的非均衡构建，按照李普曼的“两个环境”理论，其直接的后果就是导致人们对周围的环境无法全面感知，而人们行动的依据却是要建立在这种失衡的信息资源网络之上。

由于媒介消息来源的精英化与主流化偏向，媒介通过这样的消息来源网络所构筑的媒介现实也就带有一定程度的精英化与主流化偏向。在交换网络框架下运转的媒介每天正是在与主流消息来源的合作基础上建构关于社会的“影像”，而受众则是通过媒介建构的影像来认知客观现实。由此产生的媒介拟态环境与现实环境之间必然存在很大的误差，换言之，媒介所构筑的“媒介现实”与“真实地反映社会现实”必然存在差距。

（四）偏向的后果

其一，信息资源网络的非均衡构建导致新闻报道无法做到真正客观公正，也难以全面展现社会现实。当记者习惯于依赖固定的官员、专家等强势者作为消息来源，媒介最终势必会形成一个非均衡的信息资源网络。由职业倦怠引起的对信息交换对象的依赖，也会导致记者疏于拓展新的消息来源。在这种情形下，要求有明显偏向的消息来源能普遍代表社会各界的利益，能忠实反映不同阶层关切的实际问题，显然过于理想化。

其二，正面信息资源的过度呈现导致媒介的监督与守望功能遭到削弱。以有限的渠道资源交换过多的正面信息资源，客观上势必导致另一些对公众更有价值的信息无法获得媒介近用权，从而削弱了媒介的监督与守望功能，媒介公共利益的实现也会变得更加艰难。

---

① ［美］李普曼：《舆论学》，引自张国良主编《20世纪传播学经典文本》，复旦大学出版社2003年版，第128页。

其三，新闻媒介的公信力易受到伤害。策略型信息资源的生产者由于其利益导向下的生产动机，极易产生虚假信息，从而使得媒介的公信力受到伤害。

其四，加剧社会资源分配的不均衡。媒介作为社会资源的一种，可以增加近用者获得其他社会资源如政治资源、经济资源、文化资源的机会，因而越是能获得媒介渠道资源的组织或个人，越是能占有更多的社会资源。而相应的，越是缺乏交换媒介渠道资源的手段与途径的组织或个人，越是被排斥在媒介交换网络的边缘，也就越难获得相对应的社会资源。久而久之，便会加剧社会资源分配的不均衡。

本章小结

在“渠道—信息”资源交换场域中，行动者由消息来源与媒介构成。

作为行动者一方的消息来源，会采用特定的角度和叙述方式来建构信息资源，不仅向媒介提供其个人或组织偏好的信息，也提供了一套界定信息资源价值与意义的框架，媒介得到的则是经消息来源运用其框架加工过的信息。消息来源通过交换信息资源的方式，合法地获得对媒介渠道资源的支配权。

记者作为媒介组织活动的代理人，不仅需要依赖消息来源提供新闻原料信息，在处理新闻原料信息时，也会依赖于消息来源所作出的价值判断。与此同时，记者选择谁作为消息来源、选择消息来源提供的哪一类型信息以及对这些交换来的信息以何种类型的新闻生产方式进行加工，仍然具有相当的主动权。

因而，在“渠道—信息”资源交换场域中，媒介与消息来源是具有竞争格局的交换双方。在双方的交换或者互动过程中，媒介与消息来源相互竞争，不断使用各种策略以影响对方的行动，从而使交换朝着有利于自身利益的方向发展。同时，双方都尽力保护自己的资源，如消息来源尽力封锁负面信息，记者也尽力免于渠道资源被不当利用。而新闻生产就是在这样一种竞争与合作机制下，渠道与信息资源交换而来的结果。

人情是“渠道—信息”资源交换场域中的特殊流通资源。新闻从业人员与消息来源之间的关系容易从工具性关系转变为混合性关系。记者在新闻采集的过程中，如果遇到社会关系网中的某一个人要求其给予报道（正面宣传）或不报道（负面曝光）的资源支持时，记者往往会陷入人情困境中。如果坚守新闻规范，拒绝给予对方帮助，则势必会影响到与对方的关系。因此，在这种情境下，记者不得不遵循人情规范，给予对方特殊的帮助。

媒介从业者个人编织的社会关系网络会影响到其信息资源网络的建构，甚至会发生很大程度的重合。媒介从业者是否在某一条块建立起了个人关系网络，也会直接影响到媒介最终制造出的新闻产品信息的内容、结构与质量。

“渠道—信息”资源交换场域中存在消息来源的偏向。两类消息来源在媒介交换网络中较易受到媒介的青睐而成为主要的交换对象：一是垄断性的官方机构与精英阶层。二是策略性的利益团体。偏向产生的动因包括管理者的控制、信息资源交换者的主导霸权、复杂交换关系的多元化需求、媒介交换规则的强化、媒介从业者的视角固化与社会关系网络的建构。偏向导致正面信息资源的主动交换与过度交换、负面信息资源的偏向式呈现、策略型信息资源的生产、信息资源网络的非均衡构建等新闻伦理问题。

信息资源网络的非均衡构建导致新闻报道无法做到真正客观公正，也难以全面展现社会现实。正面信息资源的过度呈现导致媒介的监督与守望功能遭到削弱，新闻媒介的公信力易受到伤害。此外，消息来源的偏向加剧社会资源分配的不均衡。

第七章

"信息—注意力"资源交换场域中的新闻伦理

"信息—注意力"资源交换场域中的双方行动者为媒介与受众。其中，媒介一方将从各类型消息来源那里获取的新闻原料信息，加工制作成新闻产品信息，作为其完成交换活动的资源成本；受众一方则拥有自身的注意力资源，这是管理者、投资者以及有利益导向的消息来源在与媒介交换的过程中共同关注的间接交换目标。

采取不同的理论取向，受众（audience）研究可以有非常不同的理论抽象：信息接受者，传媒产品的消费者，传播活动的参与者，民主社会的公众（public），意义或象征表现的建构者，意识形态霸权过程的自愿参与者，资本主义市场经济的商品化对象，等等。① 在"信息—注意力"资源交换场域中，受众主要的角色为拥有注意力资源的潜在交换对象。

当信息资源作为媒介用来交换的资源成本时，媒介就有必要思考哪些类型的信息资源具有更高的交换价值，从而在新闻生产的过程中更为主动地去收集此类信息。从理论上而言，媒介在考量的过程中，需要在利润与品质之间进行权衡，以在迎合受众注意力的同时，不伤及媒介基本的公信力与影响力。但事实上，媒介未必总能很好地找到平衡点。

访谈：米记者，男，某市电视台民生新闻类栏目，从业 3 年。

现在有时候觉得做新闻就是混口饭吃，因为我们这里新闻的宗旨是帮助老百姓解决实际问题，但是很多时候，明明知道客观原因根本帮不了他们，但是还是要采访播出。有时候，采访的内容可以反映社

① 潘忠党：《学为问，学而知不足》，载王永亮等《传媒论典》，中央编译出版社 2004 年版，第 278 页。

会问题，但也不给播。所以，我们工作，社会现实不是我们衡量新闻价值的标准，而是围绕吸引观众，增加收视率。

通常，媒介以“新闻价值”的表述来界定一条信息是否具有成为新闻产品的特质，例如及时、邻近、显著、影响、冲突、奇特等。新闻价值是一种共识，也是新闻工作者熟悉的概念。如 Galtung 和 Ruge 曾发现新闻价值对于决定何者为新闻“事件”很有影响，媒体会根据新闻价值决定该事件是否值得在频道播出；从西方新闻学的新闻采访观点来看，为了配合采访需要，媒体喜欢用下列标准选择新闻：及时性（突如其来）、重要性及强度、清晰明确、未能预期、文化上接近预设的读者群、持续性。另外，电子媒体则须考虑录制和传送新闻的可能性。[①]

丁柏铨教授将衡量新闻事实的内在素质界定为四条标准。第一，事实对受众来说有无意义；第二，事实对受众来说有无益处；第三，事实对受众来说有无关系；第四，事实对受众来说有无趣味。[②] 这种区分比用“新闻价值”的概念更易于理解事实所具有的全部显在或潜在的素质，或者说，更易于识别信息资源所具有的价值。

然而，当媒介忽略了受众作为“公众”的角色身份，过度重视受众的注意力资源并将之简单化为换取经济资源与权力资源的重要成本时，媒介对信息资源的鉴定与区分标准就会发生一定程度的失衡，对信息资源所蕴含的冲突、奇特、显著、戏剧化等要素的关注就会胜过对信息的其他要素如重要性的考量，从而出现新闻伦理问题。

“目前的媒体市场，有许多论者以为是一个争夺‘眼球’的时代。谁家的新闻稀奇古怪，谁家的新闻能满足社会普遍的好奇心和窥伺欲，常常能拔发行量之头筹，至于此类新闻的事实之真假、格调之高下，则无暇顾及了。而一些新闻价值高而比较严肃的时政新闻、经济新闻，反而不如上面的那类新闻引人注目。于是版面上猎奇媚俗的东西日益泛滥成灾，诸如明星秘闻、名人口角、官场奇案、商界骗局，暴力凶杀、色情诱引，还有千奇百怪的琐事、标新立异的高论，凡是能耸人耳目的东西，几乎无日无

① 臧国仁主编：《新闻工作者与消息来源》，台北政大新闻研究所 1995 年版，第 60 页。

② 丁柏铨：《新闻理论新探》，新华出版社 1999 年版，第 180 页。

之。"[①] 这段话中所列举的各类猎奇媚俗的信息无不是媒介在注意力资源导向下而生产出来的新闻"劣币"。

在媒介从单一的舆论宣传工具的角色中解脱出来而渐渐向"市场导向新闻学"靠拢时，注意力资源在媒介内容生产过程中产生了强大的力量。媒介备受诟病的虚假新闻多来自这一场域。除虚假新闻这一显性的伦理问题外，媒介的新闻媚俗化与泛娱乐化、新闻炒作、媒介构筑的新闻现实整体上偏城市、偏高消费层、偏服务与休闲的倾向，以及将弱势群体边缘化的倾向等问题，都是在这一场域中存在的相对隐性的新闻伦理问题。

一 泛滥的假新闻：交换注意力资源的廉价成本

《北京青年报》曾连续三次刊登高超"换头术"的假新闻。1998 年 4 月 24 日，《北京青年报》在"前沿新知"版发表头条新闻《换头术，我是谁?》的报道，详细介绍了在苏联、美国发生的有关换头甚至换脑的新技术。文中说美国影星伊丽莎白·泰勒前不久已经签订合同，预付了 3.5 万美元的手术定金；文中还以一个 1998 年春发生在瑞士的五个 W 都俱全的"新闻"来佐证报道。此文被《作家文摘》转载，广泛传播。1999 年 9 月 17 日，《北京青年报》又在"前沿新知"版发表通版大新闻《伊丽莎白·泰勒大脑移植已交定金》。2001 年 7 月 22 日，《北京青年报》发表了"美国医生怀特赴乌克兰操刀换人头"的新闻。结果，这三则"新闻"都是假的。[②]

2004 年摄影作品《非典时期的婚礼》获得第 47 届世界新闻摄影比赛（荷赛奖）日常生活类（单幅）三等奖，后来经当事人揭发公众才知晓，图片中的"新郎"和"新娘"，其实是摄影师从照相馆请来的两个模特，两人并未举行所谓的"婚礼"。作者为了发表新闻、制造出一个"好新闻"而请来这两位模特做了这场"演出"，整个过程其实都是由作者一手"策划"的。

以上案例正是出于对受众注意力资源的吸引，媒介从业者刻意挖掘新闻中最具有奇异与反常性、最能让受众注意到的特质。就《非典时期的婚

---

① 吴元栋：《面对"劣币驱逐良币"》，《新闻记者》2004 年第 6 期。

② 陈力丹：《假新闻何以泛滥成灾?》，《新闻记者》2002 年第 2 期。

礼》而言，其策划出的故事具有“灾难”、“疾病”、“死亡威胁”、“永恒的爱情”等符号，从而构成了吸引受众注意力的基本要素。当平淡的社会生活难以满足媒介从业者这一需求时，媒介的“反映现实”与“建构现实”有时就会变成“制造现实”和“虚构现实”。

这里需要提及信息资源的类型化问题。当信息成为一种可供交换的资源时，信息所内在的商品性便会促使媒介在新闻生产过程中对其进行类型化的处理，就像绝大多数企业对自己的产品进行定位与设计一样。新闻产品信息如同电影一般，可被类型化为政治纪录片、生活实用资讯、戏剧性的故事等。而具有戏剧性特质的信息被大量地需要，于是，生产具有戏剧性特质的新闻产品信息就成了完全市场导向的媒介最为重要的任务。

到底是受众对戏剧性故事的需要导致媒介追逐此类信息还是生产此类信息的媒介造就了低趣味的受众？这样的提问极容易使人陷入鸡生蛋与蛋生鸡的困惑。寻找源头已经没有意义。重要的是，今天的现实是媒介的生产与受众的喜好已如此紧密地联系在一起，在“信息—注意力”资源交换场域，媒介与受众的关系成为相互依赖的共生关系。

一方面，媒介对戏剧性信息的生产的确满足了一部分受众的趣味，另一方面，根据涵化理论（Cultivation），长期暴露在媒介信息下的阅听人将会产生同一种结果，也就是被媒介灌输了一套共同的价值观、世界观以及角色认同等。[①] 因而，长期处于这样的媒介环境中，又会加剧人们对这类信息的需求。这构成了戏剧化信息与注意力资源之间循环的相互吸引。

Eberhard 整理了美国大学新闻系最常使用的 14 本新闻写作教科书发现，与新闻价值有关的名词多达 43 个，半数教科书较有共识的有 6 项，为及时性、邻近性、显著性、人情趣味、冲突性以及结果或可能的结果。[②] 我们可以将此 6 项作为分析一条新闻信息所具有的吸引受众注意力资源的 6 项要素，那么，拥有要素越多的新闻信息则越具有交换注意力资源的价值。

《新闻记者》杂志自 2001 年始，每年评选出年度十大假新闻。在对这

---

① 郑贞铭：《电视人的知识与智慧——为台湾电视发展招魂》，《新闻前哨》2007 年第 11 期。

② 转引自臧国仁主编《新闻工作者与消息来源》，台北政大新闻研究所 1995 年版，第 62—63 页。

些假新闻进行整理分析后，我们发现，这些颇具代表性的假新闻至少具备上述6项要素中的4项。在这些假新闻中，有的被放大了显著性，有的被增强了趣味性，通过这样的加工、变形与包装，原本很普通的新闻原料信息具备了吸引注意力的诸多要素（案例详情请参见附录A《新闻记者》评选2001—2013年度十大假新闻）。

如案例64，2007年度十大假新闻之一《兵妈妈认了176个兵儿子》。在报道中，作者塑造了一个无私伟大的兵妈妈乔文娟形象。这篇被职业写手肆意拔高而写就的正面典型报道，经《杂文月刊》刊发，《读者》转载，使得“新时期爱国拥军模范”乔文娟及其家人陷入重重误解之中：

> 在1998年抗洪中，她用为女儿借来的上大学的2000元学费给一线子弟兵买了雨衣。时过6年，再回洛阳，兵妈妈的名字竟如雷贯耳……她认了176个兵儿子，她救助了700多个灾民和患病战士……我去了她家……屋里比6年前更寒酸，简陋得连一般家庭都不如。她不在，她那退休又打工的丈夫张建民在用煤球炉做饭……50多岁的老人，在兵妈妈背后苦苦支撑着这个穷家的老人，他的脸上褶皱纵横，他的两手肿大皴裂，他憨憨地笑着……老人把一个上了锁的大木箱打开给我看，里面是全国各地的火车票汽车票、汇往全国各地及几十个部队的汇款单、爱心捐款的证书。老人告诉我，这些凭据的总数是43.8656万元。也就是说，月收入从未上过千元的一对夫妻，25年献爱心40多万元。我真的感动了……①

我们不妨对这则新闻中出现的关键新闻点进行一次新闻生产前后的比较（见表7-1）。

表7-1　《兵妈妈认了176个兵儿子》文本分析

新闻点	新闻原料信息	加工后的新闻产品信息
现金来源	2000元是女儿的祖父母、外祖父母送的	借来的2000元
救助人数	救助过一些困难群众、患病战士，但从没救过灾民	救助过700多个灾民、战士

① 贾尤凡、陈斌：《2007年十大假新闻》，《新闻记者》2008年第1期。

续表

新闻点	新闻原料信息	加工后的新闻产品信息
家庭情况	8年前搬到新家属楼，换了全套新家具	比6年前更寒酸，简陋得连一般家庭都不如，苦苦支撑的穷家
配偶情况	身体健康，河柴集团中层干部，根本没有退休打工，也不是“脸上褶皱纵横，两手肿大皴裂”的样子	50多岁的老人，退休又打工，他的脸上褶皱纵横，他的两手肿大皴裂，他憨憨地笑着
捐款数额	工薪阶层，不吃不喝也难攒下40多万	月收入从未上过千元的一对夫妻，25年献爱心40多万元

比较后我们发现，在普通的新闻原料信息基础上，新闻生产者进行了加工改造包装，使其成为了在销售过程中更具交换优势的新闻产品信息。当事人张鸣跃在网上回应网友的质疑和指责时承认，初稿开始不是投给《杂文月刊》的，“此前接连投给三家刊物，人家都说不用”，原因是“感人的分量及细节不足”。其间，“每当一家刊物说不行，我就改一点，先后改了4次，最终，稿子被《杂文月刊》留用了”。编辑所要求的“感人的分量及细节”代表了新闻生产过程中一种典型的吸引注意力资源的导向。

二　新闻煽情化：流行的新闻生产技巧

新闻煽情化倾向有时也被批判为媒介的小报化。这里的“小报”并非指报纸开张的实际大小，而是用于指涉一种类型的新闻，这种新闻的特点是“夸张的”、“煽情的”、“过于戏剧化的”，几乎完全集中在人情味角度以及“名人”。①

John Langer在分析《小报电视与新闻文化：接近使用权与再现》时说道：“尽管存有很多反对它们的声音，小报化的新闻看来并没有退出的意思。……如果电视新闻被作为一个‘案例研究’来检视的话，就会变得很明显，那些可能被描述为拥有小报特质的故事往往是每天播报的新闻的一部分。”② 例如，“受害者”角色与“救星”角色的戏剧化故事频繁出现于各类民生新闻的版面与频道。因为这一信息类型具有强烈的戏剧冲

① ［澳］Simon Cottle：《新闻、公共关系与权力》，复旦大学出版社2007年版，第181页。

② 同上书，第182页。

突，可以吸引最大范围的受众的注意力资源。

新闻煽情化倾向主要出自“信息—注意力”资源场域的交换。

伴随着20世纪90年代以来一批立足城市、面向市场、具有强烈的市民化、城市化色彩的大众化媒体的崛起，以煽情手法处理新闻原料信息逐渐成为一种流行的新闻生产技巧，并获得大众化媒体及其从业者的广泛认可。

> 访谈：史记者，女，某市晨刊新闻部，从业4年。
>
> 在标题上要夸张、要劲爆、要拉伸人的视觉神经。
>
> 访谈：章记者，男，某省电视台新闻频道，从业5年。
>
> 采访对象要找好看的、漂亮的，画面要大气的，冲击要大。
>
> 访谈：解记者，男，某省级日报报业集团，从业3年。
>
> 这是今年“莫拉克”台风登陆前，我传回报社的一篇稿件开头，给你看看，现在这边都流行这样的写法，其实就是为了满足受众需求，让他们想继续往下看而追求的煽情手法：
>
> 黄忠建背着双手，沿着一条宽阔的水泥路，向苍南霞关镇窑洞村窑洞屋山走去。
>
> 路渐渐有了坡度，黄忠建不时抬起头，望着树丛间一幢若隐若现的水泥小屋，再看看海岸边卷起的五六米高浪头，接着不住摇头。
>
> 一名穿着黑黄色衬衣的老太太，出现在小屋旁，看上去步履有些蹒跚。时而掀起的阵风，不仅吹起了老人花白的头发，也让她瘦弱的身躯，也明显跟着晃了一下。
>
> 黄忠建看见了，加快了脚步，沿着一条山道小跑向前，“你看看，那就是我倔强的母亲，从昨晚到现在，风越来越大，都上去劝了3次了，可她就是不下来。”
>
> 说话间，黄忠建用双手在嘴边围成喇叭状，大声喊道：“妈，快下来了，台风真要来了。”

不断攀升的收视率、收听率与发行量成为注意力资源的量化指标，也成为媒介在新闻生产过程中决定新闻原料信息加工方式的重要指引。

在“信息—注意力”资源交换场域中，能够成功交换注意力资源的信息符号特质有轰动效应、戏剧化、视觉效果、与正常预期的异质与断裂，等等。因而，信息所承载的新闻内容是不是受众最应当知道的并不重要，重要的是能否具有这些吸引注意力资源的符号特质。如果有，则用这些信息制作出的新闻故事将可以用来成功地交换注意力资源。

在新闻生产的过程中，始终有两股力量在左右着媒介组织的选择，即新闻规范的力量与商业规范的力量。新闻规范的主旨，是传媒有把重要消息传递给公众知晓的责任。而根据商业规范，报纸是一门生意，要在一定时间内达至利润回报。新闻规范与商业规范同时并存，但有时又相互矛盾。新闻规范指导记者不计代价发掘新闻，不惜得罪权贵，把社会公众需要知道的事实报道出来。而商业规范则强调小本采访，不要随便得失新闻来源或客户，以最低成本制作最多人想看（但不一定需要）的消息。①

商业化媒介以尊重受众需求的大众化为口号，而大众化与煽情化的距离并不遥远。

一位法国的新闻学者感叹道：“工业化以后的社会遇到的真正问题——不仅是新闻领域中的问题——不是缺少而是过剩。或更确切地说是由于供应和需求之间不平衡造成的后果，一方面供应虽不过分但是很不协调；另一方面，公众并不明确地要求质量更高的选择。”② 一方面媒介大量供应虽能吸引公众注意力，实际上却未必对公众是具有最大价值的信息；另一方面，公众由于对现行媒介的依赖惯性，因而也并不要求有质量更高的选择。媒介新闻生产的商业化导向与公众媒介素养的缺失，共同促成了新闻煽情化的结果。

值得注意的是，“煽情”这一原本批判意味较浓的词汇在很多记者看来，渐渐成了一种较为专业的新闻技巧，因而得到了较大程度的认同：

> 访谈：管记者，女，某快报新闻中心，从业5年。
>
> 用煽情手法如果处理得当，也不失为新闻写作的一种技巧。
>
> 访谈：赵记者，女，某市电视台生活频道，从业2年。
>
> 能将煽情新闻做得出彩是很难的，因为现在这样的新闻越来越多了。

---

① 苏钥机：《完全市场导向新闻学：〈苹果日报〉个案研究》，见陈韬文、朱立、潘忠党《大众传播与市场经济》，炉峰学会1997年版，第217页。

② ［法］贝尔纳·瓦耶纳：《当代新闻学》，新华出版社1986年版，第17页。

访谈：解记者，男，某省级日报报业集团，从业3年。

我们这儿晚报、快报、早报的新闻，都是煽情的。从导语开始，我现在几乎所有突发事件的稿子，都是白描式开头，从一个场景、一个细节切入。我觉得新闻已经不同于以前，娓娓道来的感觉，比高屋建瓴的表述，更加能开拓新闻人的思维，这往往就是煽情的开始。

访谈：汪记者，男，某市电视台经济频道，从业3年。

煽情是惯用方式，但也要高明啊，要多琢磨，煽情要深刻，不能轻浮。

访谈：张编辑，女，某市日报社民生新闻版，8年。

可以用一些煽情手法，比如通过取标题、行文方式、重点版面包装，我觉得这是新闻的手法，可以尝试，但不能落入俗套，就像标题党一样，炒作得一定要有理有节。

访谈：方记者，男，某市电视台新闻频道，从业3年。

为了达到宣传的目的，有时候煽情是必要的，比如设点悬念啊，加背景音乐，慢放画面，脸部特写，很直观，有用，只要不违背事实就行。

访谈：章记者，男，某省电视台公共频道，从业8年。

现在做民生新闻，都流行加音乐、氛围渲染，多挖掘细节，用特写放大。

三　新闻娱乐化：低代价高报酬的新闻生产模式

娱乐功能原本是大众传播的主要社会功能之一，正如一位记者在访谈时所说："娱乐可以造就高度，也能成就深度。全面娱乐的年代不要绷着脸。"

在注意力资源的指引下，生产低代价、高报酬的娱乐化新闻信息与回避高代价、低报酬的深度调查类新闻信息正在成为媒介新闻内容生产的两个同步的方向。

Infotrainment（information + entertainment，即信息加娱乐）趋势正在混淆着新闻与娱乐的界限，媒介出现泛娱乐化取向。这是因为，"当信息变成商品，就会变得昂贵。媒介组织在生产信息时，为降低生产成本，以及降低生产风险，包括政治的和经济的双重风险，获得最大化的收益，就会倾向于更多地去生产娱乐节目，改用娱乐化的方式来报道严肃的新闻主题”。①

新闻娱乐化有两个倾向：第一个倾向是过度供应“软新闻”，将娱乐化信息作为新闻生产的重点，从而造成媒介渠道资源的不合理使用。

如2003年7月，世界足球豪门皇马来华献技期间，云南省大姚县刚发生了6.2级强烈地震，统计死伤几百人，估计直接经济损失在10亿元以上。媒体对这起与人们生活密切相关的事只是例行报道，而将全部的精力投到一场对“皇马”空前的“新闻大战”中，一时间，关于豪门巨星的消息满天飞，似乎全中国人民都需要皇马，小贝的发型、内衣比灾民的口粮和帐篷更重要。迎合受众口味的娱乐新闻遮蔽了对重大新闻的报道。② 媒介对“皇马”的过度报道，正是基于此类信息生产具有低成本、低风险与高回报的特点。

当前媒介娱乐新闻生产中普遍存在的“帕帕拉齐化”现象也是信息资源与注意力资源不当交换的结果。所谓“帕帕拉齐”是指那些专门追逐明星、拍摄名人私生活的记者。这一称呼来自意大利影片《滴露牡丹开》中一个专门偷拍明星照片的摄影师的名字“Paparazzo”，我们常援用香港地区的说法，称其为“狗仔队”。③ 许多媒体为“帕帕拉齐化”的明星隐私信息提供充分的渠道支撑，如《南方都市报》娱乐版的“星闻星相”、《新快报》的“八卦阵”、《羊城晚报》的“绝对八卦”、新浪娱乐频道的《娱乐我最八》、《八卦爆料》，TOM网站的《八卦日刊》等栏目。④

2009年8月，香港艺人刘德华女友朱丽倩的父亲去世，刘德华赴马来西亚奔丧成为各大娱乐媒体以及“狗仔队”们竞相爆料的重磅新闻。

---

① 陈力丹：《自由与责任：国际社会新闻自律研究》，河南大学出版社2006年版，第25页。

② 赵颖：《当代都市报新闻的庸俗化倾向研究》，硕士学位论文，南京师范大学，2005年，第14页。

③ 2005年10月，电影明星出身的美国加州州长阿诺德·施瓦辛格签署通过《反帕帕拉齐法》（Anti-paparazzi Law），并宣布于2006年生效。该法案对以非法手段取得名人照片者处以高额罚金，雇主连带受罚。但也有许多新闻从业人员反对该法案，认为它有违宪的嫌疑。参见谢静《美国的新闻媒介批评》，中国人民大学出版社2009年版，第288—289页。

④ 童雯霞：《“帕帕拉齐”：娱乐新闻的双刃剑》，http：//www.66wen.com/05wx/xinwen/xinwen/20090820/94668.html。

内地各媒体纷纷在醒目位置以“疑似”、“传”、“被指”等充满猜测与不确定性的方式予以报道：如《传刘德华拥有一双儿女　疑似葬礼照片曝光》（中国新闻网）、《朱丽倩身材略发胖全程护肚　被指有怀孕迹象》（新浪娱乐）、《华嫂七夕正名》（《青年报》）、《刘德华公开称朱父“先人”　承诺丧父百日内完婚》（《京华时报》）、《刘德华首度否认将与朱丽倩百日内完婚传言》（《法制晚报》）等，“帕帕拉齐化”的娱乐记者们借助一位马来西亚老人的丧事生产出了一系列真假难辨、相互矛盾但却吸引受众眼球的新闻信息。这些信息在交换受众注意力资源方面的价值诱使新闻生产者重新修订判断新闻价值的基本标准，甚至有意放宽与忽略对于此类新闻信息真实性与重要性的考量。在新闻娱乐化的浪潮中，娱乐报道“帕帕拉齐”化的倾向愈显突出。

新闻娱乐化的第二个倾向是以娱乐化的手法报道严肃主题的新闻。如在俄罗斯别斯兰人质事件中，就有媒体以短信竞猜的方式吸引受众参与猜测遇害人数，遭到舆论的激烈谴责。

又如在轰动全国的马加爵杀人事件中，从案发到告破，在长达 1 个月的时间里，媒体除全景式地报道了他的犯罪动机、作案凶器与犯罪后的行踪、言行、表现等，有关他的家庭背景、生活经历、个人爱好、兴趣、性格，甚至星座等相关信息都得到了戏剧性的描绘，如“星象学家认为，马加爵生于 5 月 4 日，他的星象预示并显明他具有强烈的暴力倾向”、“马加爵是一个有同性恋取向的人，与某大学艺术系一男生存在恋情”、“马加爵杀人计划细节披露”、“马加爵 15 岁曾想杀父”，此类新闻充斥着一些媒体的版面。还有一些报道将焦点集中在马加爵逃跑路线的猜测、公安追捕的行动路线、目击者津津乐道的见闻以及举报人所获的 25 万元奖金上，从而将这一真实的悲剧新闻事件演变成了一场狂欢式的娱乐警匪大片。

正如丁柏铨教授所指出，让新闻报道向娱乐类节目靠拢是不合适的，使之娱乐化就更不可取。因为新闻娱乐化趋势偏离了新闻传媒传播新闻的本义，即使是新闻传媒中的娱乐类节目，也不能过于强调娱乐至上。传媒不应放弃自己应当承担的社会责任，不能只讲娱乐而将新闻伦理、媒介伦理置之不顾。①

---

① 丁柏铨、陈月飞：《对新闻伦理问题的几点探究》，《新闻传播》2008 年第 10 期。

四　新闻炒作：一种节约交换成本的新闻生产方式

对明星、暴力、色情事件的过分渲染与炒作是在这一资源交换场域中易受批判的问题。炒作明星的隐私生活、生老病死与天灾人祸成为一些大众化媒介内容生产的常规化运作，因为来自名人的信息资源具有交换受众注意力资源的潜质。

暴力信息在媒体的泛滥，也是典型的注意力资源导向下的信息生产模式所致。一个典型的暴力信息几乎包含所有新闻价值属性：个性化——它发生在具体的个体身上；戏剧化、矛盾冲突和争议；真实的和具体的，而不是理论或抽象的；新奇的和反常的；与新闻媒介密切关注的事件有关联。①

当这类“新闻劣币”不断驱逐事关公众利益的严肃新闻时，最终伤害的将不仅是作为“公众”的受众，也必将伤及作为“公众代言人”的媒介。

从新闻生产的角度分析，新闻炒作是较为节约生产成本的一种方式，集中式生产可以省去将冰点信息制作成热点信息的过程，直接利用热点信息已经具备的吸引注意力的优势，从而将信息资源的交换价值最大化。我们知道，媒介的议程和公众的议程有非常密切的关系。媒介的炒作即是对某一事件的集中式议程设置，这种设置使某一事件达到了“让更多人知道”的放大效应，使该事件的影响迅速扩大到整个社会。而一个事件当上升为“媒介事件”之后，会比它在人际传播渠道和群体传播渠道当中所获得的对舆论的影响要大得多。所以，媒介通过炒作极容易掌握对公众议程设置的定义权，从而实现更积极、主动地掌握受众的注意力资源。

然而，从新闻伦理的角度分析，众多媒介集中炒作一个新闻事件，有可能将一个原本对公众并无重要意义的事件过度放大化，从而由于其大量占据媒介的渠道资源，而牺牲了公众对其他更为重要的信息的知晓权。这样，受众付出时间与金钱成本，所换取的却不是受众最应当了解的信息，受众作为资源交换者，实质上遭到了以次充好的不平等交换。

此外，这种情况会损害公众的信息选择权。付出金钱、时间与注意力

① ［美］凯瑟琳·霍尔·贾米森、卡林·科洛斯·坎贝尔：《影响力的互动——新闻、广告、政治与大众媒介》，洪丽译，北京广播学院出版社2004年版，第42页。

资源的公众本应从一个多样化的信息源中选择自己最为需要的信息，这种信息是否具有娱乐性并不重要，重要的是它应具有受众应知而未知的特质。但在媒介过度集中地炒作某一事件时，就会导致其他受众应知而未知的重要信息无法通过媒介渠道达至受众。

试以下面这则新闻的传播过程为例。2006 年 12 月 20 日的新浪网转载了一条新闻：《江苏教授嫖娼当场被抓，哭求民警勿通知家人》。从这条新闻对一般受众的意义而言，它并不具备一般受众应知而未知的特质，这位教授的个人行为对绝大多数受众的生活并不构成任何影响，因而它并不是受众付出成本所最值得交换的信息资源。但当它经由媒介提供之后，却吸引了广泛的受众注意力资源。尽管这条新闻很快就被打入后页，在它的主页上只出现了一天，网友的评论数却在当天就超过了 4000 条，可见受众对此条新闻的关注程度。

在一项针对此事与受众态度的调查中，73.3% 的调查对象认为媒体报道此事的首要动机是为自身牟利。有 18% 的受访者认为媒体是为了履行报道职责，只有 8.7% 的人认为媒体是在鞭挞丑恶。同时有 55.3% 的被调查者认为媒体不应该报道这起案件。①

一方面是受众认为媒介不应该报道此条新闻，另一方面报道出来的新闻却又引起受众的广泛关注。这种伦理价值观念上的判断与信息选择行为上的反悖恰恰说明，最能吸引受众注意力资源的信息未必是受众最应当知道的信息。受众对此新闻的关注程度只会再一次强化媒介以注意力资源为导向的生产逻辑，从而促使媒介付出更多的渠道资源去安排类似的信息。经济学中“以劣币逐良币”的现象正是这样出现在了媒介的新闻生产过程中。

> 访谈：俞记者，男，某市电视台生活频道，从业 9 年。
>
> 我们也没办法，有些观众就喜欢看那些，打架斗殴啊、杀人放火、小三情感、稀奇古怪的事情、八卦新闻，还有生活化的事。

为了生产出最具吸引力的信息，媒介甚至不惜“反客为主”，即逾越

① 刘荣：《报还是不报，这是个问题？——由一起教授嫖娼案的报道说开去》，《新闻知识》2004 年第 4 期。

客观报道者的角色，主动参与到事件进程中，以策划者的身份制造出具有高度交换价值的新闻故事。如2006年的杨丽娟事件，这名迷恋艺人刘德华的“粉丝”正是在媒介的策划下充满信心地要见偶像一面，最终导致其老父亲因女儿未能如愿而自杀的悲剧。

五　偏都市、偏高端、偏财富与轻边缘、轻弱势、轻贫穷的双向选择

媒介在“信息—注意力”资源交换的生产框架指引下，还会出现媒介构筑的现实整体上偏城市与偏高消费层倾向，以及将弱势群体边缘化的倾向。

这两种倾向的表征虽然是出现在“信息—注意力”资源交换场域，但其根源都同样出自“渠道—经济”资源交换场域。广告主在媒介投放广告的目的在于说服受众成为其产品或服务的消费者，他们最感兴趣的是向那些最有可能成为其消费者的受众做广告，而媒介受众与广告目标受众的相关性决定了广告信息是否能够到达广告主所希望的人群。为此，广告主更愿意在其目标消费群接触率高的媒介上投放广告。

在经济资源的吸引下，都市类媒介的内容生产与广告目标受众产生了高度的相关性。而成为目标消费群可能性比较低的群体所关注的领域则遭到媒介的“主动淘汰”。所以，反映在媒介内容的呈现格局上，就会出现一面是媒介选择发达地区、富裕人口作为传播的主角，营造出偏都市、偏休闲、偏消费的繁华景观，另一面却是轻弱势、轻边缘、轻贫穷的“媒介歧视”。为媒介组织提供了可供交换资源的领域易受到媒介组织的青睐，容易有专门的节目或版面予以反映，而缺乏这种资源的领域易被忽略，甚至不在媒介中存在。

访谈：翟记者，男，某市日报社时事新闻部，从业6年。

我们报纸读者有清晰的定位，党政公务员、企业主、商务人士等，主要是本土主流高端消费潜力大的人士。

访谈：李记者，男，某省电视台新闻频道，从业9年。

我们台的定位是所谓的成功精英人士。虽然有标准，但很摇摆，貌似很高端，收入3000元以上，大专以上，其实是一厢情愿的定位，

人家看凤凰去了。

访谈：刘记者，男，某市日报社城市新闻中心，从业10年。

我们报纸的定位是新型城市党报，权威、亲民。对象是城市生活的普通老百姓以及那些政府部门。受众逐渐以年轻人为主。

访谈：齐记者，女，某商报新闻部，从业1年。

我们报纸据说是给都市白领看的。新锐、主流、人文关怀。

以各类城市消费周刊的兴盛为例。以消费主义为旨归的周刊不仅影响了人们的行为举止与审美趣味，其作为基本生产理念的消费主义也开始取代批判意识，甚至不惜以牺牲政治与公共事务内容为代价，去迎合消费群体的注意力。

与很火的媒介城市文化景观相比，农村却正在快速地淡出媒介的视线。农村人被排除在社会的主流之外，成为“他者”。“他们”成为高考满分作文的主角，却正在从媒介的主流版面与时段中淡出。

以《安徽日报》为例，1990—1999年的十年间，该报关于贫困地区的报道总共只有282篇，其中，只有44篇放到头条重要位置，198篇的篇幅在500字以内。[①] 类似的情况也发生在美国。1988年，美国贫穷人口占其人口的14%。而在当年的除夕之夜，没有一家媒体在其对一年社会重大问题的摘要中提到穷人问题。记者迈克尔·莫斯总结说，美国关于贫穷的报道平均每年在新闻报道中共占1%。[②]

早在1995年10月，人民日报社华东分社就针对当时新闻媒介普遍患有的“嫌贫爱富”症（即专门盯住富裕地区和经济效益好的企业、忽视贫困企业和经济效益差的企业的弊病），推出“新闻扶贫计划”，派出记者深入贫困地区进行采访，以一个县一个新闻专版的形式，连续、集中地报道各贫困县的情况。[③] 然而，媒介的“嫌贫爱富”症不仅没有治愈，反有转移扩大之势。

再如当前中国的电视媒介。虽然中国的电视市场日益扩大，但是农村

---

① 谢天勇、张国良：《大众传媒与扶贫报道》，《新闻大学》2001年夏季号。

② ［美］克利福德·G. 克里斯蒂安等：《媒介公正：道德伦理问题真的不证自明吗?》（第五版），蔡文美等译，华夏出版社2000年版，第102页。

③ 黄瑚：《新闻伦理学》，新华出版社2001年版，第110页。

电视节目所占有的份额却在缩小，包括中央电视台在内的多数电视台的农村节目比例都在相对下降。2003 年 6 月在央视推行的“末位淘汰制”使得 12 个频道的 10 个栏目从电视消失，其中《农业新闻》这个少有的为 9 亿农民服务的节目也包含其中。在唯收视率是图的现在，农民这个最大的群体却正在失去他们的表达场域。①

到 2003 年年底，我国共开办广播节目 1800 多套，电视节目 2200 多套，但开办专业对农频道的电视台只有吉林、山东两家，广播也只有陕西、山东两家。在省级电视台中，只有大约十五六家开办了农村专栏，与 368 家注册的各种电视媒介相比，开办率仅有 4%。②

同样，走入城市中的农民工群体也未能进入城市媒介的中心视野。一项以《兰州晚报》为样本的调查采用了内容分析法分析其有关农民工的新闻报道题材。研究结果表明，农民工在人众媒体上信息空间狭窄。首先是从稿件数量来看，所抽取样本中有关农民工的报道只有 11 篇，而且其内容大多是一些为吸引受众眼球，甚至有些耸人听闻的突发性社会新闻，如《女服务员被迫跳楼》、《惨，钢管插进农民工头》之类的新闻；其次是报道力度偏小，报道广度不足。《兰州晚报》中有关农民工的新闻报道大多以动态新闻的体裁形式出现，且多出现在社会新闻版，其他的新闻体裁形式如解释性报道、述评新闻、新闻故事、新闻评论很少运用。③

在一项对江西三地农民受众的调查中，当被问到“你对三大媒体为农村、农民的服务如何评价”时，被调查的三地（赣东、赣南、赣北）768 名农民中，近半数的被访者对报道内容和报道形式表示不满意。④

有研究者曾选取《解放日报》、《湖北日报》、《四川日报》和《广州日报》四家党报进行分层抽样研究，研究发现，在有关农民工报道中，涉及最多的是政府关注农民工的讨薪欠薪问题，约占 30%；其次是生产安全、求职务工、领导的会议讲话等稿件，各占 10%。《广州日报》除了讨薪欠薪问题占最大比例外，其次是农民工与当地社会治安恶化有关的稿

---

① 黄鸣刚：《经济因素还是文化差异——对农电视节目稀缺现象的深层思考》，《当代传播》2005 年第 2 期。

② 张振华：《对农广播电视建言》，《中国广播电视学刊》2004 年第 5 期。

③ 万艳霞：《都市报离农民工有多远》，《青年记者》2006 年第 4 期。

④ 刘仁圣、叶伏华：《江西农村三地传播状况的调查》，《中国广播电视学刊》2001 年第 10 期。

件。这些报道多数把着眼点放在政府身上，农民工只是一群被怜悯和关爱的对象。[①]

在浙江大学开展的“城市人眼中的农民工”的问卷调查中，68.58%的城市居民其生活是与农民工绝缘的，他们很少或从不与农民工接触，城市人了解农民工的主要途径是媒体。[②] 而社会学者孙立平指出：“城市对农民工的认识普遍停留在他们是肮脏、随地吐痰、偷盗、不礼貌、不文明等行为的天然主导者，一旦在一个地方发生了刑事犯罪，人们也总是首先将怀疑的对象指向进入城市的农村人。”[③] 可见，媒介对农民工这一城市边缘群体的刻板呈现很大程度上影响了社会公众对其的认知。

在一项针对《楚天都市报》和《武汉晚报》有关农民工报道的研究中，研究人员也发现了都市传媒农民工报道的“边缘化”现象，主要表现为：其一，报道量过少。现实生活中我国农民工占城市常住人口比例为10%—20%，而《楚天都市报》和《武汉晚报》两报平均每天的新闻报道超过100篇，其中有关农民工的报道仅有1.15篇，仅占总报道量的1%。其二，对农民工报道的重视程度不够。有86.1%的报道集中于除头版、末版和要闻版之外的其他版面。其三，报道议题面过窄。过多渲染“受冤讨薪”等反映农民工“弱势地位”的侧面，对其负面新闻报道过多，几乎忽略对其生活、情感等方面的报道。其四，报道内容过于浅显，未能深入剖析深层原因。[④]

我们认为，媒介组织的新闻生产出现轻边缘、轻弱势、轻贫穷的倾向，其根本原因在于，在媒介交换网络的结构中，以农民工为代表的边缘群体所拥有的注意力资源不足以为媒介提供交换的报偿，因而遭到媒介的主动淘汰。

本章小结

“信息—注意力”资源交换场域中的双方行动者为媒介与受众。

① 雷涛：《媒介农民工报道内容分析》，《中国科技信息》2005年第11期。

② 陈文高：《当前农民工媒介镜像批判》，《学术交流》2007年第5期。

③ 孙立平：《城乡之间的新二元结构与农民工的流动》，见李培林《农民工：中国进城农民工的经济社会分析》，社会科学文献出版社2003年版，第155页。

④ 强月新、张明新：《转型社会的媒介景观》，武汉大学出版社2007年版，第123—137页。

其中，媒介一方将从各类型消息来源那里获取的新闻原料信息，加工制作成新闻产品信息，作为其完成交换活动的资源成本；受众一方则拥有自身的注意力资源，这是管理者、投资者以及有利益导向的消息来源在与媒介交换的过程中共同关注的间接交换目标。

当信息资源作为媒介用来交换的资源成本时，媒介就有必要思考哪些类型的信息资源具有更高的交换价值，从而在新闻生产的过程中更为主动地去收集此类信息。

在媒介从单一的舆论宣传工具的角色中解脱出来而渐渐向“市场导向新闻学”靠拢时，注意力资源在媒介内容生产过程中产生了强大的力量。媒介备受诟病的虚假新闻多来自这一场域。除虚假新闻这一显性的伦理问题外，新闻的媚俗化与泛娱乐化、新闻炒作、媒介构筑的新闻现实整体上偏城市、偏高消费层、偏服务与休闲的倾向，以及将弱势群体边缘化的倾向等问题，都是在这一场域中存在的相对隐性的新闻伦理问题。在媒介交换网络的结构中，边缘群体所拥有的注意力资源不足以为媒介提供交换的报偿，因而遭到媒介的主动淘汰。

结　语

媒介交换网络的理性规范

除了诉求传媒人内心深处道德感的自我提升外，媒介交换网络中的新闻伦理问题究竟有无现实的路径可以得到有效的解决或者改过迁善？这是本书的理论研究回应现实需要的一个基本切入点。

科尔曼的理性选择理论的起点是行动者的目标或意图，但它必须将至少两项主要的行动限制考虑进去，一是资源的稀少性。二是社会制度。这些都对行动者的选择具有限制的作用，也因此，限制了行动的结果。①

从理性选择主义的框架模式出发，我们认为，媒介交换网络中资源的再分配与交换规则的再调整，是寻求解决新闻伦理问题的可行途径。

一　交换资源的再分配

如前文所述，在媒介交换网络中，行动者拥有不同的资源，在资源交换的过程中，各方行动者都试图最大化自己的利益，这是导致诸多新闻伦理问题出现的根本动因。因而，资源的合理分布与公平配置是解决这些问题的首要任务。

（一）权力资源的约束与调整

在“渠道—权力”资源交换场域，权力资源的过度控制与越位干扰是导致新闻伦理问题出现的动因。因而，管理者对自身权力资源的约束与权力范围的调整是解决新闻伦理问题的必要途径之一。

权力资源的约束与调整可具体表现为：

---

① ［美］乔治·瑞泽尔：《当代社会学理论及其古典根源》，杨淑娇译，北京大学出版社2005年版，第143页。

1. 权力控制原则的增强。管理者对媒介的控制应增强原则性的管理，严格保证新闻传播业基本原则的不动摇，保证新闻传播的正确导向；与此同时，减少使用权力资源的随意性与主观性，尊重新闻传播的客观规律，避免对新闻传媒具体运作的粗暴干涉。

2. 权力控制范围的明确。通过立法确定与限制管理者所拥有的权力资源的范围，使管理者由“全能型”的管理者转变为“有限责任型”的管理者，给予新闻传媒一定的自主权，从而在一定程度上增强传媒的独立性。

3. 权力控制方式的变化。由家长式、推销式转变为协商式、参与式。

（二）经济资源的结构优化

在“渠道—经济”资源场域，媒介对经济资源支配者的过度依赖，是导致新闻伦理问题出现的动因。因此，有必要对传媒业全面启动市场化改革，通过良好的市场化竞争，大力拓宽媒介经济资源交换的渠道，优化媒介获取经济资源的结构。只有将媒介产业在经济上做大做强，才能增加在交换网络中的流通资本，增强媒介的话语权，不至于过度依赖某一方行动者所提供的经济资源，从而具有自身的独立性。

通过推动媒介市场化发展来消解新闻伦理问题的内在逻辑是：如果媒介支付不了维持客观报道所需的经济费用，不接受经济资助就无法报道新闻，而某一投资者可以支付，这时媒介就可能会选择接受资助。因为这里的中介价值观是：无论由谁出资，都应该完成报道以满足受众的信息知晓权。因此，媒介必须摆脱对单一投资者的过度依赖，创造多元化的获取经济资源的通道。只有充分扶持媒介在经济上的独立性，才能增强在新闻伦理选择上的独立性。事实证明，在2008年的山西矿难封口费事件中，市场化程度高的媒体没有参与。

此外，在新媒体的冲击下，整个媒介的生态结构将发生改变，媒介的集中度将会大大提高，媒介间的贫富差距也会越拉越大，媒介之间的竞争将表现为集团与集团的抗衡。媒介有必要突围传统的盈利模式，增强资源的整合力。将多渠道的经济资源与信息资源、受众注意力资源等加以整合，实现盈利模式的创新。

《时代》周刊杂志前主编、CNN前董事长兼CEO沃尔特·艾萨克森（Walter Isaacson）在2009年2月《时代》周刊的封面文章中指出，报纸的未来并不是免费提供内容并依靠广告作为全部收入来源，新闻业必须将服务于读者作为自己首要和最重要的目标，创造出有价值的内容，并通过简单方便的小额支付系统对内容收费。他说："我希望一个古老而大胆的模式今年能迎来曙光，从而为新闻媒体提供另外的选择，即可以通过提供服务和新闻内容向读者收费，使媒体再一次回归新闻业的本质。"①

这位资深的报人正是出于对媒介过度依赖广告商的担忧，才提出要重新实行以提供信息资源向读者收费的古老模式。与这种古老交换方式的回归相伴随的或许正是媒介独立精神的回归。

需要注意的是，当前随着全球化浪潮的继续推进，媒介的资源交换网络也势必会进行全球化的扩展，这一方面为媒介寻求更广阔范围的经济资源提供了条件，但同时媒介也可能会受到全球范围内的特殊利益力量的牵制。

当跨区域、跨媒介发展的条件成熟，媒介的资源交换网络的结构将出现很大转变。新一轮媒介集中化趋势的影响可能会使网络上的媒介节点逐渐减少，媒介趋于垄断的趋势也将导致可用于交换的渠道资源减少，渠道资源稀缺，媒介的权力将相对增加。所以，也需要警惕媒介集中化所带来的文化霸权主义的伦理问题。

与此同时，在技术发展上，应促进媒介的数字化与融合化发展。媒介的数字化与融合化趋势，其实质是推动传统媒介创造更广阔、更多元化的渠道资源，并通过丰富的渠道资源对信息资源进行整合性开发，从而在争取经济资源的过程中增加交换的资本。未来的媒介竞争，将由对初始信息资源的竞争渐次上升到媒介渠道资源的品牌竞争。

（三）信息资源的多元化

在"渠道—信息"资源交换场域，媒介对偏向式消息来源的依赖是导致新闻伦理问题出现的动因。所以，有必要建构多元化的信息资源网络，降低媒介对偏向式消息来源的依赖。

近年来公民记者和博客作者的出现，为媒介建构多元化的信息资源网络提供了新的可能性。2008 年 5 月 12 日汶川地震的震中惨状，最早是被

---

① ［美］Walter Isaacson：《如何拯救新闻业》，http：//news. xinhuanet. com/newmedia/2009 - 02/13/content_ 10812152. htm。

网民拍摄上传到共享网站上的。除此之外，许多亲历地震的博客作者在国内有影响力的博客空间不断更新各自的见闻，形成巨大影响力。

一方面，网络媒介的发展使传统主流媒介获取信息资源的途径大为拓宽，这有利于降低媒介对利益取向的消息来源的依赖。2006 年，美国所有新闻事件的首发报道的作者，有 40% 来自公民，而不是专业媒体专业记者，也就是说有相当一部分、相当规模的新闻已经由非专业的公民来承担传播的角色。[①] 这一数据可以为我们提供一个可供参考的发展前景。

从媒介与消息来源的关系角度来看，社会化媒体的发展使原本以精英为中心的消息来源网络结构发生变化，原本处于消息来源网络边缘位置的“草根”公众得以成为新的消息来源，并在一定程度上具备了呈现社会事实的主动权。我们不妨将这一趋势称为消息来源的“草根化”。“草根化”的消息来源可以使公众更快速地、更近距离地接近社会真实，从而有效地降低了虚假新闻生成的概率。

另一方面，网络媒介的公共空间特性具备了深化公众协商与理解的可能性，可以作为传递市民社会话语的公共领域。公众获取信息资源的途径与方式进一步多元化，对传统主流媒介的依赖有所减小。“草根记者”的出现实质上是网络媒介使一部分传统意义上的受众拥有了对媒介渠道资源的使用权，由于相对处于媒介交换网络的边缘，权力的控制较为宽松。受众的信息资源掌握与交换能力的增强，提高了受众在媒介交换网络中的话语权，或者说是议程设置的主导权。

如在央视火灾的报道中草根的力量展现：

> 央视大火：“草根媒体”冲击传统传媒（摘录）
>
> 2009 年 2 月 9 日，中央电视台在建的文化中心大楼工地发生火灾，159 米高的大楼一度被裹挟在熊熊烈火之中。网络记录表明，最早有关这场火灾的报道正是一位路过现场的网民用带摄影功能的手机拍下的火场照片。这些照片上传到天涯社区博客空间。之后 12 小时内，这批照片的访问量超过 37 万次，跟帖 1700 多个。
>
> 在几乎所有主流新闻媒体对此突发事件有所反应之前，风靡全球

---

① 喻国明：《抢抓时效、给出解释、价值评说——谈新闻的三个落点》，《新闻前哨》2008 年第 8 期。

的互动网站 Youtube、Flickr、hashtags 以及国内知名的天涯社区、土豆网等，对火灾的报道和评论早已铺天盖地。

这些自愿在视频或论坛网站上提供及时“新闻报道”的个体或组织，被称为“私媒体”、“自媒体”或“草根媒体”。

随着网络应用的不断深化，新技术天天冲击着人们。熟练运用高技术网络工具的网民，不再满足于只接受传统媒体的新闻报道，他们更愿意主动加入到采集、制作、传播新闻的过程中来。以往纯粹的社交娱乐网站 Facebook 和 MSN 个人空间等，也为博客、共享信息等个性化“新闻传播”提供了新的平台。

“草根媒体”已逐渐打破国界和文化差异，指向自由、无障碍的信息沟通。美国密歇根州州立大学环境新闻传播中心副主任大卫·普尔森在给新华社记者的一封电子邮件中称，他对传统媒体利用 Twitter 等新方式增强新闻信息采集能力颇感兴趣。他说：“从 Twitter 等互动网站上，传统媒体往往会发现许多有意思的新闻线索，追踪下去，多半能有收获。”网络传播学者、中国社会科学院新闻与传播研究所研究员闵大洪说：“互联网的快速发展，使‘一人一媒体’、‘所有人向所有人传播’的局面得以实现。‘草根媒体’最大限度地体现了包容性、平等性和参与性。”

不过他也指出，“草根媒体”在新闻传播中，往往存在信息不完整、不平衡、不客观，甚至出现误报和失实。“因此，‘草根媒体’并不能代替传统大众媒体，‘草根记者’也并不能代替专业新闻工作者。”他说。

借助互联网传播平台日益发挥影响力的“草根媒体”，已成为当代传播格局中不可忽视的新力量，并成为传统媒体密切关注的对象。①

以互联网平台作为助推器，受众在媒介交换网络中的地位将随着对媒介渠道资源接近与使用权的增加而得到提升。社会公众的监督制约力量在网络化时代更加强大。如：2008 年的“周老虎”事件正是由网友最初发

---

① 《央视大火：“草根媒体”冲击传统传媒》。http：//news. xinhuanet. com/newscenter/2009－02/11/content_ 10800779. htm。

现了造假的痕迹；安徽蚌埠国土资源局万元饭局账单被网友以图片的方式发帖曝光；深圳一官员涉嫌猥亵女童被网友发视频曝光，24 小时内经网友“人肉搜索”将该官员的身份查明；南京某局长周久耕因抽天价烟被网民曝光而受到调查，并被戏称为“周至尊”；2009 年云南青年李荞明在看守所遭受颅脑重创不治身亡，警方的解释是在狱中玩躲猫猫游戏时不慎致死。“躲猫猫”的离奇解释引起网友的极大关注，在强烈的舆论压力下云南省最高检介入调查，最终公布真相系牢头狱霸殴打致死……

这一系列案例都彰显了网络中公众的舆论监督力量在增强。这一增长中的草根力量也将成为新闻伦理问题的有力监督者。

在现行的媒介体制中，传统媒介的传播障碍较多，层层严密的把关与筛选使社会公众与一些重要的信息资源难以真正实现零距离接触，而网络处于把关相对宽松的边缘地带，作为公共领域的内容建构手段之一，能够将草根群体的利益进行呈现，从而削减传播障碍导致的社会隔阂，这对于新闻伦理问题的消减也将产生实质性的影响。

正如学者丁柏铨教授所言，新闻媒体和新闻记者已不是唯一握有笔杆子且手中有媒体资源可支配的阶层，网民参与分享了这一权利。如果新闻记者不为民发言、表达民意，就有可能被公民自己的民意表达所谴责、淹没甚至替代。例如在“最牛钉子户”事件中，在当时传统媒体失声的情况下，重庆网民自己担当记者的角色，采集并发布事件的第一手资讯；在厦门 PX 事件中，网民北风及令狐利用手机短信及网络接力，在牛博网上进行全程现场报道，成为唯一连续的现场消息来源。这样，即使传统媒体因为体制内外的原因停止了报道，网民们仍然可以利用新媒体的传播优势，将事件进展报道出来，代替了专业媒体组织，成为唯一消息来源。①

随着多元化信息资源网络的建构，各种力量控制下的信息封锁与信息扭曲将可以得到有力的扼制，“渠道—信息”资源交换场域中的种种伦理问题也必将得到有效地克服。

不过，一个不容忽视的问题是，与消息来源“草根化”相伴随的是信息资源的“碎片化”。由于“草根”在分布上具有广泛性与随意性的特

---

① 丁柏铨、曾响：《论新闻传媒表达民意：以 2007 年五大公共事件的报道为例》，《今传媒》2008 年第 8 期。

点，在信息的呈现上也难免出现碎片化倾向，即由草根发布的可能只是不同节点上的网民所掌握的支离破碎的信息，这些信息资源具有偶然性、自发性与不确定性。

来自虚拟网络的信息已成为媒体重要的信息资源获取途径之一，但由于其往往真假难辨，不能要求所有受众都能一一加以筛选与确认，能否为受众提供专业的筛选与确认的公共服务，成为考量传统主流媒介专业水准的一个重要向度。

（四）注意力资源的培养

在“信息—注意力”资源交换场域，新闻伦理问题的出现主要来源于注意力资源的诱惑。这一问题的最终解决固然要求媒介的自我控制，但对受众注意力资源的培养也是解决问题的另一个可行路径。

从广义上而言，传播伦理包括信息传播的伦理与信息接受的伦理。受众作为参与媒介交换网络的行动者之一，其信息接受的伦理表现成为影响到媒介及其从业者新闻伦理表现的一个重要因素。

理查德·约翰尼斯认为，受众的伦理责任取决于其所持的角色。当受众被作为迟钝的、被动的、不设防的信息接收容器时，受众似乎不承担什么责任。相反，如果传者与受者积极参与传播过程，传播则可以视作一种互动，他们则互相担负道义责任。受众作为主动参与者可能意味着许多道义责任。约翰尼斯提出了“合理怀疑”和“适当反馈”两种受众道义责任。“合理怀疑”是指受众应能动地运用其能力探求意义，分析、综合、释义，并进行优劣判断；“适当反馈”是指受众应适当给传者以反馈。[①]这一观点启发我们重新思考在“信息—注意力”资源交换场域，受众所扮演的角色及应当担负的责任。

奥考恩概括了六项媒体受众伦理原则：1. 赞成交谈。2. 要求有充分证据，你才接受报道或事件为真实性的。3. 即使你主动接受一个报道的真实性，也保持有益的怀疑度。4. 鉴别并挑战信息发送者的意识形态。5. 认知并挑战大众传播者的私下动机。6. 使你从过去经验和收集到的事实中获得的个人理解融入媒体对话，并与媒体信息进行批判性

① 转引自陈汝东《受众伦理规范研究：历史、现状与趋势》，《新闻与传播研究》2006 年第 3 期。

比照。[①]

奥考恩对受众的怀疑能力提出了更高的要求，来自具有更高批判力的受众的注意力无疑将对媒介构成强有力的约束，但这样的注意力资源尚需要通过对受众的媒介素养教育逐步地培养起来。

媒介素养教育不仅仅针对青少年，也包括所有媒介鉴别能力与信息资源使用能力尚有待提高的成年受众，尤其是媒介素养相对较弱的受众群体。对这些受众群体而言，首先要培养积极主动接触媒介的意识，知道如何有效地利用媒介获取自己应知未知的信息资源。

二　交换规则的再调整

要规避媒介交换网络中的新闻伦理问题，调整与建立一套公平、清晰的网络交换规则不仅是必要的，也是迫在眉睫的。

从前文的分析中，我们可以看到，仅有道德和伦理的批判是不能解决媒介交换网络中存在的诸多显性或隐性的伦理问题的，因为道德理性和道德意志无法真正规约传媒主体的自利本性和“经济人”的理性，对交换网络中各类资源的需求使各方行动者都会在追求自身利益最大化的目标指向下选择最有利于自己的交换路径。

正如凡勃伦所认为的，生物本能只是人的经济行为的原始根源，真正决定行为的主要力量是“制度”。[②] 从社会学的视角来看，制度是为满足社会基本需要而组织起来的一组稳定的社会结构。[③] 当理性的制度的供应可以为媒介交换网络的各方行动者提供兼顾与平衡各方利益的行动框架与大致边界时，行动者会根据相关制度的风险与收益的权衡，来决定是否可以为了自身利益的最大化而牺牲公众的利益。

通过调整或建立相关的政策与法规，使约束媒介交换网络中各方行动者的制度不断完善，实现交换规则的理性重建，提供鼓励某些行动及抑制其他行动的正向认可与负向制裁，可以有效地引导与限制行动者的选择。

---

① 转引自陈汝东《受众伦理规范研究：历史、现状与趋势》，《新闻与传播研究》2006年第3期。

② 张伟：《关于传媒伦理问题的制度学思考》，《湖北民族学院学报》2005年第3期。

③ ［美］戴维·波普诺：《社会学》，刘云德等译，辽宁人民出版社1987年版，第157页。

行动者交换行为的选择与相应的交换规则密切相关。交换规则可以作为一种“人工强制”，框定行动者的选择空间，影响并决定着行动者选择某一交换行为的预期报酬与代价。公平清晰的交换规则，将使媒介交换网络中的行动者在交换过程中发生伦理失范行为时，产生相应的经济、政治或法律的惩罚，以及公众认知与情感上的否定性惩罚；这样就使其伦理失范行为的代价远高于交换所获得的资源报酬。根据博弈原则，行动者实施失范行为的可能性就会降低。

媒介交换网络结构的形成正是围绕管理者的控制需要、媒介渠道的发展需要、投资者与利益主体的需要以及社会公众的信息需要而进行动态平衡的过程。唯有诉诸理性的制度设计，使媒介交换网络能具有规范的运作形态，才可能从根本上消除新闻伦理问题滋生的制度温床。

当网络中的各方行动者处于相对平衡的状态，就是媒介交换网络处于理想化的“社会最优状态”。当资源的配置与占有过于向其中一方倾斜，媒介的良性发展就会出现问题，如政治权力的过度控制、广告商的话语权过大、公关力量深入影响媒介的日常内容生产、媒介的媚俗化倾向以及媒介自身的权力过度膨胀，都是某种资源交换“失衡”的结果。媒介的发展要达到理想的结果，必须重新回到动态平衡的过程中去。

理性交换规则的设计与实施需要平衡媒介交换网络中各方行动者的利益。从某种意义上说，一个合理、可行的媒介制度体系正是媒介交换网络中各方行动者进行动态的利益博弈的最终结果。这一媒介制度体系是各方行动者在选择与决定交换行动时的基本原则，也是行动者彼此之间的交换得以形成与延续的主要活动空间。

“经济人”的理性和人的自利性只是为媒介交换网络中的行动者提供了选择非伦理行为的潜在可能，而失衡的媒介制度的供应才是媒介组织与新闻从业者出现新闻伦理问题的决定性力量。其中，媒介根本的政治经济制度的失衡与媒介自律制度的软化，是目前媒介交换网络中存在的最主要的制度问题，也与交换网络中资源分配不均衡的现状密切相关。因而，有必要从这两方面着手对媒介交换网络进行理性地规范。

（一）媒介政治经济制度的调整

当前媒介政治经济制度的失衡是影响媒介交换网络均衡运作的一个重要问题。媒介产业公共政策体系的缺失使媒介组织的行动一直处于“摸着石头过河”的状态。对体制内空间界限地探索与小心翼翼地求证，是媒介组织在现行媒介交换网络中的常规动作。因而，调整现行媒介政治经济制度中不合理的因素，建立责权明晰的媒介政治经济制度，是促成媒介交换网络在健康的轨道内运行的前提。

媒介的政治经济制度的安排具体而言包括媒介组织的所有制成分、媒介市场的覆盖范围和规模、媒介产业格局等方面的规定，这些将构成媒介交换网络中交换规则的基本内容。

其中最为重要的是从根本体制上，让媒介系统进一步独立，确立媒介真正的“环境守望者”身份。要通过制度的供给确保媒介具备独立性，真正形成自我发展的独立的市场主体的角色。我们看到，近年来，新闻出版业在转企改制、市场化、产业发展等方面相对成熟，但广电业的制播分离、转企改制一直进展缓慢。

管理者可以适当降低和缩小对媒介政治控制的力量和范围，退离一些可以退离的新闻生产领域。抓住位于意识形态核心区域的党报等媒介，允许一部分市场化媒介自主地进行新闻生产。

目前的媒介交换网络所赖以生存的政治经济制度架构“事业单位、企业化管理”，是在作为政府代理人的管理者的主导作用下完成的选择，是在不完全市场化的条件下进行资源配置的结果。这在中国社会转型的初期适应了媒介市场化的进程，随着社会转型的不断深入，“事业单位、企业化管理”体制对于媒介系统的进一步发展就构成了一种制度性障碍。媒介迫切需要突围传统的媒介体制，在体制“增量改革”的进程中，寻找新的机会和资源。

以媒介组织目前通行的节目与广告、采编与经营两分开的做法为例，它只能作为一种过渡时期的中间形态临时性存在，其实质是一种不彻底的“部分剥离”，是对“公益性文化事业”和“经营性文化产业”的一种误读，它将对媒介系统的可持续发展带来新的体制性障碍。从“部分剥离”走向“整体转制”，应该成为中国传媒产业体制改革的一种新思路。整体转制的核心任务在于建立传媒集团真正的市场主体地位。① 只有当体制性的瓶颈问题彻底得到解决，并将允许跨地区、跨媒

---

① 黄玉波、张金海：《从部分剥离走向整体转制——当前中国传媒产业体制改革初探》，《新闻大学》2006 年秋季号。

体经营成为媒介做大做强的一个常规通道，媒介在交换网络中的力量才能得到跨越性的增长。

在切实保障媒介系统基本原则与底线不变的前提下，管理者应大胆放开对媒介的日常内容生产的监控。管理者的适度宏观调控有益于媒介交换网络良性发展的格局，但过度过细的干预与管理就会影响到媒介交换网络中各组力量的对比，可能会进一步导致媒介交换网络的不均衡格局。

（二）媒介自律制度的强化

如果说前面所述的交换资源的再分配与媒介政治经济制度的再调整是为了平衡媒介交换网络各方行动者的力量对比，以此求得解决新闻伦理问题的现实途径，那么，通过制度的建设促成媒介自律制度的强化与专业主义理念的内化，则是媒介解决新闻伦理问题的理想化途径。

媒介应当以自律制度的强化来促成从业者专业角色意识的形成，并确立媒介专业化新闻生产的框架，将生产优质的新闻产品信息作为媒介最大的伦理。媒介自律不仅仅是媒介高尚的自我选择，更是媒介提升自身渠道资源交换价值的内在要求。

阿特休尔把新闻专业主义理念简单概括为：新闻媒介摆脱外界干扰；为实现公众知情权服务；新闻媒介探求真理，反映真理；客观公正地报道事实。①

新闻专业主义相信新闻从业人员可以独立客观地报道新闻事实，奉行提供公共服务的专业信念，是新闻工作者恪守的最重要的职业规范。新闻专业主义在我国传媒业的发展是一个逐渐的过程。

要求所有新闻从业者以高尚的道德情操自我内化新闻专业主义，显然在相当长的时期内是不现实的，而通过媒介自律制度的强化促成专业意识的形成，则相对显得现实得多。

从2008年开始，《财经》编辑部对绝大多数采编人员实行了年薪制，即一年给予固定的薪水，同时根据业绩考核发放年终奖。区别于一般媒体，《财经》在薪酬设计时从未将“车马费”等纳入到记者编辑的个人收入中，并有明文加以禁止。不过，对于采访中无法拒绝的情况，当事人可

---

① ［美］J. 阿特休尔：《权力的媒介》，华夏出版社1989年版，第133页。

视当时情况将所收现金、物品上交单位，再由后者在年终晚会上作为礼品或奖励处理掉。当然，《财经》更大的震慑力不在于上述制度安排，而是一旦发现并查处，相当于永久性列入记者黑名单，这意味着他从此身败名裂。①《财经》的这一制度安排颇值得尚没有建立与完善相应自律机制的媒体借鉴。

总体而言，媒介作为理性的行动者，通过自律制度的强化促成新闻专业主义意识的内化，塑造媒介自身的专业形象，追求专业化媒介的最高价值，是最终求得新闻伦理的理想途径。

由于论题的视阈所限，本书的研究似乎将目光过多地投向了阳光下的阴影。在访谈中，我也注意到，还是有很多记者，尤其是年轻的记者，坚持着自己的新闻理想，坚守着各自的职业底线。尽管有时由于受到现实的冲击与种种压力，这坚持的姿态显得有些摇摆，坚持的步履显得有些艰难，但能做到一直坚持着，本就是一件不易的事。

访谈：解记者，男，某省级日报报业集团，从业3年。

可能是还年轻吧，现在还不愿放弃一切对新闻原始阶段的忠诚。有时候会觉得压力很大，领导的压力、人际的压力、收益的压力。我个人觉得自己还是凭良心做事的，虽然随着经历更多，这种理念有磨钝的迹象，但目前没有质的退化。说这话，也是凭良心的。

访谈：娄记者，男，某市电视台生活频道，从业5年。

做记者和做人一样，不做伤人利己的事，这是根本的伦理。

访谈：姚记者，男，某省电视台新闻频道，从业7年。

不收昧良心的钱，不做违法的事。太欺负人的事，我心里实在是看不惯的事，尽力帮到底。

访谈：胡记者，女，某商报新闻部，从业7年。

可以不写真的，但绝对不写假的。不写拍马屁的稿子，写了恶心。

访谈：施记者，女，某市日报社新闻部，从业3年。

以前觉得只要是媒体都可以铁肩担道义，现在觉得高度决定力度吧。在什么样的平台下，都要做好自己能做到的。

---

① 罗昌平：《拆解"新闻寻租链"》，南方传媒网，2009年3月16日。

在全书的最后，我们不妨引用一下中国台湾学者马骥伸在《新闻伦理》一书中对于“谈新闻伦理有什么用”的解答：

> 给新闻界一个理想与远景，作为前瞻、努力的目标。

附录A

《新闻记者》评选 2001—2013年度十大假新闻

年份	序号	假新闻	及时	邻近	显著	趣味	冲突	结果	刊播媒体与新闻真相
2001	1	上海将建300层、容10万人的摩天大楼	√	√	√	√	√		《星期日泰晤士报》香港《文汇报》《新闻晨报》、大洋网等。只是欧美建筑商的设想，国内报纸引用外媒时没有完整表达。
	2	错位夫君夜换娇妻30年	√	√	√	√	√	√	《邵阳日报》晚报版《羊城晚报》等。作者为撰稿费凭空编造。
	3	世界十大污染城市中国竟占8个	√	√	√		√	√	《市场报》《南方都市报》等。环保部门召开新闻发布会称此消息造谣，引用资料系某组织六年前排名。
	4	家庭连环悲剧猪吃娃	√	√	√		√	√	西安《百姓生活报》。当地民警回答“绝无此事”，通讯员根据街头传言编写。
	5	美国医生操刀换人头	√		√	√	√	√	《北京青年报》等。源自美国广播公司新闻网站，新闻中的医生曾发表论述人类头颅移植可能性的文章，新闻在传播过程中扭曲变形。
	6	中国少女改写牛津大学800年校史	√	√	√	√	√	√	《生活报》《扬子晚报》《中华新闻报》《家庭》《人民日报海外版》新华网等。主人公吴杨通过《中国青年报》声明媒体未采访其本人，报道夸大事实，传播过程中放大变形。
	7	女大学生状告爸爸的吻	√	√		√	√	√	《羊城晚报》等。武汉某高校硕士研究生根据同学提供的线索编造加工而成。
	8	一男子游悉尼因好色两肾被偷	√		√	√	√	√	《南方都市报》等。此类盗肾故事已在西方流行10余年，纯属捏造。
	9	广西高考状元沦为劫匪	√	√	√	√	√	√	人民网。劫匪冒用兄长名字，记者偏听消息来源一面之词。
	10	汤加出现反华风潮	√		√		√	√	中新网等，源自《新西兰先驱报》，外国记者夸大事实，国内媒体未加核实予以转载。

续表

年份	序号	假新闻	及时	邻近	显著	趣味	冲突	结果	刊播媒体与新闻真相
2002	11	女记者与“狼”共穴61天	√	√	√	√	√	√	《家庭》等，作者承认纯属杜撰。
	12	诗人汪国真卖字求生	√	√	√	√	√	√	《天府早报》《江南时报》同日刊发。作者编造。
	13	南京大屠杀纪念馆拟改名	√	√	√		√		《金陵晚报》《华商报》等。政协委员曾建议新建一个“世界和平中心公园”，报道曲解消息来源原意。
	14	微波炉是恐怖杀手	√	√	√		√	√	《生活时报》等全国近600家媒体。微波炉工作所产生的辐射比手机还小，格兰仕指责美国某跨国公司散布谣言。
	15	央视全面封杀米卢广告	√	√	√	√	√	√	《南方体育》《21世纪经济报道》《天府早报》《华商报》等。央视广告部主任明确否认，作者编造。
	16	意韩赛主裁判惨死于乱枪	√		√		√	√	《新快报》等。源自中央电视台网站体育频道电子公告板，当事人称正在和家人于美国度假，网民编造，转载编辑未加核实。
	17	地球生命只剩50年	√	√	√	√	√		《江南时报》《江淮晨报》等。与原始报告有较大出入，编辑未核对原始资料。
	18	宋祖英要揭央视“老底”	√	√	√	√	√		《华商报》。纯系捏造，记者未核实来稿，自己署名发表。
	19	刘晓庆在狱中有空调有淋浴	√	√	√	√	√	√	《重庆商报》《新快报》等。刘晓庆没有任何特殊待遇，记者编造细节。
	20	千年木乃伊出土后怀孕	√		√	√	√	√	新浪网等。源自美国荒诞小报《世界新闻周刊》编造，国内编辑轻信外媒。
2003	21	比尔·盖茨遇刺	√		√		√	√	新浪、搜狐、《中国日报》等。源自伪造的CNN网页，西方愚人节恶作剧，编辑转载未核实。
	22	卡梅隆决定执导《9·11生死婚礼》	√		√	√		√	《北京青年报》《经济观察报》等。策划人称只是投资方一厢情愿，构成新闻眼的关键要素造假。
	23	“小”百万富翁抱得美人归	√	√	√	√	√	√	重庆卫视、重庆电视台、《华西都市报》重庆版等。当事人并非百万富翁，作者加工。

续表

年份	序号	假新闻	及时	邻近	显著	趣味	冲突	结果	刊播媒体与新闻真相
2003	24	警察鸣枪八次镇住百人群殴	√	√	√	√	√	√	《东方家庭报》、人民网、新华网、搜狐网等。只有七八人打架，警察未鸣枪，小报记者偷听警方专用频率，未去现场采访。
	25	施拉格是不折不扣的中国姑爷	√	√	√	√		√	《球报》等。记者编造。
	26	百万美金义还失主	√	√	√	√	√	√	《江南时报》。记者编造。
	27	中央督察组上海明察暗访 84% 项目有违规之嫌	√	√	√		√	√	《中国经营报》。上海市政府表示报道严重失实，记者未采访当事人，主观判断。
	28	《背影》落选新教材	√	√	√	√	√	√	《武汉晨报》等。《背影》未落选，记者采写失误，对主要事实未经核正。
	29	曾参与“神五”设计的中科院院士周鼎新海口遇害	√	√	√		√	√	香港《文汇报》。遇害者既非院士，也未参与飞船设计，记者捕风捉影。
	30	“中国印”设计专利被抢注	√	√	√		√	√	《南方都市报》等。北京奥组委辟谣，报道严重失实，记者采写失误。
2004	31	“国资委”阻击中国足球	√	√	√	√	√	√	《足球》。国资委声明从未正式提出。
	32	李连杰重返青海修佛法	√	√	√	√	√	√	《北京娱乐信报》。李连杰否认。
	33	金钱激出张国政奥运冠军	√	√	√	√	√	√	《成都商报》《东方新报》等。举重队领队马文广否认。
	34	第二代身份证将由日本企业造	√	√	√		√		《中国青年报》。二代证完全由我国自主研发和制作，作者未核实新闻来源。
	35	女排姑娘 20 年奥运冠军梦惜未能圆	√	√	√		√	√	新浪网。女排夺冠，值班编辑误操作。
	36	克林顿今秋“追”莱妹到蓉城签售自传	√	√	√	√	√	√	《成都商报》。仅是两人自传将分别在中国翻译出版，记者编造。
	37	北京孔庙将竖历届高考状元碑	√	√	√	√	√		《京华时报》。仅是有关人员的初步设想，记者根据会议资料误写。
	38	新闻从业人员平均寿命 45.7 岁	√	√			√	√	《江南时报》等。系前两年已死亡的在职记者数据，数据过时，且错误理解原报告。
	39	大批“毒面粉”流入黄石	√	√	√		√	√	《楚天都市报》等。被曝光面粉符合国家标准，检测机关弄错标准。
	40	180 万买辆宝马砸着玩	√	√	√	√	√	√	《重庆商报》《现代快报》等。源自 BBS 流传故事，记者造假。

续表

年份	序号	假新闻	及时	邻近	显著	趣味	冲突	结果	刊播媒体与新闻真相
2005	41	女大学生捡剩馒头充饥近两年	√	√		√	√	√	《长江日报》。记者未采访本人，该生两年获各项补助1万多元。
	42	中科院资深院士陈家镛两度“逝世”	√	√	√			√	《中华读书报》。陈家镛健在。
	43	越洋电话采访郎平	√		√	√		√	《新京报》。郎平未接到记者采访，记者从其他渠道搜集而来。
	44	北京人可喝上贝加尔湖纯净水	√	√	√	√			《竞报》。水利部新闻发言人澄清讹传。
	45	布什要卖掉夏威夷	√		√	√	√		《时代商报》等。译自美国娱乐搞怪杂志《世界新闻周刊》。
	46	南开大学欲破格录取10龄童	√	√	√	√	√		《辽沈晚报》。南开大学招生办否认。
	47	18岁少年作家因情自杀，生前高考作文获得满分	√	√	√	√	√	√	《法制晚报》。实习生根据网站博客传闻改写。
	48	左权县投资3亿打造中国“新闻烈士陵园”	√	√	√		√	√	《北京晨报》。左权县委县政府宣布绝无此事，原稿出自某旅游开发公司软文。
	49	秦始皇兵马俑侵蚀严重专家担忧百年后变煤坑	√	√	√	√	√	√	《重庆晨报》。多位专家否定，记者曲解专家原意。
	50	王小丫陈章良携手入围城	√	√	√	√		√	《苏州广播电视报》。王小丫否认，记者道听途说，未采访当事人。
2006	51	法国导演起诉《吉祥三宝》抄袭	√		√	√	√	√	《华商报》。法国导演说不了解“抄袭”一事，更谈不上起诉。
	52	垃圾场惊现儿童残肢	√	√	√		√	√	《兰州晨报》。残肢系人体标本误当生活垃圾倾倒，记者未深入调查。
	53	扫墓祭祖烧“别墅”将被查处	√	√	√	√	√	√	《华西都市报》。民政部声明报道失实，记者误解民政部领导讲话。
	54	银监会拟发退市令三城商行受警告	√	√	√		√	√	《上海证券报》。记者根据录音整理，把其他行误听成衡阳城商行。
	55	腰围1.75米松原孕妇至少怀了五胞胎	√	√		√	√	√	《新文化报》。当事人自述怀有五胞胎是假，记者听信一面之词。

续表

年份	序号	假新闻	及时	邻近	显著	趣味	冲突	结果	刊播媒体与新闻真相
2006	56	广州市面出现注水西瓜	√	√	√		√	√	《信息时报》。国家质检总局辟谣，西瓜注水会很快腐烂，记者主观猜测。
	57	大雨袭杭百舸归（图片）	√	√	√	√		√	《今日早报》。图中有两组影像相同，记者为夸大场面用电脑合成。
	58	铁道部酝酿火车票中加铁路建设费	√	√	√		√	√	《中国经营报》。铁道部指毫无根据，报道中没有消息来源验证。
	59	深圳中级人民法院的日常工作由深圳市纪委代管	√	√	√		√	√	《民主与法制时报》。个别领导涉嫌违纪正在调查，法院由纪委代管完全失实。
	60	投资 50 亿美元中国企业拟在韩国济州岛建唐人街	√		√	√	√	√	《华声报》。仅是济州方面设想，转自韩国媒体报道。
2007	61	美国校园枪击案凶手初步认定为中国留学生	√		√		√	√	中新网。凶手系韩国学生，记者误译自美国《芝加哥太阳报》。
	62	河南新郑市原副市长出狱后卖烧烤	√	√	√	√	√	√	《打工》《现代女报》《廉政瞭望》等。作者完全杜撰。
	63	武警苦练船艇操作技能（图片）	√	√	√	√		√	《安徽日报》等。图片上方第三、第四艘船以及水波丝毫不差，电脑复制。
	64	兵妈妈认了 176 个兵儿子	√	√		√		√	《杂文月刊》《读者》。乔文娟是救助过困难群众和患病战士，但作者添加大量细节。
	65	退役冠军摆摊为生	√	√	√	√	√	√	《家庭导报》。主人公只获过亚军，作者采访不深入。
	66	纸箱馅包子	√	√	√		√	√	北京电视台。作者请人扮演拍摄，被判刑一年。
	67	史上最恶毒的后妈虐童	√	√	√		√	√	江西电视台。后妈没有虐待行为，小孩伤系自己摔倒加上凝血功能障碍引起。
	68	华科大 3000 学子宣誓“成人”，每人获赠安全套	√	√	√	√	√	√	《楚天金报》。参与活动协办的某企业私自给极少数学生发放，校方立即制止并收回。
	69	社科院公布全国主要城市白领工资标准	√	√	√	√	√	√	《半岛都市报》。源自网友发帖《在其他城市挣多少钱可以过上北京月薪 5000 的生活》。
	70	英皇高层证实功夫巨星洪金宝去世	√	√	√			√	《现代快报》。洪金宝在悠闲喝茶，记者称“被整”。

续表

年份	序号	假新闻	及时	邻近	显著	趣味	冲突	结果	刊播媒体与新闻真相
2008	71	巨蟒吞噬中国维和士兵	√		√		√	√	《西安晚报》。国防部表示从无此事。
	72	上海方言“嗲（dia）”字收入《牛津英语词典》	√	√	√			√	《竞报》。《牛津英语词典》出版方否认，源自网友博文恶搞。
	73	北京房地产商协会会长赞成炸掉故宫盖住宅	√	√	√	√	√	√	《东方今报》源自两年前网友的恶搞帖。
	74	六旬老人考取清华研究生激励儿子	√	√	√	√	√	√	《黑龙江晨报》。该老人只是报名参加了清华中国画高级研修班。
	75	郭晶晶怀上霍启刚骨肉欲离队	√	√	√	√	√	√	环球网。郭晶晶忙于训练，新闻源自三年前网络论坛帖。
	76	济南铁军探路映秀，两人牺牲	√	√	√		√	√	四川在线。济南军区声明纯属谣言。
	77	比尔·盖茨花亿元租房看奥运	√	√	√	√	√	√	《成都商报》等。比尔·盖茨官方证实系假消息。
	78	孙中山是韩国人	√	√	√	√	√	√	《新快报》。韩国驻华大使表示毫无根据，源自天涯社区论坛帖。
	79	高速列车3秒钟可跨越长江大桥	√	√	√	√	√	√	《武汉晚报》。关键数据出错，应为一分多钟。
	80	李佳薇和李湘前夫李厚霖结婚	√	√	√	√	√	√	《成都晚报》。李厚霖发表否认声明，媒体致歉。
2009	81	中国海军索马里护航逼出跟踪潜艇	√	√	√		√	√	《华西都市报》《青岛早报》。社会自由撰稿人个人杜撰。
	82	《电影促进法》及电影分级制度将出台	√	√	√		√	√	《北京商报》。“拷贝”五年前旧闻的假新闻。
	83	老板手头紧让五情妇PK	√	√	√	√	√	√	《半岛都市报》。该报记者剽窃加工《知音》2009年第4期一文而成。
	84	中国0.4%的最富裕的人掌握了70%的财富	√	√	√		√	√	《人民政协报》等。文章采用的部分数据系境外反华网站刻意编造。
	85	奥巴马送金正日iPhone和苹果电脑	√		√	√	√	√	环球网。原文来自于《卫报》一个恶搞专栏。

续表

年份	序号	假新闻	及时	邻近	显著	趣味	冲突	结果	刊播媒体与新闻真相
2009	86	陈永贵之子陈明亮涉赌涉毒被刑拘	√	√	√		√	√	《收藏人物》。此陈明亮非彼陈明亮，两个名字相同，并非一人。
	87	女黑老大包养 16 个年轻男子供自己玩乐	√	√	√	√	√	√	《时代周报》。重庆打黑除恶阶段性成果汇报展上展览内容为“谢才萍包养了一个 26 岁男青年”。
	88	国考最热岗位报录比超 4700：1	√		√		√	√	《京华时报》。相关数据系 2009 年度中央机关招考数据，该报道属虚假宣传。
	89	杨振宁证实夫人翁帆怀孕 3 个月	√	√	√	√		√	中国日报网。翁帆姐姐明确告诉记者，翁帆没有怀孕。
	90	石家庄积雪比人高	√	√	√	√	√	√	《新快报》等。照片是一家国外网站上年 7 月刊登的意大利积雪照片。
2010	91	中国作协作家团入住总统套房	√	√	√	√	√	√	《重庆时报》《华西都市报》。重庆申基索菲特酒店确有一间“总统套房”，但没有任何人入住。
	92	中国每年有 220 万青少年死于室内污染	√	√	√		√	√	中新社。疾控中心未发布过任何关于空气污染导致人群死亡的具体数据。
	93	炒蒜高手掷千万买走百斤金条	√	√	√		√	√	北京多家媒体。中国黄金集团营销有限公司某工作人员编撰。
	94	70% 举报人遭打击报复	√	√	√		√	√	《法制日报》。根据最高人民检察院的统计，举报人遭报复案件很少。
	95	西安市已被确定为国家第五个直辖市	√	√	√		√	√	《甘肃日报》。记者在某论坛采访时，对演讲者的演讲内容理解和文字表述有误，值班编辑审稿不严。
	96	喀什房价两个月就翻倍	√	√	√		√	√	《新疆日报》等。报道与事实严重不符。
	97	一女生世博排队被强奸怀孕	√	√	√		√	√	四川新闻网、荆楚网等。纯属虚构。
	98	传我军数百战机青岛上空军演	√		√	√	√	√	环球网。采用三家境外媒体不靠谱的报道，以讹传讹。
	99	“偷菜”游戏或被取消	√	√	√	√	√	√	《西部商报》。文化部文化市场司网络文化处一名负责人表示纯属误读。
	100	金庸去世	√	√	√		√	√	《中国新闻周刊》官方微博。香港明报发言人表示该传闻为假消息。

续表

年份	序号	假新闻	及时	邻近	显著	趣味	冲突	结果	刊播媒体与新闻真相
2011	1	马来西亚拿督来杭辟谣	√	√	√		√	√	《杭州日报》。新闻中开新闻发布会的“拿督”系冒充，在马来西亚查无此人。
	2	中国打造全球最大超级城市	√	√	√	√	√	√	中国经济网、《法制晚报》等。广东省委新闻发言人澄清，“珠三角9市合并”报道严重失实。
	3	年终奖个税计税方式将修改	√	√	√	√	√	√	《广州日报》等。新闻中提及的税务总局公告系上海网友杜撰而成。
	4	“与大自然的悄悄话”是上海高考作文题	√	√	√	√	√	√	央视“新闻30分”栏目。当年上海高考作文题是材料作文，围绕两句名言做文章。
	5	广东近海四成入海口排污超标 生蚝铜超标740倍	√	√	√		√	√	《羊城晚报》。数据引用错误。
	6	89%温州家庭参与民间借贷	√	√	√	√	√	√	国际在线。数据严重扭曲，将300户监测户当作温州家庭总体样本。
	7	外逃官员卷走8000亿	√	√	√	√	√	√	《北京青年报》。文中有关外逃官员、金额的数据严重失实。
	8	母亲千里走单骑	√	√	√	√	√	√	《重庆晚报》。其他媒体记者调查发现缺乏直接证据，难以证实。
	9	微博又传5种水不能喝	√	√	√	√	√	√	《天府早报》。消息来源指责记者盗用其名义宣扬伪科学。
	10	八毛钱治10万元的病	√	√	√		√	√	深圳新闻网。深圳市儿童医院认为诊断正确，患儿后期在武汉治疗2万多元。
2012	1	温州商人林春平收购大西洋银行	√	√	√	√	√	√	《温州商报》等。林春平只以近乎零成本代价收购了一家破产公司。
	2	广电总局解释《泰坦尼克号》裸戏被删	√	√	√	√	√	√	凤凰网。网友注明系假新闻的搞笑微博，被媒体误传。
	3	铁道部谋划成立三大集团	√	√	√		√	√	《经济观察报》。铁道部辟谣，相关责任人被处分。
	4	广电总局出台六禁令	√	√	√	√	√	√	《新京报》等。广电总局表示该传闻系子虚乌有。
	5	南京市民排队喝鹿血	√	√	√	√	√	√	《南京晨报》。相关林业局表示当地从未发生排队喝鹿血的事情。

续表

年份	序号	假新闻	及时	邻近	显著	趣味	冲突	结果	刊播媒体与新闻真相
2012	6	柴静：央视“你幸福吗”提问方式简单粗暴	√	√	√		√	√	《燕赵都市报》。柴静澄清，讲座上未提及“你幸福吗”调查，报道多处不准确。
	7	90 后男孩破解世界数学难题	√	√	√	√	√	√	《南方日报》等。并非世界难题，媒体夸大事实渲染。
	8	最美钟点工救人	√	√		√		√	《楚天都市报》等。当事人之一否认事实，不同媒体报道相互冲突。
	9	女兵学习十八大精神	√	√	√	√		√	《今日早报》。新闻图片系摆拍。
2013	1	“深圳最美女孩”给街边乞丐老人喂饭	√	√		√	√	√	中国新闻网。照片摆拍，系策划团体为商业展的炒作。
	2	长春老人菜市场晕倒178人无视跨过，仅仅人施救	√	√	√		√	√	《新文化报》。视频经剪辑处理后放到网上，与真实情况不符。
	3	温州乞丐流浪 9 年回家获 700 万拆迁补偿	√	√	√	√	√	√	《信息日报》。当事人离家期间没有征地拆迁，报道失实。
	4	斯诺登爆料美国登月造假	√		√	√	√	√	《新晚报》《北京晚报》。消息源来自国外讽刺性网站，并非斯诺登本人账号。
	5	亚马逊创始人无收购《华盛顿邮报》意愿系点错鼠标	√	√	√	√	√	√	《法制晚报》等。援引《纽约客》专门打造讽刺性假新闻的专栏。
	6	村支书性侵村民留守妻子	√	√		√	√	√	《南风窗》。记者采访不深入，与事实不符。
	7	丈母娘婚宴送宾利	√	√	√	√	√	√	《金陵晚报》。通讯员与记者道听途说，未经核实。
	8	老汉约女网友开房却是儿媳	√	√	√	√	√	√	《黑龙江晨报》。系记者杜撰。
	9	2014 年放假安排	√	√	√	√		√	财经网等媒体官微、财经网等媒体网站、网易等新闻客户端。网民自制。
	10	外国小伙扶摔倒中年女子疑遭讹诈	√	√	√	√	√	√	国际在线、人民日报等各大媒体官微、新闻客户端、新闻网站。女子确被外籍男子撞倒。

附录 B

部分访谈资料摘录

访谈：方记者，女，某省级日报社新闻中心，从业 10 年。

我们是党报，做负面报道时会受到一些干预，有时候来自相关部门，有时候是报社。报社干预，主要是考虑负面报道见报后，会不会引起社会的不良反响，因为作为党报，要以正面宣传为主。如果这样的负面报道有利于促进问题解决，报社还是支持的。有时候考虑到见报后反而产生更多的负面影响，领导会建议用内参形式刊发，我做过长江非法采砂的报道，还有黑网吧的报道，都是发内参的，这也是促进问题解决的好方法。

访谈：吴主任，女，某财经类媒体编辑部副主任，从业 9 年。

以前在电视台工作，要配合宣传，受到的新闻干预比较多，比如对矿难死亡人数的报道。现在在非官方媒体工作，因为是体制外的媒体，不会受到任何部门干预。目前供职的媒体很少有曝光的新闻，这与我们杂志的主旨有关，关注实用性，忽视舆论监督。以前做电视舆论监督节目，经常遇到托关系撤稿的，一般来说，只要事实准确，坚持不撤。

访谈：张记者，男，某市时报时事新闻部，从业 5 年。

本地一般性的舆论监督在我们报社不难发，如果取证顺利，大多数能顺利刊发。不能刊发的阻力主要来自被批评对象托来的关系。主要是宣传部门、广告客户、相关领导的关系。

访谈：查记者，男，某市晚报新闻中心 110 部，从业 3 年。

地方政府在信息公开上，可以适当放宽点，应该要主动和媒体沟通。很多事情不能堵，要主动疏导。比如最近有关城管打死大学生的事情。老百姓特别是小摊贩与城管积怨较深，城管打人后，有人开始在本地论坛上发帖说，城管打死的是大学生。记者四处寻访，无法证实。找到相关部门，一副爱答不理的样子。其实，有关谣言早就满城风雨了。这个事情，如果真的是谣言，城管自然可以身正不怕影子歪，但这时需要的是你的态度，你明确的态度，开新闻发布会是最好的方式。

访谈：陈记者，男，某都市报社新闻中心，从业4年。

市政府大楼失火，新闻发布会只通报了通稿，不准记者提问。经济适用房事件，相关部门也被媒体逼得开新闻发布会，结果发布会前后55秒，不准记者提问，不知道这样的发布会又有什么用。应该好好学学成都。自从地震，成都市政府在新闻发布会制度上值得各地政府学习。成都公交车爆燃事件，当天市政府就开了4次新闻发布会，不断更新动态变化。

访谈：王记者，男，某市日报社新闻中心，从业11年。

有些新闻外地媒体可以相对自由地发挥，本地媒体就要按相关部门发的新闻通稿去报道。还有一次我去采访一个乡镇的计划生育问题，最后到镇政府去核实相关问题，对方为了让我不写稿件，又是给我拿钱，又是给我送土特产，我都没有要。最后对方曲线救国，找到我们领导，还是把这件事压下去了。

访谈：张记者，男，某市电视台生活频道，从业2年。

本市大企业的负面新闻，通常我们先采访，再等着领导来毙。

访谈：丁记者，女，某市电视台民生新闻类栏目，从业6年。

大一点的安全事故，如火灾、矿难等，肯定会接到禁播的命令或者是通稿。上次小商品批发市场失火，就有宣传的指示，要突出市领导及时到现场安排救援工作，对于损失和人员伤亡会弱化不提。县里发生的车祸，三人死亡，部门领导怕造成恶劣影响，决定毙掉。

访谈：吴记者，女，某市电视台民生新闻类栏目，从业4年。

涉及公检法的，还有征地拆迁，这类稿件一般会被枪在线索状态，记者大部分时候选择回避。拆迁遇到的很多问题，投诉再多，也会弱化，或者不采。

访谈：吴记者，男，某省级日报社新闻中心，从业10年。

在做抗洪抢险报道时，领导就会要求侧重写地方党委政府的救助，当地百姓的积极自救，要求少写百姓的灾情。

访谈：勾记者，男，某财经类媒体，从业9年。

在我们报纸，省级的负面报道也有做过，现在言论还是比较宽松的，纯财经的领域。但是对部委一些政策的批评，在很多情况下，会受到部委的干预。比如说，我们批评发改委的价格管制，就引起了发改委的强烈不满和干预。

访谈：陈编辑，某省教育报编辑，男，从业5年。

我们是教育报，报道了损害上级部门形象的东西，报社就会被行政抵制，发行都成问题，报社有关负责人有被行政撤销的危险，这样，做教育新闻的时候，只能报道好的方面，不能揭黑，不能说教育部门内部的丑陋现象。

访谈：姚记者，男，某省电视台新闻频道，从业7年。

我们曝光乡镇县的多，市一级的难度就大了。特别是台主要领导的家乡和其工作生活过的地方不要曝光，因为找的人特别多，毙稿的可能性较大。

访谈：李记者，女，某时报时事新闻部，从业3年。

我们这里比较宽松的。据我所知，市委办、市府办、宣传部，他们没有发出过什么禁止的号令。相反，是一些基层的工作人员很害怕。这里有个镇发生火灾，报社记者图文并茂地写成现场稿，因为够猛，上版，头图，但是接到了来自于该镇一把手的说情电话。

访谈：施记者，女，某市日报社新闻部，从业3年。

我们有些记者会尽量避免同城监督。即便有负面新闻报道，也是涉及县、乡镇、村等，即便证据确凿，也有被毙稿的风险，所以此类稿件记者没兴趣。

访谈：余记者，男，某市日报社新闻中心，从业11年。

舆论监督应该放宽点，对公共事件也应该允许媒体积极跟进，透明的报道，才能消除公众恐慌和相关流言滋生。

访谈：胡记者，女，某商报新闻部，从业7年。

网络时代，突发的重大事件可以放宽，瞒是瞒不住的，不如和媒体合作，充分发挥媒体的特性，进行深度报道，主动报道，展示相关部门应对突发事件的能力和手段。

访谈：谢记者，女，某时报时事新闻部，从业4年。

可以多种意思表达，利用一些小智慧，多角度选择新闻点。比如，本市上半年外经贸出口下滑26%，市委书记在会见老朋友的时候坦言，下半年也挺困难，转正无望，目标是负增长7%—8%。这在当下，是一个很重要的新闻点。不仅关系到外经贸出口的走势，更关系到市委、市政府能否完成年初定下的GDP增长10%的目标。但肯定不能说，负增长多少。我换了一个角度，写成外贸出口下半年目标，比上半年增长16个百分点。

稿子刊登后，没人来找碴，也起到了提振信心的作用。

访谈：毛记者，男，某市晚报社新闻中心，从业8年。

我们武汉媒体的时政报道比较有特点，但相比南方媒体，还是有点软，南方都市报曾经还有批评深圳人大会议代表迟到的稿件，尺度在内地看来，已经很尖锐。

访谈：史记者，女，某市晨刊新闻部，从业4年。

现实和书本上差距很大，许多新闻都是被选择过、被把关过，有时候新闻和宣传没两样。媒体发什么，读者就看什么，媒介素养对于我们这里的读者来说，还没有培养起来。

访谈：齐记者，女，某商报新闻部，从业1年。

遇到广告客户的负面新闻，不写。写了也白写，发不掉还生气。我们报社大小客户区别不大，只有是客户与不是客户的区别。

访谈：宋记者，女，某市晚报社，从业5年。

一般政府机关、窗口单位都有“火控室”，控制的方式无非是人情，酒桌上可以解决一半。广告商“灭火”比较简单，投广告就行。在我们这里，效益第一，广告至上。因为报社经营绝大部分依靠广告，对于广告主的负面新闻一律不报，对于可做广告没做广告的新闻也一律不报。

访谈：张记者，女，某市日报社新闻部，从业7年。

舆论监督小打小闹，负面新闻难以见报，广告客户低头哈腰，和谐社会处处都好。

访谈：米记者，男，某市电视台民生新闻类栏目，从业3年。

现在觉得我们这边的栏目运作越来越像是个中介。做这些新闻，本身并没有多少传播价值，只是为特定群体提供服务，比如说相亲会，找工作。我们在帮忙，要让观众看个热闹。我们从中获得人气，就会有单位合作，能提高收视率，带来广告。

访谈：江记者，女，某快报社新闻中心，从业3年。

现在媒体很多是以负面为标准，在业界叫有新闻点，往往认为这才是最大的新闻，事实上也未必。媒体转型，事业性少了，市场化多了，记者的心态浮躁了，记者本身也在转型中功利化了，媒体缺少了悲天悯人的情怀，全是鸡零狗碎的东西。

访谈：计记者，男，北京某财经类媒体，从业9年。

现行体制下很难诞生伟大的媒体和新闻，之后两极分化，要么强烈的与政府不合作，单纯的揭黑曝光斗狠冲动为民请命；要么投靠官方，假大空，歌舞升平。能保持在中间状态的媒体，少之又少。

访谈：解记者，男，某省级日报报业集团，从业3年。

身处现在的环境，有时真的很难坚持，只是说，我们还记得曾经的新闻理想，还记得为人之道，所以不该拿的不拿，不该要的不要。说实话，主要原因也只是对自己前途的负责。

访谈：王记者，男，某快报新闻中心，从业6年。

南方报业的几家媒体，相对而言表现的好一些，因为相对受到的新闻管制要少些，报社给记者充分的经济自由和新闻自由，记者有良好的收入，类似于“高薪养廉”，你想想，一个收入不能保证生活的记者，怎么保证在新闻采访过程中，不受到来自金钱的诱惑？又怎么保证采访的公平公正？高薪才能带来高素质的记者。高素质的记者，才能更好地以独立的人格来看待新闻。

访谈：章记者，男，某财经类媒体，从业11年。

《财经》杂志、《南方周末》、《经济观察报》，有强大的市场影响力，不缺钱的媒体，有职业操守。

访谈：郭记者，男，某市日报社新闻中心，从业10年。

央视新闻调查、南方周末、中青报、财经，这里面有一帮还有新闻理想的从业者，而且单位财大气粗。

访谈：李记者，男，某市日报社城市新闻中心，从业3年。

《南方周末》、《新京报》以及广州那边的媒体，国内确实需要一批这样还能对得起媒体称号的媒体。

参 考 文 献

英文部分

Breed, W. (1955), "*Social Control in the News Room*", In Schramm, W. (ed.) (1975), *Mass Communications*, University of Illinois Press.

Gans, H. J. (1979), *Deciding What's News*, New York: Pantheon Books.

Gerbner, G. (1967), *Mass communication and human communication theory*, In Dance, F. E. X (ed.) *Human communication Theory: Original Essays*, Holt, Rinehart and Winston, New York.

Gieber, W. (1964), "*News Is What Newspapermen Make It*". In Lewis, A. and White, D. M. (Eds.), *People, Society and Mass Communication*, The Free Press.

Gitlin, T. (1980), *The whole world is watching*, Berkeley: University of California Press.

Goffman, E. (1974), *Frame Analysis: an Essay on the Organization of Experience*, Cambridge: Harvard University Press.

Louis, A. D. (2003), *Ethics in Media Communications: Cases and Controversies*, fourth edition, 北京大学出版社 2004 年英文影印版。

Schudson, M. (1978), *Discovering the News*, New York: Basic Books, Inc., Publishers.

Shoemaker, P. J. (1991), *Gatekeeping*, Newbury Park, CA: Sage Publications.

Shoemaker, P. J. (1996), "*Media Gatekeeping*", In Salwen, M. B., and Stacks, D. W. (Eds.), *Intergrated Approach to Communication Theory and*

Research, Lawrence Erlbaum Associates, Inc.

Tuchman, G. (1974), *Making News: A Study in the Construction of Reality*, New York: The Free Press.

中文部分

一、著作类

[美] Bernard Roshco:《制作新闻》,姜雪影译,台北远流出版事业股份有限公司1994年版。

[美] J. 阿特休尔:《权力的媒介》,裘志康译,华夏出版社1989年版。

[美] Schram W and Porter, W. E.:《传播学概论》,陈亮等译,新华出版社1984年版。

[澳] Simon Cottle主编:《新闻、公共关系与权力》,李兆丰、石琳译,复旦大学出版社2007年版。

[法] 贝尔纳·瓦耶纳:《当代新闻学》,新华出版社1986年版。

[法] 贝特朗:《媒体职业道德规范与责任体系》,商务印书馆2006年版。

[美] 彼德·布劳:《社会生活中的交换与权力》,孙非等译,华夏出版社1988年版。

曹鹏:《中国报业集团发展研究》,新华出版社1999年版。

陈超南:《彩色的天平:传媒伦理新探》,湖北教育出版社2001年版。

陈桂兰:《新闻职业道德教程》,复旦大学出版社1997年版。

陈力丹:《自由与责任:国际社会新闻自律研究》,河南大学出版社2006年版。

陈汝东:《传播伦理学》,北京大学出版社2006年版。

陈韬文、朱立、潘忠党:《大众传播与市场经济》,炉峰学会1997年版。

陈绚:《新闻道德与法规——对媒介行为规范的思考》,中国大百科全书出版社2005年版。

成美、童兵:《新闻理论简明教程》,中央广播电视大学出版社1986年版。

崔恩卿:《报业经营论》,中国经济出版社1998年版。

[美] 戴维·波普诺:《社会学》(第10版),李强等译,中国人民大学出版社1999年版。

戴元光、金冠军：《传播学通论》，上海交通大学出版社 2000 年版。

戴元光：《传播道德论》，上海大学出版社 2000 年版。

戴元光：《戴元光自选集》，复旦大学出版社 2004 年版。

［英］丹尼斯·麦奎尔、［瑞典］斯文·温德尔：《大众传播模式论》第 2 版，祝建华译，上海译文出版社 2008 年版。

丁柏铨：《新闻理论新探》，新华出版社 1999 年版。

丁柏铨等：《加入 WTO 与中国新闻传播业》，社会科学文献出版社 2005 年版。

丁和根：《中国传媒制度绩效研究》，南方日报出版社 2006 年版。

范敬宜：《总编辑手记》，人民日报出版社 1997 年版。

范以锦：《南方报业战略：解密中国一流报业传媒集团》，南方日报出版社 2005 年版。

方汉奇：《世界新闻传播 100 年》，中国人民大学出版社 2004 年版。

［美］菲利普·帕特森、李·威尔金斯：《媒介伦理学问题与案例》（第 4 版），李青藜译，中国人民大学出版社 2006 年版。

风笑天：《社会学研究方法》，中国人民大学出版社 2001 年版。

［美］盖伊·塔奇曼：《做新闻》，麻争旗、刘笑盈、徐扬译，华夏出版社 2008 年版。

甘惜分：《新闻理论基础》，中国人民大学出版社 1982 年版。

甘惜分：《新闻论争三十年》，新华出版社 1988 年版。

郭超人：《喉舌论》，新华出版社 1997 年版。

黄旦：《新闻传播学》，浙江大学出版社 2001 年版。

黄光国、胡先缙等：《面子：中国人的权力游戏》，中国人民大学出版社 2004 年版。

黄瑚：《新闻法规与新闻职业道德》，四川人民出版社 1998 年版。

黄瑚：《新闻伦理学》，新华出版社 2001 年版。

［英］卡伦·桑德斯：《道德与新闻》，洪伟等译，复旦大学出版社 2007 年版。

［英］凯瑟琳·霍尔·贾米森、卡林·科洛斯·坎贝尔：《影响力的互动——新闻、广告、政治与大众媒介》，洪丽译，北京广播学院出版社 2004 年版。

［德］康德：《实践理性批判》，韩水法译，商务印书馆 1999 年版。

[美] 克利福德·G. 克里斯蒂安等：《媒介公正：道德伦理问题真的不证自明吗?》（第5版），蔡文美等译，华夏出版社2000年版。

蓝鸿文：《新闻伦理学简明教程》，中国人民大学出版社2001年版。

李景鹏：《中国政治发展的理论研究纲要》，黑龙江人民出版社2000年版。

李良荣：《李良荣自选集：新闻改革的探索》，复旦大学出版社2004年版。

李培林：《农民工：中国进城农民工的经济社会分析》，社会科学文献出版社2003年版。

李希光：《转型中的新闻学》，南方日报出版社2005年版。

[美] 利昂·纳尔逊·弗林特：《报纸的良知——新闻事业的原则和问题案例讲义》，中国人民大学出版社2004年版。

梁衡：《新闻原理的思考》，人民出版社1996年版。

林晖：《未完成的历史：中国新闻改革前沿》，复旦大学出版社2004年版。

凌非：《中国媒体记者调查》，光明日报出版社2004年版。

刘建明：《宏观新闻学》，中国人民大学出版社1991年版。

刘建明：《现代新闻理论》，民族出版社1999年版。

刘小枫：《现代性社会理论绪论》，上海三联书店1998年版。

陆学艺、景天魁：《转型中的中国社会》，黑龙江人民出版社1994年版。

陆学艺：《社会学》，知识出版社1991年版。

[美] 罗恩·史密斯：《新闻道德评价》（第4版），李青藜译，新华出版社2001年版。

罗国杰等：《伦理学教程》，中国人民大学出版社1992年版。

马骥伸：《新闻伦理》，三民书局1997年版。

[德] 马克斯·韦伯：《经济与社会》，林荣远译，商务印书馆2004年版。

[美] 玛格丽特·波洛玛：《当代社会学理论》，孙立平译，华夏出版社1989年版。

[英] 尼克·史蒂文森：《媒介的转型：全球化、道德和伦理》，北京大学出版社2006年版。

[美] 诺曼·K. 邓津、伊冯娜·S. 林肯：《定性研究：方法论基础》（第1卷），风笑天等译，重庆大学出版社2007年版。

钱蔚：《政治、市场与电视制度》，河南人民出版社 2002 年版。
强月新、张明新：《转型社会的媒介景观》，武汉大学出版社 2007 年版。
［美］乔纳森·H. 特纳：《社会学理论的结构》，吴曲辉等译，浙江人民出版社 1987 年版。
［美］乔治·瑞泽尔：《当代社会学理论及其古典根源》，杨淑娇译，北京大学出版社 2005 年版。
渠敬东：《缺席与断裂：有关失范的社会学研究》，上海人民出版社 1999 年版。
商娜红：《制度视野中的媒介伦理》，山东人民出版社 2006 年版。
邵培仁：《政治传播学》，江苏人民出版社 1990 年版。
［美］斯蒂文·小约翰：《传播理论》，陈德民、叶晓辉译，中国社会科学出版社 1999 年版。
宋林飞：《西方社会学理论》，南京大学出版社 1997 年版。
孙旭培：《当代中国新闻改革》，人民出版社 2004 年版。
孙旭培：《新闻学新论》，当代中国出版社 1994 年版。
童兵：《主体与喉舌——共和国新闻传播轨迹审视》，河南人民出版社 1994 年版。
王海明：《新伦理学》，商务印书馆 2001 年版。
王永亮、成思行：《传媒论典》，中央编译出版社 2004 年版。
［美］韦尔伯·施拉姆等：《报刊的四种理论》，中国人民大学新闻系译，新华出版社 1980 年版。
魏永征、张咏华、林琳：《西方传媒的法制、管理和自律》，中国人民大学出版社 2003 年版。
［德］沃尔夫冈·查普夫：《现代化与社会转型》，陈黎、陆宏成译，社会科学文献出版社 1998 年版。
［美］沃纳·塞佛林、小詹姆斯·坦卡德：《传播理论——起源、方法与应用》，郭镇之译，华夏出版社 1999 年版。
吴飞：《传媒竞争力》，中国传媒大学出版社 2005 年版。
吴海民：《金元新闻》，华艺出版社 1995 年版。
谢静：《美国的新闻媒介批评》，中国人民大学出版社 2009 年版。
徐培汀：《中国新闻传播学说史：1949—2005》，重庆出版社 2006 年版。
徐新平：《新闻伦理学新论》，湖南师范大学出版社 2001 年版。

严耕、陆俊、孙伟平：《网络伦理》，北京出版社 1998 年版。
杨步国：《传媒体制创新研究》，湖北人民出版社 2006 年版。
余家宏、宁树藩、叶春华：《新闻学基础》，安徽人民出版社 1985 年版。
喻国明：《变革传媒：解析中国传媒转型问题》，华夏出版社 2005 年版。
袁方等：《社会学家的眼光：中国社会结构转型》，中国社会出版社 1998 年版。
[美] 约翰·赫尔顿：《美国新闻道德问题种种》，刘有源译，中国新闻出版社 1987 年版。
[美] 约翰·莫瑞尔：《新闻伦理——存在主义的观点》，周金福译，台湾巨流图书公司 2003 年版。
臧国仁：《新闻工作者与消息来源》，台北政大新闻研究所 1995 年版。
翟学伟：《中国社会中的日常权威——关系与权威的历史社会学研究》，社会科学文献出版社 2004 年版。
[美] 詹姆斯·S. 科尔曼：《社会理论的基础》，邓方译，社会科学文献出版社 2008 年版。
展江主编：《舆论监督紫皮书》，南方日报出版社 2004 年版。
张国良主编：《20 世纪传播学经典文本》，复旦大学出版社 2003 年版。
张洪忠：《大众媒介公信力理论研究》，人民出版社 2006 年版。
张久珍：《网络信息传播的自律机制研究》，北京图书馆出版社 2005 年版。
张宗厚、陈祖声：《简明新闻学》，人民日报出版社 1983 年版。
赵化勇：《制播体制改革与电视业发展问题研究》，中国传媒大学出版社 2005 年版。
郑保卫：《论媒介经济与媒介集团化发展》，中国人民大学出版社 2003 年版。
郑杭生、李强：《当代中国社会结构和社会关系研究》，首都师范大学出版社 1997 年版。
郑杭生等：《转型中的中国社会和中国社会的转型——中国社会主义现代化进程的社会学研究》，首都师范大学出版社 1996 年版。
中共中央宣传部新闻局：《中国共产党新闻工作文献选编》，人民出版社 1990 年版。
中华全国新闻工作者协会：《新闻职业道德》，新华出版社 1996 年版。

钟瑛、牛静：《网络传播法制与伦理》，武汉大学出版社2006年版。
周鸿书：《新闻伦理学论纲》，新华出版社1995年版。
周晓虹：《传统与变迁：江浙农民的社会心理及其近代以来的嬗变》，生活·读书·新知三联书店1998年版。
周晓虹：《西方社会学历史与体系》（第一卷　经典贡献），上海人民出版社2002年版。
周晓虹：《现代社会心理学——多维视野中的社会行为研究》，上海人民出版社1997年版。
周晓虹：《现代社会心理学史》，中国人民大学出版社1994年版。

二、论文类

鲍小东：《记者受贿：不是简单的职业道德问题》，《南方都市报》2003年11月8日。
鲍小东：《想象最坏的结果，规划采访方案》，南方传媒网，2008年10月13日。
曹鹏：《媒介业出现新现象和新问题》，《新闻记者》2002年第2期。
陈力丹、徐迅：《关于记者暗访和偷拍问题的访谈》，《现代传播》2003年第4期。
陈力丹：《假新闻何以泛滥成灾?》，《新闻记者》2002年第2期。
陈力丹：《健全自律机制 内化传媒人职业角色》，《电视研究》2004年第1期。
陈汝东：《受众伦理规范研究：历史、现状与趋势》，《新闻与传播研究》2006年第3期。
陈寿灿、秦越存：《传媒自由的伦理向度》，《人文杂志》2006年第4期。
陈文高：《当前农民工媒介镜像批判》，《学术交流》2007年第5期。
陈颐：《西方新闻事业的内在矛盾及其体制的弊端》，《学海》1990年第3期。
初广志：《组织因素与传媒伦理道德建设》，《现代传播》2006年第3期。
丁柏铨：《党报与新闻规律》，《新闻界》1997年第1期。
丁柏铨：《论新闻传媒的产业属性》，《江苏社会科学》2003年第5期。
丁柏铨：《论新闻伦理对新闻活动的制约》，《江苏社会科学》2007年第5期。

丁柏铨：《论舆论监督与人民民主关系》，《探索与争鸣》2008 年第 12 期。
丁柏铨：《新闻传媒：特殊的执政资源》，《江海学刊》2007 年第 1 期。
甘险峰：《甘惜分新闻学观点述评》，《新闻知识》2006 年第 12 期。
高传智、谢勤亮：《“第三条道路”与中国广播电视新闻体制改革》，《新闻大学》2006 年第 1 期。
郭晓建：《中国传媒体制改革述评》，《成都大学学报》2005 年第 3 期。
胡端宁：《论禁止“有偿新闻”》，《天津师范大学学报》1995 年第 1 期。
胡正强：《客观·公正·全面·平衡——论新闻真实性原则的具体化》，《新闻爱好者》2003 年第 7 期。
黄旦：《新闻专业主义的建构与消解》，《新闻与传播研究》2002 年第 3 期。
黄鸣刚：《经济因素还是文化差异》，《当代传播》2005 年第 2 期。
黄玉波、张金海：《从部分剥离走向整体转制——当前中国传媒产业体制改革趋向初探》，《新闻大学》2006 年第 3 期。
贾亦凡、陈斌：《2008 年十大假新闻》，《新闻记者》2009 年第 1 期。
居欣如：《关于新闻改革的一些理论思考》，《复旦大学学报》1989 年第 2 期。
康泽民：《试论新闻媒介的信息传播及其反馈》，《社科纵横》1988 年第 6 期。
雷涛：《媒介农民工报道内容分析》，《中国科技信息》2005 年第 11 期。
黎瑞刚：《传媒改革实践的点滴思考》，《新闻记者》2007 年第 11 期。
黎勇：《市场化媒体内部考评机制与新闻失真》，《青年记者》2005 年第 1 期。
李健：《传媒伦理论纲》，《西安政治学院学报》2007 年第 2 期。
李良荣、沈莉：《试论当前我国新闻事业的双重性》，《新闻大学》1995 年第 2 期。
李良荣：《当前中国新闻改革的基本特点——纪念新闻改革 25 周年》，《现代传播》2004 年第 5 期。
李孟昱：《体制创新——报业经济发展的突破口》，《新闻记者》2002 年第 3 期。
林晖、李良荣：《关于中国新闻媒介总体格局的探讨——关于二级电视、三级报纸、四级广播的构想》，《新闻大学》2000 年第 1 期。
林默彪：《当代中国社会转型的分析框架》，《马克思主义与现实》2005 年第 5 期。
刘斌：《大众媒介：权力的眼睛》，《现代传播》2000 年第 2 期。
刘建锋：《少有真正新闻？严重信息不对称控制上海车展——收红包 传媒难持冷静客观立场 变“媒婆”记者多成厂商传声话筒》，《中国经济时报》2003 年 4 月 23 日。
刘洁：《我国媒介产业布局与产业区域联合》，《现代传播》2006 年第 3 期。
刘仁圣、叶伏华：《江西农村三地传播状况的调查》，《中国广播电视学刊》2001 年第 10 期。
刘荣：《报还是不报，这是个问题？——由一起教授嫖娼案的报道说开去》，《新闻知识》2004 年第 4 期。
刘宗洪：《执政党执政资源论析》，《毛泽东邓小平理论研究》2004 年第 3 期。
柳斌杰：《与时俱进的中国新闻出版业》，《求是》2009 年第 4 期。
陆晔、俞卫东：《传媒人的媒介观与伦理观——2002 上海新闻从业者调查报告之四》，《新闻记者》2003 年第 4 期。
陆晔、俞卫东：《传媒人的职业理想——2002 上海新闻从业者调查报告之二》，《新闻记者》2003 年第 2 期。
陆晔、俞卫东：《社会转型过程中传媒人职业状况——2002 上海新闻从业者调查报告之一》，《新闻记者》2003 年第 1 期。
陆晔、俞卫东：《社会转型过程中新闻生产的影响因素——2002 上海新闻从业者调查报告之三》，《新闻记者》2003 年第 3 期。
罗建华：《中国报业发展态势“三家论剑”——石峰“波动论”、吴海民“拐点论”、喻国明“节点论”比较综述》，《中国报业》2006 年第 4 期。
马昌博：《“封口费”事件幕后》，《南方周末》2008 年 12 月 4 日。
马季元：《灾难性报道要改一改》，《新闻业务选编》1991 年第 23 期。
穆撒：《安徽流脑疫源初探》，《瞭望东方周刊》2005 年第 6 期。
倪虹：《大众传播媒介的权力》，《新闻与传播研究》1999 年第 1 期。
倪铭：《“公关”焦点访谈》，《中国青年报》1998 年 11 月 5 日。

潘青山：《中西新闻伦理道德比较》，《声屏世界》2003 年第 10 期。
潘忠党：《“补偿网络”：作为传播社会学研究的概念》，《国际新闻界》1997 年第 3 期。
潘忠党：《新闻改革与新闻体制的改造》，《新闻与传播研究》1997 年第 3 期。
彭建军：《捍卫〈焦点访谈〉》，《南方周末》1998 年 11 月 27 日。
任卫东、朱薇：《如此“控负”无异掩耳盗铃》，新华网，2005 年 9 月 19 日。
石培龙：《我国新闻体制改革模式探析——以报业为例》，《新闻界》2006 年第 5 期。
宋克明：《我国新闻事业管理体制和报社总编辑职责》，《新闻记者》1994 年第 2 期。
孙旭培：《新闻体制改革略议》，《北京广播学院学报》1988 年第 6 期。
田发伟：《媒体市场化对新闻伦理道德的冲击》，《新闻与写作》2003 年第 7 期。
童兵：《传统新闻模式突破的十年》，《中国人民大学学报》1988 年第 6 期。
万艳霞：《都市报离农民工有多远》，《青年记者》2006 年第 4 期。
汪伊举、肖敏：《论新闻体制改革》，《探索》1989 年第 1 期。
王芳、刘海霞、李卓琳：《大众传媒与农民工的关系研究》，《开发研究》2007 年第 1 期。
王芳：《当前我国大众化报纸消息来源偏向研究》，博士学位论文，武汉大学，2007 年。
王怡红：《认识西方“媒介权力”研究的历史与方法》，《新闻与传播研究》1997 年第 2 期。
魏永征：《从新闻改革看新闻官司》，《新闻与传播研究》1993 年第 2 期。
魏永征：《当前新闻改革的一条底线——对于中国传媒事业定性的解读》，《中国记者》2002 年第 4 期。
吴元栋：《面对“劣币驱逐良币”》，《新闻记者》2004 年第 6 期。
夏鼎铭：《新闻改革的三阶段及其内在联系》，《探索与争鸣》1993 年第 4 期。
肖鹏：《羊城晚报的广告客户关系管理》，《中国报业》2006 年第 1 期。

谢天勇、张国良：《大众传媒与扶贫报道》，《新闻大学》2001 年第 2 期。
徐一雳：《舆论监督的困境和误区》，《声屏世界》2008 年第 12 期。
杨继绳：《论新闻与权力的关系》，《新闻记者》1988 年第 3 期。
姚福申：《向市场经济体制转换中报业体制的变化》，《新闻爱好者》1995 年第 5 期。
尹韵公：《我国新闻理论与实践迈出新步伐》，《新闻战线》2007 年第 10 期。
喻国明：《抢抓时效、给出解释、价值评说——谈新闻的三个落点》，《新闻前哨》2008 年第 8 期。
喻国明：《新闻媒介与社会协商对话》，《内蒙古社会科学》1988 年第 5 期。
张殿元、张殿宫：《三种传媒道德问题的跨文化思考》，《国际新闻界》2002 年第 5 期。
张兢：《论政府在我国新闻制度变迁中的作用》，《新闻界》2006 年第 6 期。
张昆：《中国报业的困境与出路》，《学术论坛》1989 年第 1 期。
张伟：《关于传媒伦理问题的制度学思考》，《湖北民族学院学报》2005 年第 3 期。
张振华：《对农广播电视建言》，《中国广播电视学刊》2004 年第 5 期。
赵颖：《当代都市报新闻的庸俗化倾向研究》，硕士学位论文，南京师范大学，2005 年。
郑保卫：《当代传媒业性质辨析》，《新闻界》2006 年第 5 期。
郑贞铭：《电视人的知识与智慧——为台湾电视发展招魂》，《新闻前哨》2007 年第 11 期。
中国人民大学舆论研究所：《中国新闻工作者的职业意识与职业道德》，《新闻记者》1998 年第 3 期。

后　记

十年，是一段并不短暂的时光。

十年前，在南京大学读博的时候，喜欢去珠江路上的先锋书店。店内三三两两随意摆放的软沙发，总是让人坐下就不舍离去。每次路过时只是想着进去随手翻翻，但常常在半个下午的随手翻之后，意犹未尽地提回一袋书。我书架上的许多书都是在那里遇见的，其中有一本名为《媒介公正：道德伦理问题真的不证自明吗?》，它为我今天这本小书的写作选题提供了最初的灵感与启发，也是第一次让我觉得媒介伦理问题如此重要，又如此复杂。

历时数年，这本书终于完稿，我深知这是一次并不完美的作业，甚至问题多多，它可能辜负了师长们对于我的殷殷期望。但无论如何，我也应该向他们表达心中难以用语言来清晰描述的谢意。

我的成长与收获离不开恩师丁柏铨先生的鼓励、指导与帮助。一直奢求在家庭、工作与学业间尽可能寻找到合适的平衡点，而现实常常是事与愿违、顾此失彼。一边工作一边读书求学的那几年，在教师、学生、妻子、母亲、女儿各种角色间腾挪移转的我，远非一个全心投入的上进生。可是恩师从无苛责，电话那端每每关切地询问与鼓励，总是让我这个不求上进的学生心生愧意，放下电话旋即将自己重新关进书房。师恩深重，先生所给予我的包容与温暖，远非简单的一句“谢谢”所能表达。

我同时真诚地感谢南京大学周晓虹教授、风笑天教授、宋林飞教授、童星教授、张鸿雁教授、翟学伟教授、朱国云教授，他们精彩的授课使我这个贸然闯入社会学宫殿的弟子渐渐找到入门的方向，尽管由于我的资质鲁钝而至今未能全然领悟恩师们传授的真谛，但方向感的明确已足以让我在今后的学习中受益终身。

感谢复旦大学黄旦教授、南京市社科院叶南客教授、南京大学朱力教授、成伯清教授、张玉林教授、周培勤教授，他们针对本书的选题提出了至为中肯而富于建设性的意见，使我获益良多。感谢南大新闻传播学院的杜骏飞教授、丁和根教授、郑欣教授、陈堂发教授、夏文蓉教授、周凯教授，本书中的有些思想，来源于他们睿智的见解。感谢我的同门师姐王蕾、刘辉，师兄张振亮以及胡菡菡、夏雨禾等所有给予我帮助的同窗们，他们为资料的收集、思路的整理提供了重要的帮助。感谢所有为我的访谈提供过帮助的媒体朋友们，没有他们，我的书稿不可能完成。感谢宫京蕾女士为本书的出版所付出的辛劳。

感谢我的父母，给予我生命，更给予我珍爱生命、不断前行的品格。因为特殊的年代未能将读书进行到底一直是当年学业优异的父亲心底的遗憾，而不惜倾其所有让儿女们读书也是父母眼中最重要的事情。

感谢我的爱人张翅。相识、相知二十年来，我们一直“相互诋毁、共同进步”。在我懈怠、放松、不知所以的时刻给予宽容与理解，在我焦虑、紧张和失去信心的时候，帮我直面问题，重拾勇气。

最后，感谢我的宝贝女儿梓蘅，为了逃避她的“纠缠”，我的书稿有相当的篇幅是躲在储藏室里完成的。以她的幼小年纪，尚不理解为什么妈妈不能总是陪她玩，但她会认真地对我说：“妈妈，加油！”是她让我明白，最好的妈妈，不是牺牲一切将所有的梦想与愿景都寄托在孩子身上，而是努力在孩子面前，做更好的自己。

美国诗人惠特曼写过一首诗，名为《有一个孩子向前走去》：

> 有一个孩子，每天向前走去，
> 他看见最初的东西，他就变成那东西，
> 那东西就变成了他的一部分……

我愿和我的孩子一起，每天向前走去，自信而坚定地，成长为更好的自己。

闻 娱

2014 年初夏于杭州